校园欺凌的影响因素、后果及中介调节机制研究

王玉娇 著

中国纺织出版社有限公司

内 容 提 要

本书基于 PISA 2018 中国四省市（北京市、上海市、江苏省、浙江省）的数据库，对 15 岁中学生遭受校园欺凌的影响因素、后果和中间调节机制进行系统研究。本书通过实证研究，对校园欺凌的影响因素、后果，以及校园欺凌对感知同伴合作的影响的中介调节机制进行了探讨。本书的研究成果为预防和干预校园欺凌，提升学生的整体生活质量与学校满意度提供了重要参考，并为教育工作者及学生家长提供了教育指南，有助于对青少年的培养，以及和谐校园文化的建设。

图书在版编目(CIP)数据

校园欺凌的影响因素、后果及中介调节机制研究 / 王玉娇著. -- 北京 : 中国纺织出版社有限公司, 2022.12
 ISBN 978-7-5229-0244-9

Ⅰ. ①校… Ⅱ. ①王… Ⅲ. ①校园－暴力行为－研究 Ⅳ. ①G474

中国版本图书馆 CIP 数据核字（2022）第 247701 号

责任编辑：张 宏　责任校对：高 涵　责任印制：储志伟

中国纺织出版社有限公司出版发行
地址：北京市朝阳区百子湾东里 A407 号楼　邮政编码：100124
销售电话：010—67004422　传真：010—87155801
http://www.c-textilep.com
中国纺织出版社天猫旗舰店
官方微博 http://weibo.com/2119887771
北京虎彩文化传播有限公司印刷　各地新华书店经销
2022 年 12 月第 1 版第 1 次印刷
开本：710×1000　1/16　印张：11.25
字数：239 千字　定价：98.00 元

凡购本书，如有缺页、倒页、脱页，由本社图书营销中心调换

前 言 PREFACE

近年来，青少年遭受校园欺凌的现象引起了全社会的关注，此现象会对青少年的身心健康造成严重伤害。本书基于 PISA 2018 中国四省市（北京市、上海市、江苏省、浙江省）的数据库，对 15 岁中学生遭受校园欺凌的影响因素、后果和中介调节机制进行系统研究。本书共包括三个研究主题：

研究主题一：运用多水平分析模型，结合学校层级的变量和个人层级的变量共同探索影响学生遭受校园欺凌的众多因素。结果显示：①学生个人层级变量中除年级和教育类型外，性别、家庭经济社会文化地位、是否留级、是否旷课、是否迟到、教师支持和父母支持均对学生遭受校园欺凌产生显著解释效果；男生比女生遭受更大程度的校园欺凌，有过留级经历、测试近两周内有旷课、迟到行为的学生比那些未留级、测试近两周内未旷课、迟到的学生遭受校园欺凌的程度更严重；学生的家庭经济社会文化地位越低，遭受总的欺凌和肢体欺凌的程度越高；学生感知到的教师支持和父母支持程度越低，遭受校园欺凌的程度也越严重。②学校环境层级变量中只有学校纪律氛围和学生之间的竞争氛围会对学生遭受校园欺凌的程度产生显著解释效果，纪律氛围较差的学校中的学生比纪律氛围较好的学校中的学生遭受更大程度的校园欺凌；学生之间竞争氛围较高的学校中的学生比学生之间竞争氛围较低的学校中的学生遭受更大程度的校园欺凌。

研究主题二：运用倾向得分匹配的方法，在对第一个研究中得出的影响校园欺凌因素进行倾向值匹配的基础上，进一步评估遭受校园欺凌对于学生各方面表现的影响效应，包括学生对学校的感受、对未来的期待以及非认知表现。结果显示：①在进行倾向得分匹配前与匹配后（包括四种匹配方式：近邻匹配、半径匹配、核匹配和马氏距离匹配，下同），遭受校园欺凌的学生对学校的积极感受（包括生活满意度、学校归属感、感知学生合作）均显著低于未遭受校园欺凌的学生，而对学校的消极感受（感知学生竞争）均显著高于未遭受校园欺凌的学生；遭受校园欺凌的学生对未来的期待（包括智力可塑性和生命意义）均显著低于未遭受校园欺凌的学生；遭受校园欺凌的学生的消极非认知表现（害怕失败）均显著高于未遭受校园欺凌的学生，而积极非认知表现（包括积极情绪体验和自我效能感）均显著低于未遭受校园欺凌的学生。②在进行倾向得分匹配前，遭受校园欺凌的学生的学习目标、教育期望和对竞争的态度均显著低于未遭受校园欺凌的学生，但在进行得分匹配后，在四种匹配方式中，遭受校园欺凌的学生与未遭受校园欺凌的学生在以上表现中无显著差异。③不同类型的校园欺凌（总的欺凌、关系欺凌、言语欺凌、肢体欺凌）对于学生看待学校的价值、对欺凌的态度和掌握任务的动机的影响效应存在差异。但在进行倾向得分匹配以后，遭受校园欺凌的学生在以上方面的表现并未低于未遭受校园欺凌的学生，甚至高于未遭受校园欺凌的学生。

研究主题三：探讨遭受校园欺凌对学生感知同伴合作的影响效应以及中介调节机制，结果显示：在控制了学生的性别、教育类型、家庭经济社会文化地位、是否旷课、是否迟到、是否留级因素的基础上，遭受校园欺凌对学生感知同伴合作有显著的负向预测作用；学校归属感在遭受校园欺凌及感知同伴合作的关系之间起部分中介作用；教师支持对学生遭受校园欺凌（包括总的欺凌、关系欺凌和言语欺凌）与感知同伴合作之间的间接效应（即遭受校园欺凌—学校归属感）的前半段路径起调节作用，父母支持对学生遭受校园欺凌（包括总的欺凌、关系欺凌和肢体欺凌）与感知同伴合作之间的间接效应的前半段路径起调节作用，中介的调节模型成立；纪律氛围对学生遭受校园欺凌与感知同伴合作之间关系具有调节作用，且 Johnson-Neyman 分析结果表明，当纪律氛围低于一定分数时，较差的纪律氛围会进一步加剧遭受校园欺凌对感知同伴合作的负向影响，反之，当纪律氛围高于一定分数时，较好的纪律氛围会减弱遭受校园欺凌对感知同伴合作的负向影响，纪律氛围得分在一定的分数区间时，调节效果不显著；进一步结果显示，教师支持和纪律氛围在一定分数范围内对学生遭受校园欺凌对感知同伴合作之间影响的双重调节作用显著，且 Johnson-Neyman 分析结果表明，当教师支持得分高于一定分数时，教师支持才能通过调节纪律氛围的影响进而在遭受校园欺凌对感知同伴合作的负向影响中起调节作用。

综上，本书对校园欺凌的影响因素、后果和中介调节机制进行了系统探讨，为预防和干预校园欺凌、提升学生的整体生活质量与学校满意度提供了重要参考。

王玉娇
2023 年 11 月

目录 CONTENTS

第一章 校园欺凌概述

第一节 研究背景 ·· 2

第二节 研究动机 ·· 4

第三节 研究问题 ·· 9

第四节 研究意义 ·· 10

第二章 校园欺凌的影响因素

第一节 校园欺凌的影响因素综述 ······························ 12

第二节 校园欺凌的影响因素研究过程 ·························· 13

第三节 校园欺凌的影响因素研究结果 ·························· 23

第四节 校园欺凌的影响因素内容小结 ·························· 34

第三章 校园欺凌的后果

第一节 校园欺凌的后果综述 ·································· 36

第二节 校园欺凌的后果研究过程 ······························ 42

第三节 校园欺凌的后果研究结果 ······························ 48

第四节 校园欺凌的后果内容小结 ······························ 97

第四章 校园欺凌对感知同伴合作影响的中介调节机制

第一节 校园欺凌对感知同伴合作影响的中介调节机制综述 ······ 102

第二节 校园欺凌对感知同伴合作影响的中介调节机制研究过程 ·· 105

第三节 校园欺凌对感知同伴合作影响的中介调节机制研究结果 ·· 108

第四节 校园欺凌对感知同伴合作影响的中介调节机制内容小结⋯⋯⋯⋯ 137

第五章 总结与展望

第一节 研究总结及建议⋯⋯⋯⋯⋯⋯⋯⋯⋯⋯⋯⋯⋯⋯⋯⋯⋯⋯⋯ 140

第二节 研究限制与展望⋯⋯⋯⋯⋯⋯⋯⋯⋯⋯⋯⋯⋯⋯⋯⋯⋯⋯⋯ 146

参考文献 ⋯⋯⋯⋯⋯⋯⋯⋯⋯⋯⋯⋯⋯⋯⋯⋯⋯⋯⋯⋯⋯⋯⋯⋯⋯⋯ 148

附录一 倾向得分匹配方法简介 ⋯⋯⋯⋯⋯⋯⋯⋯⋯⋯⋯⋯⋯⋯⋯⋯ 166

附录二 倾向得分匹配中使用的代码及提示 ⋯⋯⋯⋯⋯⋯⋯⋯⋯⋯⋯ 170

第一章
校园欺凌概述

第一节 研究背景

联合国教育、科学及文化组织（United Nations Education Scientific and Cultural Organization，联合国教科文组织）确定的教育战略的主要优先事项之一是促进儿童和青年的幸福（well-being）（UNESCO，2016）。《儿童权利公约》确立了四项应得到一致和普遍遵守的基本原则：不歧视原则；儿童最大利益原则；确保儿童生命权、生存权和发展权完整的原则；尊重儿童意见的原则（UN General Assembly，1989）。尽管如此，教育领域的统计数据表明，这些原则成为现实还有很长的路要走。来自全球学校学生健康情况调查（Global School-based Student Health Survey，GSHS）和学龄儿童健康行为调查（Health Behavior in School-aged Children，HBSC）的数据表明，全球大约30%参与调查的青少年遭受过校园欺凌（Elgar et al.，2015）。根据国际教育成就评价协会（International Association for the Evaluation of Educational Achievement，IEA）的评估，29%的四年级学生报告他们每月遭受欺凌，14%报告每周受到欺凌（Mullis et al.，2016）；联合国教科文组织的报告也显示，全世界约有32%的学生报告受到欺凌（Paez，2020）。在基础教育过程中，这些数据是非常令人担忧的。

20世纪80年代，挪威的一名男孩在遭遇校园欺凌后不幸自杀，校园欺凌现象开始进入研究者的视野，成为一个重要的研究课题（Olweus，1993a）。同一时间，在日本研究人员定义*ijime*一词描述类似于校园欺凌的行为，引发了公众的关注（Prewitt，1988；Schoolland，1986）。1996年，韩国一名患有心脏病的高中生因遭受一年多的团体骚扰而自杀（Dong-a ilbo，1997），韩国大众媒体将其称为*Korean ijime*，*gipdan-hakdae*（团体虐待，group abuse），或*gipdan-gorophim*（团体骚扰，group harassment），还有在学生中使用比较多的词语*wang-ta*，这些都代表了"群体隔离"或"将某人排除在群体之外"的意思。

Dan Olweus最早对校园欺凌进行了系统研究，他将校园欺凌界定为：同伴对个体实施的故意和重复的直接（身体）或间接（语言/精神）攻击，即某人或某些人故意和反复地伤害和骚扰那些没有办法进行自我反抗的他人的行为（Olweus，1993b），这些行为包括身体接触（推、打）、言语骚扰（羞辱、辱骂）、传播谣言、故意将某个人排除在群体之外等。Olweus认为校园欺凌的关键标准是行为者的有害意图，以及受害者和行为者之间存在权力的不平衡，即受欺凌的学生难以反抗欺凌者，即校园欺凌具备三个特征：重复发生性、伤害性和力量不均衡性或权力失衡（Olweus，1994，1999）。也有其他研究者认为校园欺凌有如下三项特征：欺凌者是故意的，欺凌不止一次，欺凌者和被欺凌者的力量悬殊（P. K. Smith，1994）。还有研究者认为校园欺凌是一种特定的攻击性行为，它的特点是系统地滥用权力，以及欺凌者与受害者之间的力量不平等关系（Woods & Wolke，

2004），这是校园欺凌问题最根本的特征。

在 School Bullying 一词传入中国时，出现了多种翻译，校园欺凌、校园欺负、校园霸凌，这三者通常是同一概念，台湾地区倾向于使用"校园霸凌"的说法。早期对校园欺凌的界定过于泛化，即将校园欺凌等同于欺凌。随着该领域研究的推进，研究者对校园欺凌概念的空间、对象、主体、欺凌场所、行为表现形式等方面进行了描述界定。1999年，张文新及其同事在《中国心理学进展杂志》（Journal of Developments in Psychology）上发表了一篇关于学校欺凌受害研究的评论论文（Zhang, Wu, & Cheng, 1999），介绍了学校欺凌的相关概念、理论和重要研究成果。之后，中国大陆的研究人员和学校工作者们对"学校欺凌"这个话题越来越感兴趣，进行了众多研究与探讨。总之，无论是西方文化的 bullying，还是东方文化的 *ijime*, *wang-ta* 和 *qifu*（欺负），虽然各定义在论述的用词上有所差异，但在内涵上基本与 Olweus 的论述一致。国内大部分学者对校园欺凌的定义整体上还是传承了 Olweus 对其所下的定义，认为校园欺凌具有故意的、有重复性和持续性的、欺凌者与受欺凌者双方力量不均衡的特点（胡春光，2017；林进材，2017；张萌，2017）。校园欺凌是一种群体中普遍存在的排斥与攻击行为，会对学生的心理健康造成严重后果，甚至导致学生出现自杀行为。

现如今，校园欺凌现象正在受到越来越多国际组织机构的关注。由经济合作与发展组织（Organization for Economic Cooperation and Development, OECD, 经合组织）于 2000 年开始实施的国际学生评估项目（Programme for International Student Assessment, PISA）在 2015 年的调查中首次加入了对学生在学校遭受欺凌的相关经历的评估，调查对象包含世界范围内 54 个国家和地区的 15 岁中学生；2018 年 PISA 继续对 75 个国家和地区的 15 岁中学生进行校园欺凌的调查。2015 年 PISA 在中国的调查范围包括大陆四省市（北京、上海、广东、江苏）、我国台湾、香港和澳门特别行政区，2018 年的调查范围为大陆四省市（北京、上海、江苏、浙江）、我国台湾、香港和澳门特别行政区。2015 年的数据结果显示，我国大陆四省市（北京、上海、广东、江苏）中有 22.5% 的学生每月遭遇校园欺凌，这一比例比当年经合组织国家平均水平（18.65%）高出 3.85 个百分点（OECD, 2017）。与之相比，在 2018 年的测试中，我国学生遭受欺凌的结果出现了较大幅度的下降（包括欺凌发生率、欺凌指数和经常受欺凌学生的占比等），表明三年来我国的校园欺凌防治工作成效较为显著（张倩，2020）。2018 年的调查结果显示，在我国大陆四省市（北京、上海、江苏、浙江）中，17.7% 的学生报告每月受到校园欺凌，比例低于经合组织国家中的平均水平 22.7%（OECD, 2019）。

有关校园欺凌的表现形式，有研究者指出这种侵害行为包括被起绰号，被排斥、拒绝或排除在活动之外，被他人散布谣言，被拿走学习用品，以及嘲笑和威胁（Baldry & Farrington, 1999）。也有研究者将欺凌分为身体上的（如击打、拳打脚踢）、语言上的（起绰号和嘲笑）和关系上的（如散布流言蜚语以及卷入其他形式的公众羞辱、辱骂和社会排斥；Woods & Wolke, 2004）。随着信息和通信技术的广泛应用，通过数字设备和工具对他人进行骚扰的网络欺凌已成为发生在学生中间的另一种欺凌形式（Hinduja & Patchin, 2010；Smith et al., 2008）。此外，还有一些其他分类，如张杰（2008）认为校园欺凌有暴力型、语言型、忽视型三种；本书采用的校园欺凌的类型是 PISA 调查的分类，将校园欺凌分为关系欺凌、言语欺凌和肢体欺凌三种类型。

2015 年的调查结果显示，从经合组织国家来看，最普遍、最常见的校园欺凌行为是遭受同龄人嘲笑讥讽的言语欺凌，2018 年的结果也是如此；其次是遭受其他学生故意排挤和传播谣言的关系欺凌；最后是肢体欺凌。但在我国四省市中，2015 年的结果显示校园欺凌行为频率最高的是故意损毁私人财物的肢体欺凌，其次是嘲笑讥讽的言语欺凌，2018 年的结果中占比最高的是嘲笑讥讽的言语欺凌和故意损毁私人财物的肢体欺凌（均为 10%）；2015 年中排在第二的是故意孤立排斥的关系欺凌，2018 年也是如此，故意排挤和传播谣言的关系欺凌均占 5%；最后是被他人威胁的关系欺凌和被其他学生打或推搡的肢体欺凌（均占 5%）。以上结果表明，与经合组织国家相比，我国学生遭受校园欺凌问题的比例与类型存在一定差异。

整体来看，在 PISA 2015 和 PISA 2018 两轮调查中，中国学生遭受校园欺凌的状况有所好转，但鉴于我国学生基数较大，遭受校园欺凌的学生总人数依然不容乐观，因此校园欺凌行为应引起学校管理者与教育政策制定者的高度重视。本书期望基于 PISA 2018 年中国大陆四省市（北京、上海、江苏、浙江）的数据库资料对青少年普遍存在的校园欺凌现象进行系统分析研究。共包含三个研究主题，研究主题一：校园欺凌的影响因素分析；研究主题二：校园欺凌的后果分析；研究主题三：校园欺凌影响学生感知合作的中介调节机制研究。并且在每个研究主题中分别对三种不同类型的欺凌进行具体分析。

以下分别针对上述主题依序说明各研究的动机。

第二节 研究动机

一、研究动机一：校园欺凌的影响因素

在校园欺凌的相关研究中，研究者们首要关注的主题是：为何会发生校园欺凌现象？具有哪些特征的个体更容易遭受校园欺凌？为什么具有这些特征的个体容易被欺凌？或者说造成校园欺凌现象的影响因素有哪些？这些问题一直是国内外研究者们非常关心的话题。

阮得香（2019）基于因子分析与逻辑回归的方法发现，校园欺凌受到个体、同伴、学校和家庭多方面因素影响，个体因素主要有年龄、年级、性别、智力水平、学业表现等，学校因素主要有学校的客观特征（如位置、属性、规模）、纪律氛围、教师支持度、学生对学校的归属感等，而家庭因素主要有父母对子女的照顾程度、父母的受教育程度、家庭经济社会文化地位、父母婚姻状态、父母支持等。以往基于对 PISA 2015 和 PISA 2018 中

国四省市数据集的分析显示：①在学生个体特征对其遭受校园欺凌的影响中，首先，男生群体遭受校园欺凌的比例高于女生群体（陈纯槿，郅庭瑾，2017；黄亮，2017；黄亮，赵德成，2018b；王怡涵，2021），男生相对于女生有更大遭受肢体欺凌的风险，而女生较易遭受关系欺凌（黄亮，2017）；从学生年级层面看，初中生在校遭遇欺凌的概率显著高于高中生，随着学生年级的升高，校园欺凌发生率总体上呈现下降的趋势（陈纯槿，郅庭瑾，2017；黄亮，2017；黄亮，赵德成，2018b）；接受不同教育类型（普通教育或职业教育）的学生遭受校园欺凌没有显著差异（黄亮，2017）；而有关学生的家庭社会经济文化地位（economic, social and cultural status, ESCS）对其遭受校园欺凌的影响，不同研究的结果有所差异，黄亮（2017）运用两水平伯努利模型（参见附录一说明）的研究显示，学生的家庭社会经济文化地位对其是否经常遭受校园欺凌没有显著影响，但后续运用比例差异的分析及二元Logistic回归模型分析的结果显示，不同家庭ESCS背景下学生遭受校园欺凌的情况存在差异，即学生家庭的社会经济文化地位越高，其遭受校园欺凌的风险也就越小（黄亮，赵德成，2018a，2018b）；还有，学生的留级经历对其遭受关系欺凌和言语欺凌都有显著影响，有过留级经历的学生遭受以上欺凌的概率高于没有留级经历的学生（黄亮，2017；王怡涵，2021），同样地，有过转学经历的学生遭受校园欺凌的概率也高于没有转学经历的学生；最后，父母的情感支持和教师支持能够显著降低学生遭受欺凌的概率（黄亮，2017）。研究显示，中国大陆四省市中家长帮助学生解决困难的情况下，有较小比例的在校学生遭受过校园欺凌，而家长不帮助学生解决困难的情况下则有较大比例的学生遭受过校园欺凌（黄亮，赵德成，2018b）。②有关学校背景特征对学生遭受校园欺凌的影响中，分析结果也存在一些不一致的地方，首先，黄亮（2017）运用两水平伯努利模型的研究显示，学校的位置、学校规模、班级规模、生师比、学校类型等学校背景特征因素对学生经常遭受校园欺凌的预测效果不显著，但后续的研究分析表明中国大陆四省市中城市学校学生受欺凌情况明显少于农村学校学生，即学校的位置会对学生遭受校园欺凌产生影响（黄亮，赵德成，2018b）；其次，学校留级学生所占的比例能够显著正向影响学生遭受校园欺凌的概率，学校积极的纪律氛围能够显著负向影响学生经常受欺凌的概率。

综上，以往研究者对校园欺凌的影响因素进行了一定的探讨，并得出了一定结果，部分结果间具有一致性，但部分结果间具有矛盾性，如关于学校位置、学生家庭社会经济文化地位等因素是否会对学生遭受校园欺凌产生影响的结果并不一致，以及有时同一因素对不同类型的校园欺凌的影响也有所差异。原因可能是不同研究所使用的统计方法的差异，也可能是采用的数据集不同，如采用PISA 2015的数据还是PISA 2018的数据，还有可能是大多数研究将遭受校园欺凌当作一个二分变量来处理，但有时遭受校园欺凌存在程度或者频率的问题，很难将其划分为严格的遭受欺凌或未遭受欺凌情况。因此，本书探讨影响因素时将遭受校园欺凌作为连续变量处理，且除了探讨不同因素对总的欺凌的影响，也探讨对不同类型校园欺凌的影响。

此外，因为影响校园欺凌的因素属于不同层级或水平，要同时探讨这些因素对于学生遭受校园欺凌的影响效应时，不能将不同水平的因素放在同一水平进行分析，这样会带来分析的偏误，而应采用多水平分析的方法，可以综合考虑多层级因素的影响效应（Hox, et al., 2017）。也就是说，当我们分析学生遭受校园欺凌的因素时，来自不同学校或地区的学生群体之间可能有显著差异，这些跨群体的差异性可能会造成分析结果的偏误，不能将这些群体和个体的特征信息放在同一水平进行分析，而应采用多水平的分析方法减少偏误。而 PISA 数据库的嵌套特征（学生巢形于班级、班级巢形于学校）正好适合多水平分析的研究思路。总之，本书第一个研究动机是采用 PISA 2018 数据库中的学生数据和学校数据，运用多水平分析模型，试图结合学校水平的变量和个人水平的变量共同探索影响校园欺凌的众多因素，揭示校园欺凌现象背后的具体成因。

二、研究动机二：校园欺凌的后果

人们关注和探讨较多的另一个重要问题是遭受校园欺凌对个体各方面造成的短期和长期后果。校园欺凌对学生的学习与生活造成严重影响，作为一种攻击性行为，同时也是一个全球公共卫生问题，人们普遍认为其与青少年适应不良有关（Hawker & Boulton, 2000）。有证据表明，儿童和青少年的欺凌受害具有持久的影响，可能持续到成年（Copeland et al., 2013; Sigurdson et al., 2015; Takizaw et al., 2014）。研究表明，无论是从短期还是长期来看，欺凌是青少年心理和身体健康的主要风险因素（Wolke & Lereya, 2015）。以往许多研究调查了与欺凌受害相关的不良健康后果和社会心理问题，探讨了欺凌受害与广泛的短期和长期不良后果之间的关系，主要包括内化症状、外化症状和学业成就等几个方面。

首先，最常见的是对心理健康和行为问题的报道，特别是抑郁、焦虑、自残和自杀行为（Copeland et al., 2013; Fisher et al., 2012; Klomek et al., 2008; Moore et al., 2014）。欺凌受害与个体的焦虑和抑郁等内化症状之间存在关联（Brendgen & Poulin, 2018; Eastman et al., 2018; Lee & Vaillancourt, 2018; Yuchang et al., 2019），同伴侵害往往会使受害者产生一些严重的心理健康和行为问题，包括抑郁、焦虑、自卑、孤独、悲伤（Kochel et al., 2012; Livingston et al., 2019; Ttofi et al., 2011a）、低自尊和广泛性社交焦虑（Hawker & Boulton, 2000; Tsaousis, 2016）、睡眠问题（van Geel et al., 2016）、自杀意念与自杀企图（Castellví et al., 2017; Holt et al., 2015; van Geel et al., 2014）、精神病症状如反社会人格障碍、惊恐障碍（Copeland et al., 2013; van Dam et al., 2012），以及其他身心症状（Gini & Pozzoli, 2013）。有研究表明儿童和青少年的欺凌受害与不良健康后果之间存在因果关系，包括焦虑、抑郁、心理健康不良、总体健康状况不佳、非自杀性自伤、自杀意念和自杀企图（Moore et al., 2017）。

其次，欺凌受害和个体很多外化症状也存在关联，如犯罪、药物使用和行为问题等（Eastman et al., 2018; Evans et al., 2019; Kretschmer et al., 2018; Quinn & Stewart, 2018）。与非受害者相比，欺凌受害者被发现更有可能参与暴力与不法行为（Liang et al., 2007;

Sourander et al., 2007），包括打架斗殴、盗窃、违反交通规则和故意破坏他人财物等违法犯罪活动（Liang et al. 2007; Sourander et al., 2007），而且参与非法行为已被证明会延伸到成年早期（Sourander et al., 2007）。欺凌受害者也经常经历适应不良问题，他们与同伴关系不良，缺乏交朋友的能力（Valdebenito et al., 2015），而且成年后在友谊和亲密伴侣或婚姻关系中都有关系损害。此外，两项元分析结果表明，内化和外化行为都是欺凌受害的前因和后果（Reijntjes et al., 2011; Reijntjes et al., 2010）。

最后，校园欺凌除了影响个体身心健康及外在行为以外，也已被证明会对学生的学业表现、教育经历和对学校的态度或感受产生重大影响（Brown & Taylor, 2008; Eriksen et al., 2014），如对学校缺乏兴趣、学习成绩低下和社会关系受损（Fante, 2005; Neto, 2005）。研究发现，在学校被欺凌会导致逃学和出勤率低（Hutzell & Payne, 2012）、无法集中注意力（Barrett et al., 2012; Hazel, 2010）、缺乏学术参与（Juvonen et al., 2011; Mehta et al., 2013）、早期辍学（Cornell et al., 2013）以及较弱的学校归属感（Farmer et al., 2012）。

总之，以往研究充分证实了与个体经历欺凌受害有关的各种不利后果，但这些研究结果间也存在矛盾性与不一致的地方，而且以往发现的这些关联在多大程度上反映了欺凌受害的因果影响仍然存在一些争议。例如一项元分析发现，欺凌受害与学业成就之间存在微小但显著的负相关（Nakamoto & Schwartz, 2010）。然而，也有人（Kowalski et al., 2014）发现欺凌受害与学业成就之间没有显著的关系。即使存在相关性，其因果方向也难以解释清楚。一个学生可能因为欺凌受害而导致学业成绩较低，也可能因为学业表现较差而导致被欺凌的可能性更高，即存在循环论证、因果倒置的问题。此外，分析因果关系时还可能会遗漏同时影响欺凌受害和学习成绩的变量，从而导致有偏见的估计。例如，有一致的证据表明，受欺凌儿童的心理健康更容易受到个人和家庭风险因素的影响，如先前存在心理健康脆弱性、家庭社会经济状况和移民状况（Delprato et al., 2017; Wong & Schonlau, 2013）等。因此，由于这些混杂因素的存在，很难单独解释欺凌受害和不利结果之间的关系，研究校园欺凌的影响后果时也应考虑这些潜在影响因素。

运用倾向得分匹配（propensity score matching, PSM）的方法来评估欺凌受害的影响后果可以较好地减少因混杂变量造成的偏差（苏毓淞，2017）。这种方法就是在估计倾向得分的基础上为处理组个体（遭受校园欺凌）寻找到特征相似的对照组个体（未遭受校园欺凌）进行匹配（胡安宁，2012），从而形成随机化的处理组和对照组样本，进而探索遭受校园欺凌的"净效应"。倾向值（propensity score）就是某一个样本接受到处理的概率，它是通过将影响学生遭受校园欺凌的混杂因素（遗传因素和社会因素，如性别、年龄、年级、家庭经济社会文化地位、生活环境等）以统计的方法产生一个预测个体受到自变量影响的概率（Rosenbaum & Rubin, 1983），即倾向值就是把多维的匹配简化成一维的倾向值匹配。这样一来，匹配的过程得到了简化，更容易找到相似的配对，这就是倾向值匹配法的基本原理。以往也有研究运用倾向得分匹配的方法对校园欺凌的后果进行较为准确的评估，有的研究显示在控制了混杂变量的影响后，欺凌受害和不良结果之间的关联减弱了（黄亮，赵德成，2020），还有研究显示欺凌受害在童年时期比在青春期有更大的不利影响（Hoffman et al.，2017），欺凌受害会在短期内对儿童的健康产生因果影响，特别是焦虑和抑郁水平，但随着时间的推移这些不利影响会减少，尤其是内化问题的短期不利影响在长期内不再显著（Schoeler et al.，2018）。此外还有研究显示不同维度校园欺凌，如生理、心理和间接欺凌，或者肢体、关系和言语欺凌对学生学校表现的影响有所差异（Sbroglio Rizzotto & Aniceto Franca，2021；黄亮，赵德成，2020）。因此，在本书中，我们期望采用倾向得分匹配的分析方法，在较好地平衡影响校园欺凌的混杂因素基础上，重新评估校园欺凌对学生各方面表现影响的"净效应"，这些表现包括学生对学校的感受、对未来的期待以及一些非认知表现。这些表现大部分是 PISA 2018 在 PISA 2015 已有变量的基础上新加入的，尚未有研究对校园欺凌与这些表现之间的关系进行深入探讨，因此，本书第二个研究动机基于 PISA 2018 数据运用倾向得分匹配的方法来评估校园欺凌以及不同类型欺凌对于学生各方面表现的影响效应。

三、研究动机三：校园欺凌的中介调节机制

以往研究发现，遭受校园欺凌会对个体各方面表现产生消极影响（Cornell et al.，2013；Hinduja & Patchin，2010；Holt et al.，2015；黄亮，赵德成，2020），这些影响通过哪些中介因素发挥作用？又有哪些因素会对这种影响作用产生交互作用的调节效果？即遭受校园欺凌对学生表现影响的路径机制也是本书关注的问题。校园欺凌现象破坏了良好和谐的同伴关系，同伴关系在青少年时期发挥重要作用，青少年大部分时间都与同伴一起学习活动，而且他们特别容易受到同龄人的影响，他们将同伴作为社会比较和评估的主要来源（Prinstein & Aikins，2004）。此阶段学生之间良好的人际关系、良好的人际互动可以促进青少年的人格发展与成熟，在此方面，人际合作是非常重要的一个部分。通过与同伴之间的合作互动，他们可以共同进步，共同提升。因此在研究的第三部分，我们期望探讨遭受校园欺凌对学生感知同伴合作的影响，并探讨作用于二者关系间的中介调节机制。

第一，以往研究发现学校归属感在同伴支持或同伴关系和学校欺凌中起中介作用（Zhu et al.，2019；张裕灵，2020），学生如果在学校被欺负，就很难形成对学校的归属感（Guo & Zhao，2019），进而可能难以感知同伴之间的合作关系，因此学校归属感可能是学生遭受校园欺凌对其感知同伴合作影响的中介变量。

第二，教师支持和父母的情感支持是减轻学生遭受欺凌的负面影响的重要保护因素（Gao，2020），对遭受欺凌学生的心理伤害起到一定抵御和弥补作用，不同的教师和父母支持程度下，受害者心理状态对学校归属感的影响效用有差异（Han et al.，2020），因此教师支持和父母支持可能是学生遭受校园欺凌对其学校归属感负向影响的调节变量；最后，班级的纪律氛围会对学生之间关系产生重要影响，支持和关怀的学校环境与较低的

欺凌发生率和较高的学生寻求帮助的意愿相关（Låftman et al., 2016；Ma, 2002；Olweus, 1993a, 1993b）。而一般情况下，教师在调节班级的纪律氛围中起主导作用（尹雅丽，马早明，2021；张毓洁，宁波，2022），因此，班级纪律氛围越好，教师支持程度越高，遭受校园欺凌对感知同伴合作的负向影响可能越小；反之，班级纪律氛围越差，教师支持程度越低，遭受校园欺凌对感知同伴合作的负向影响程度可能越大，即教师调节和班级纪律氛围可能在学生遭受校园欺凌影响感知同伴合作中起双重调节作用。以上即为本书的第三个研究动机。

根据以上探讨，本书三个研究主题的目的如下：

（1）第一个研究主题的目的是基于PISA 2018的调查数据（包括学生数据和学校数据），运用多水平分析模型，结合学校水平的变量和个人水平的变量共同探索影响校园欺凌的众多因素，揭示校园欺凌现象背后的具体成因。

（2）第二个研究主题的目的是运用倾向得分匹配的方法，在排除第一个研究中得出的影响因素的基础上，进一步评估校园欺凌以及不同类型的校园欺凌对于学生各方面表现的影响效应，包括学生对学校的感受、对未来的期待以及非认知表现。

（3）第三个研究主题的目的是考查学生遭受校园欺凌对其感知同伴合作的中介调节机制，以期找到遭受校园欺凌对学生感知同伴合作影响的内在路径机制，为预防和干预校园欺凌、提升学生之间的合作氛围提供参考。

第三节 研究问题

根据以上讨论，我们的研究问题有以下三个方面：

（1）运用多水平分析模型，综合学校水平的变量和个人水平的变量共同探索影响校园欺凌的众多因素，考查学生的个体特征，包括性别、年级、教育类型、是否留级、是否旷课、是否迟到、家庭社会经济文化地位、教师支持和父母支持是否会显著影响学生遭受校园欺凌？学校环境特征，包括学校位置、学校类型、学校规模、班级规模、生师比、男生比例、特殊学生比例、未取得毕业证书的学生比例、妨碍学习的学生行为和教师行为、学校纪律氛围、学生之间的竞争氛围以及学生之间的合作氛围是否会对学生遭受校园欺凌产生显著影响？

（2）考查校园欺凌对学生对学校的态度、对未来的期待以及非认知表现方面产生的影响，与以往直接比较受欺凌者和未受欺凌者的教育表现差异的方法估计欺凌的影响效应不同，本书期望以倾向值匹配分析的统计方法更加精确地估计遭受校园欺凌（或遭受不同类型的校园欺凌）对学生产生了哪些影响？遭受不同类型的校园欺凌对学生产生影响的程度有何不同？以及通过此种统计方法得出的结论与传统研究是否有差异？

（3）考查遭受校园欺凌对学生同伴之间合作关系的影响，学生遭受校园欺凌是否会对其感知同伴合作产生显著负向影响？学校归属感是否在遭受校园欺凌对感知同伴合作的影响关系中发挥中介作用？教师支持和父母支持是否会调节学生遭受校园欺凌和感知同伴合作之间的关系？是否存在一个教师调节和班级纪律氛围的双重调节模型，即教师支持通过对班级纪律氛围的调节作用进而调节遭受校园欺凌对感知同伴合作的负向影响？

第四节 研究意义

结合以上分析可以看出，校园欺凌问题及其对青少年的危害不容忽视。本书期望对校园欺凌现象进行探索分析，首先，旨在考查中国大陆四省市青少年遭受校园欺凌的影响因素，哪些学校与个人因素在影响校园欺凌中发挥重要作用，从而可以更加全面地认识遭受校园欺凌的学生的特征及其所在学校的特征，可以更有针对性地给予这些学生和学校更多关注，还可以采取具体措施防范校园欺凌的发生；其次，评估遭受校园欺凌对学生各方面表现的影响，探索这些影响是如何产生的，中介调节机制有哪些，可以使我们对遭受校园欺凌对个体产生的影响及其路径机制有更加科学的认知，对教育工作者采取合理对策减轻校园欺凌的负面影响具有一定参考意义；最后，我们希望探索能够减少校园欺凌的各项措施，有助于更好地设计行动和项目提高教育系统的有效性，提高学生的整体生活质量与满意度，最终改善他们的受教育水平。

第二章
校园欺凌的影响因素

第一节 校园欺凌的影响因素综述

阮得香（2019）通过因子分析和逻辑回归的方式考查了青少年群体在校受欺凌的影响因素，结果显示，从横断面维度分析来看，学生受到欺凌的影响因素作用大小如下：学生背景特征＞学校背景特征＞情感支持。从纵断面的逻辑回归来看，在学生背景特征中，男生较之女生更容易遭受校园欺凌；高年级学生较之低年级更容易遭受校园欺凌；学业成绩低的学生较之学业成绩高的学生更容易遭受校园欺凌。较低的智力水平和较差的学校成绩是与儿童和青少年之间暴力有关的危险因素。学校表现不佳的儿童容易成为欺凌的目标（Schwartz et al., 2002）。有研究指出，学习成绩低的学生在学校受到欺凌的风险较高，受到欺凌受害的负面影响也可能较大（Fu et al., 2013）。正如一项研究所指出的，欺凌受害儿童在受害期间的学校表现也较差（Fonseca et al., 2009）。二者之间会相互影响。矛盾的是，与其他水平的表现相比，成为欺凌受害者对有较高学业成绩的学生有正性的影响效应。研究的结果表明，学校表现与遭受或实施欺凌之间可能存在着异质性的联系，这取决于学生的技能。涉及到年龄因素，Rigby 和 Slee（1991）发现年龄较小的儿童比年龄较大的儿童更容易遭受欺凌。此外，欺凌通常发生在 9 至 15 岁之间，因为这是受害者具有在侵害者面前削弱他们的特征的一段时期（Carney & Merrell, 2001）。Eriksen 等人的研究发现，欺凌受害儿童的年级分布越来越低（Eriksen et al., 2014），而且根据行为的严重程度，这些影响有增加的趋势。而随着年龄的增长，欺凌往往会停止，因为人们获得了提高自尊的社交技能（Smith et al., 1999）。此外，一项基于江西省高中生校园欺凌的实证研究指出，农村地区、男性、饮酒、体型偏瘦、每天上网大于 3 小时等是促使校园欺凌发生的危险因素（王健等，2018）。可以发现，不同研究在年龄与年级对青少年遭受欺凌的影响中存在一些矛盾，可能与不同的取样及研究方法等因素相关。

阮得香（2019）的分析结果还表明，在学校背景特征中，对比城市学校学生，农村学校学生遭受到的校园欺凌比较多；民办学校学生遭受到的校园欺凌比公立学校学生多；从留级生比例来看，校园留级生越多，校园欺凌比例越高；校园的纪律氛围越好，欺凌事件也就越少；而班级、学校规模以及学校师生比对于学生是否会遭受校园欺凌无显著影响。但也有研究发现，学校位置（城市还是农村）、学校类型（公立还是私立）并未对校园欺凌产生影响（黄亮，2017）。有关纪律氛围，以往也有研究表明，支持和关怀的学校环境与较低的欺凌发生率和学生愿意寻求帮助相关（Låftman et al., 2016）。学生在感知到更大公平度、更多归属感（Antoniadou & Markos, 2016）、纪律严明、有条理和合作的环境，以及较少的教师惩罚的学校中，较少卷入冒险和暴力行为（Gottfredson et al., 2005）。教师的支持在学校背景特征中起着非常重要的作用，教师支持会极大程度减少校园欺凌的发生，而如果教师不公正对待学生，则可能加剧校园欺凌的发生（黄亮，2017）。涉及对学校的归属感，研究发现孩子与学校的接触越多，对学校的归属感越高，与暴力的联系就越小（Resnick et al., 1997）。

有关校园欺凌者和受害者的家庭环境，实施欺凌的儿童报告说，他们的父母没有行使照顾和监督的职能，有时甚至对他们疏于照顾（Bowers et al., 2003）。这与欺凌的受害者的家庭环境相反，他们与父母的关系非常密切，因此容易受到过度的保护。芬尼根等人报告了类似的结果，实施欺凌者与其家庭的凝聚力较低，而欺凌受害者与其亲属的联系太密切（Finnegan et al., 1998）。较差的家庭环境以及与家人建立的不良关系可能促使攻击性行为的产生（Eriksen et al, 2014；Neto, 2005）。还有学者指出，欺凌与暴力的或情感联系度较低的家庭环境之间存在正性的相关关系（Araújo et al., 2010）。有关父母受教育程度，研究发现母亲的受教育水平与成为欺凌受害者之间存在着负相关（Silva et al., 2018）。根据此研究，受教育程度较高的母亲在子女上学有困难时能够施加限制、监督和帮助。有研究指出，家庭社会经济文化地位较低的学生更有可能成为更严重类型欺凌的受害者，因为学校教育是社会分层的一个不可分割的指标（Fu et al., 2013）。尽管如此，父母受教育程度较低是与欺凌暴露程度有较高相关的一个因素。研究者还指出，单亲家庭的子女更容易卷入校园欺凌行为，成为欺凌行为的受害者或实施者。父母情感支持是影响学生遭受欺凌的重要家庭因素，父母情感支持不足是很多青少年遭受校园欺凌及无法有效应对的重要原因（黄亮，2017）。

由此可见，校园欺凌受到个体、家庭和学校多方面影响，因此，探讨校园欺凌的影响因素时应综合考虑多方面因素，不能将不同水平的因素放在同一水平进行分析，这样也会带来分析的偏误。近两年来，有研究者将 PISA 2015 的数据采用多水平分析（multilevel analysis）模型从学校水平的变量和个人水平的变量共同分析校园欺凌的影响因素（黄亮，2017；黄亮，赵德成，2018b），但这些分析结果也存在一些矛盾之处，如学校位置、学校类型、学生家庭社会经济文化地位等因素是否会对学生遭受校园欺凌产生影响结果并不一致，原因可能与采用的数据库或分析方法有关，如采用的是 PISA 2015 的数据还是 PISA 2018 的数据，是将遭受校园欺凌作为二分变量还是连续变量等。基于以上分析，本部分研究的目的是基于 PISA 2018 的调查数据（包括学生数据和学校数据），运用多水平分析模型，结合学校水平的变量和个人水平的变量共同探索影响校园欺凌的众多因素，揭示校园欺凌现象背后的具体成因。

第二节 校园欺凌的影响因素研究过程

在对其研究过程进行分析之前，以下先对 PISA 数据库进行简要介绍：

本书分析所使用的数据来源于 PISA 测试官网中 2018 年的数据资料。PISA 项目通过测试 15 岁中学生的阅读、数学和科学水平，评估其获得全面参与现代社会和经济生活所必不可少的知识和技能的程度，并收集青少年成长过程中各方面的信息，特别是翔实记录了学生的家庭背景及学校信息，包含对学生的父母、老师以及其所在学校的管理者进行的有关调查。PISA对学生的数学、阅读及科学素养进行综合的评估，不仅能确定学生是否可以复制知识，还能考查学生从所学知识中进行推断，以及将这些知识应用于学校内外环境的程度，即利用这些知识与技能应对现实生活中挑战的能力。因此，PISA测试的内容非常广泛，自2000年第一次实施以来，已经吸引了90多个国家的参与，全球范围内共有三百多万名学生参与过该项目，具有较全面的世界范围内的学生教育资料。

经合组织在2000年进行了第一次PISA测试，之后每隔3年进行一次，在每一轮PISA测试中，侧重于对学生在阅读、数学和科学三个核心学校科目中的某一个领域进行详细测试，占总测试时间的近一半。2018年是PISA测试启动以来的第七次评估，也是距今最近的一次测试，与2000年和2009年一样，2018年的主要测试领域是阅读，数学、科学是评估的次要领域。数学是2003年和2012年的主要测试科目，而科学是2006年和2015年的主要测试科目。按照这一交替的时间表，每九年对三个核心主题中的每一个进行一次全面的成绩分析；每三年对趋势进行一次分析。此外，最近一次测试本应在2021年进行，但由于新冠肺炎疫情的影响，经合组织在其网站主页声明"决定将PISA 2021年的评估推迟到2022年，将PISA 2024年的评估推迟到2025年，以反映新冠肺炎疫情后的困难"，所以PISA 2018是目前为止最新的数据资料。

学生除了接受阅读、数学和科学的测试以外，还需填写一份背景问卷，用来收集个人信息，包括他们的态度、性格、信仰、家庭情况、学校信息和学习经历。随着时间推移，该项目调查还加入了大众较为关注的很多问题，在2015年的问卷中新加入了关于校园欺凌的调查，2018年继续进行校园欺凌调查，并加入了对校园欺凌的态度调查。此外，该项目参与对象除了学生，还包括经合组织成员国及其合作国家/经济体的15岁学生的家长、教师、校长或其他学校领导。学校校长或其他领导需完成一份涵盖学校管理、组织以及学习环境的问卷调查。因此，PISA的问卷部分可以从多视角为校园欺凌主题的研究提供较为全面的数据资料。本书使用的数据资料即为PISA 2018中国四省市的数据库，对学生遭受校园欺凌的现象进行实证分析，分析的内容包括校园欺凌的影响因素、后果及中介调节机制，并在分析结果的基础上提出相应的对策。

一、数据来源

本书数据来源于经济与合作组织（OECD）2018年实施的国际学生评价项目PISA测试的中国大陆四省市（北京市、上海市、江苏省、浙江省）的调查数据库。首先从PISA的网站上下载2018年全球学生与学校管理者的问卷调查数据档案，然后从中挑选出中国大陆的数据，最后，删除变量存在缺失的样本之后，对有效样本数据进行分析。

在2018年的PISA测试中，来自我国四省市361所学校的12058名15岁左右（15周岁3个月至16周岁2个月）的中学生参加了测试并填写了背景调查问卷，361名校长或学校其他管理者填写了学校背景调查问卷。为满足多水平分析的标准，进行了如下两步操作：

首先，要对数据进行多层次模型分析，必须至少包含两个层级的变量，本书的变量分为学生个人层级的变量与学校环境层级的变量两类。而以往不同研究者对两个层级的变量提出了不同样本数的要求，克雷夫特提出了 30/30 的法则，即要进行两水平分析至少应有 30 个组，每组至少 30 个被试或观察值的标准（Kreft & Kreft, 2005），霍克斯（Hox, 1998）建议为了检验跨层交互作用，最小比率为 50/20，即至少应有 50 个组，每组至少 20 个被试或观察值，检验随机效应最小比例为 100/10，即至少应有 100 个组，每组至少 10 个被试或观察值。

本书中共有 361 组（361 所学校），大部分学校学生数在 35 左右，满足上述标准，为了使每组人数大致相符，我们删除了每组人数（即每所学校人数）小于 30 的组（编号 97500019，97500024，97500027，97500074，97500077，97500094，97500118，97500147，97500165，97500168，97500169，97500186，97500204，97500217，97500220，97500249，97500253，97500273，97500274，97500275，97500280，97500332）。

其次，本书中使用的学校环境层级的变量又分为两类（Hox & De Leeuw, 2003）：一类是基于整体构念（global constructs）的变量，源自于群体层次，描述群体的特征，如学校的位置规模；另一类是基于共享构念（shared constructs）的变量，群组特性是来自群组成员，将群组成员的态度、认知或行为，按照组别汇总并取平均值整合上升为群体变量，如学生感知到的学校纪律氛围。

而要将较低层级的变量整合上升为较高层级的变量，根据以往（Zohar, 2000）的研究，需满足衡量组内一致性（interrater agreement）的指标 $Rwg(j)>0.7$ 才可以接受个别的分数整合成整体分数，且 $Rwg(j)$ 越高越适合。因此，在分别计算学校层级中共享构念的变量每组数据的 $Rwg(j)$ 之后，删除 $Rwg(j)$ 小于 0.7 的组（编号 97500043，97500360，97500361，97500362），以及最后删除学校层级中（level 2）变量有缺失值的组（编号 975000299），在进行多水平分析时，level 1 可以有缺失值，但 level 2 不能有缺失值。共有 10939 名学生层级资料及 334 所学校层级资料进入最终数据分析。

二、研究变量

本书的变量分为学生个人层级的变量与学校环境层级的变量。

学生个人层级的变量均来自学生问卷，包括：学生遭受校园欺凌、遭受关系欺凌、遭受言语欺凌、遭受肢体欺凌、性别、年级、教育类型、是否留级、是否旷课、是否迟到、家庭社会经济文化地位、教师支持和父母支持。

学校环境层级的变量分为两类，一类是基于整体构念的变量，源自于群体层次，描述群体的特征，包括学校位置、类型、规模、班级规模、生师比、男女生所占比例、特殊学生比例、妨碍学习的学生行为和教师行为，均取自学校问卷，由校长本人（或代表）完成；另一类是基于共享构念的变量，群组特性是来自于群组成员的组合，源自于群组成员的态度、认知或行为，取自学生问卷，但将其按照组别汇总并取平均值聚合（aggregate）或整合上升为群体变量，包括学校纪律氛围、学生之间的竞争氛围和学生之间的合作氛围。

上述变量与对应的 PISA 2018 数据库中的原始题项如表 2-2-1 所示。

表 2-2-1　研究主题一的变量与对应的 PISA 2018 原始题项

变量名称	变量测量指标	对应的 PISA 2018 原始题项
结果变量		
遭受校园欺凌	bullied	加总 ST038Q03NA-ST038Q08NA
遭受关系欺凌	relation	加总 ST038Q03NA 与 ST038Q08NA
遭受言语欺凌	verbal	加总 ST038Q04NA 与 ST038Q05NA
遭受肢体欺凌	physic	加总 ST038Q06NA 与 ST038Q07NA
预测变量		
个人层级变量		
性别	转换为虚拟变量 Gender	ST004D01T
年级	Grade	ST001D01T
教育类型	转换为虚拟变量 edutype	ISCEDO
是否留级	REPEAT	重新编码题项 ST127Q01TA、ST127Q02TA 和 ST127Q03TA：有一题取值 1，则 REPEAT 取值 1；3 题全部取值 0，则 REPEAT 取值 0
是否旷课	skipclass	重新编码题项 ST062Q01TA 和 ST062Q02TA，两题都选择"一次也没有"，则 skipclass 取值 0，反之取值 1
是否迟到	late_or_not	重新编码题项 ST062Q03TA，选择"一次也没有"，则 late_or_not 取值 0，反之取值 1
经济社会文化地位	ESCS	由 HOMEPOS、HISEI 与 PARED 加权而得
教师支持	tcsuppor	先将 ST100Q01TA-ST100Q04TA 题目反向，再加总取平均值
父母支持	parsuppo	加总 ST123Q02NA-ST123Q04NA，取平均值
学校层级变量		
学校位置	SClocate	SC001Q01TA（选项有农村、乡镇、县城、城市、大城市，选择前两个的 SClocate 取值 0，选择后三个的取值 1）
学校类型	转换为虚拟变量 SCprivate	SC013Q01TA

❶ 表格的编号规则：表后面的 3 个数字依次指的是表格所在章、节、表格序号，表 2-2-1 指的是第二章第二节的第 1 个表格。

续表

变量名称	变量测量指标	对应的 PISA 2018 原始题项
学校规模	SCHSIZE	加总 SC002Q01TA（男）与 SC002Q02TA（女）
班级规模	CLSIZE	CLSIZE
生师比	STRATIO	与 SC003Q01TA 取值相同
男生比例	boyratio	SC002Q01TA / SCHSIZE
特殊学生比例	specialratio	加总 SC048Q01NA-SC048Q03NA
未取得毕业证书学生比例	nocertificate	SC164Q01HA
妨碍学习的学生行为	sthinder	加总 SC061Q02TA-SC061Q05TA 以及 SC061Q11HA
妨碍学习的教师行为	tchinder	加总 SC061Q06TA-SC061Q10TA
学校纪律氛围	discipli_mean	聚合学生水平的 discipli（加总 ST097Q01TA- ST097Q05TA 取平均值）
学生之间的竞争氛围	stucompe_mean	聚合学生水平的 stucompe（加总 ST205Q01HA- ST205Q04HA 取平均值）
学生之间的合作氛围	stucoop_mean	聚合学生水平的 stucoop（加总 ST206Q01HA- ST206Q04HA 取平均值）

注：表中原始题项名称直接取自 PISA 2018 的来源档案，方便与原始数据进行对照。变量测量指标的计算方式是基于原始题项（即表 2-2-1 最右侧栏位）进行处理，有三种方式：加权所得、直接加总以及直接使用原始题项的数据。

1. 结果变量（outcome variables，Y）

本书的结果变量为学生"遭受校园欺凌""遭受关系欺凌""遭受言语欺凌"和"遭受肢体欺凌"，是属于学生个人层级的变量。PISA 2018 背景问卷调查了学生在学校中与遭受欺凌相关行为的经历，并测量了三种不同类型的欺凌：肢体欺凌、关系欺凌和言语欺凌（胡咏梅，李佳哲，2018）。PISA 2018 询问学生在 PISA 测试前的 12 个月里他们平均多久在学校里有过以下经历（题目当中还表明"有些经历可能在社交媒体上发生"）：①"其他学生故意排挤我"（关系欺凌）；②"其他学生嘲笑我"（言语欺凌）；③"我被其他学生威胁"（言语欺凌）；④"其他学生拿走或弄坏我的东西"（肢体欺凌）；⑤"我被其他学生打或推搡"（肢体欺凌）；⑥"其他学生散布有关我的恶毒谣言"（关系欺凌）。如果学生选择"从来没有或几乎没有"计 1 分，选择"一年几次"计 2 分，选择"每月几次"计 3 分，选择"一周一次或更多"计 4 分。将 6 个题目的分数相加得到遭受校园欺凌的变量，分数范围为 6~24 分，得分越高，表示学生遭受校园欺凌的程度越严重；同理，分别将第 1、6 题分数相加，第 2、3 题分数相加，第 4、5 题分数相加得到遭受关系欺凌、遭受言语欺凌和遭受肢体欺凌的变量，分数范围均为 2~8 分，分数越高，表明学生遭受某类校园欺凌的程度越严重。

由于遭受校园欺凌的 6 个测量题项之间并不必然有高的相关（例如：学生可能遭受言语欺凌程度高，遭受肢体欺凌程度低），故遭受校园欺凌的测量属于组合性测量指标（formative indicator）。根据以往组合性测量指标信度与效度的检验方式，应通过看其是否存在多元共线性问题来衡量（Petter, 2007; Straub et al., 2004）。结果显示，遭受总的校园欺凌的 VIF 值（反映了共线性问题的严重程度）在 1.552~2.041，符合小于 3.3 的标准，因此不存在多元共线性问题。同理，遭受关系欺凌、言语欺凌和肢体欺凌的 VIF 值分别为 1.484、1.203 和 1.270，均未大于 3.3，表明这 3 个不同类型欺凌变量中的题项也不存在多元共线性问题，因此以上变量信度与效度都可以获得保证。

2. 预测变量（predictors, x）

学生个人层级的预测变量有：

（1）性别（二分类虚拟变量），女生 = 0，男生 = 1。研究发现，遭受校园欺凌的男生人数显著高于女生（Barboza et al., 2009; Rigby & Slee, 1991），因此性别是影响个体是否遭受校园欺凌的重要因素；

（2）学生年级（连续变量），为 7~12 年级。研究显示，校园欺凌的数量随着年级的升高而降低（Carney & Merrell, 2001; Rigby & Slee, 1991; Smith et al., 1999）；

（3）教育类型（二分类虚拟变量），普通教育 = 0，职业教育 = 1；

（4）是否留级（二分类虚拟变量），无留级 = 0，留级 = 1；

（5）是否旷课（二分类虚拟变量），无旷课 = 0，旷课 = 1；

（6）是否迟到（二分类虚拟变量），无迟到 = 0，迟到 = 1；

（7）家庭经济社会文化地位（连续变量），PISA 根据学生父母最高受教育程度（PARED）、父母最高职业地位（HISEI）和家庭财产（HOMEPOS）运用 IRT 技术合成；

（8）教师支持（连续变量），共有 4 个题目："老师关注每个学生的学习状态""当学生需要时，老师会提供额外的帮助""老师帮助学生学习""老师会一直讲解，直到学生理解为止"。选择"每节课"计 1 分，"大部分课"计 2 分，"有些课"计 3 分，"没有或几乎没有"计 4 分。为了便于解释，将所有题目进行反向计分转换，之后相加取平均值得到教师支持的指标测量，指标范围为 1~4 分，分数越高，代表教师对学生学习的支持程度越高。4 个题目之间的 Cronbach's α 系数为 0.864，具有较高的内部一致性信度；

（9）父母支持（连续变量），学生感知的父母对自己的情感支持，包含"我父母支持我在学习上的努力和成绩""当我在学校遇到困难时，我的父母会支持我""我父母鼓励我要自信"3 个题项。回答"非常不同意"计 1 分，"不同意"计 2 分，"同意"计 3 分，"非常同意"计 4 分。将 3 个题目分数相加取平均值得到父母情感支持指标，指标范围为 1~4 分，分数越高，表示父母对学生情感支持程度越高。3 个题目之间的 Cronbach's α 系数为0.908，具有较高的内部一致性信度。相关研究表明，学生受到的教师支持和父母支持会影响其是否遭受校园欺凌（Konishi et al., 2010; Rivara & Le Menestrel, 2016）。

学校环境层级的预测变量有以下两类：一类是基于整体构念的变量，源自群体层次，描述群体的特征，包含：

（1）学校位置（类别变量），分为乡镇学校与城市学校，乡镇学校＝0，城市学校＝1。其中将学校所在的地区为农村（不到3千人）、乡镇（3千到1.5万人左右）和县城（1.5万人到10万人左右）的归为乡镇学校，将学校所在的地区为城市（10万人到100万人左右）和大城市（100万人以上）的归为城市学校；

（2）学校类型（类别变量），分为公立学校（指由政府或公共教育机构直接或间接管理的学校，学校的领导层由政府任命，或公开选举产生）和民办学校（指由非政府组织直接或间接管理的学校，比如教会、工会、企业或其他私人机构），公立学校＝0，私立学校＝1；

（3）学校规模（连续变量），指学校的在籍学生总人数，当学生总人数愈多，表示该所学校的规模愈大；

（4）班级规模（连续变量），指学校中班级人数的平均值，值越大代表班级规模越大；

（5）生师比（连续变量），指学校中学生总人数与教师总人数的比值，值越大代表每个教师指导的学生越多；

（6）男生比例（连续变量），指学校中男生人数占学生总人数的比例，值越大代表学校中男生越多；

（7）特殊学生比例（连续变量），指学校中母语不是汉语的学生、有特殊教育需求的学生以及家庭经济困难的学生所占比例之和，值越大代表特殊学生所占比例越大；

（8）未取得毕业证书学生比例，指学校中没有取得毕业证就离校的学生人数占总学生人数的比例；

（9）妨碍学习的学生行为和教师行为（连续变量），在学校问卷中，通过询问"在贵校，下列现象在多大程度上影响到学生的学习？"来了解妨碍学生学习的学生行为和教师行为。妨碍学生学习的学生行为包含"学生逃学""学生逃课""学生对老师不够尊重""学生喝酒或吸毒""学生威胁或欺负其他学生""学生不能集中精力"6个方面；妨碍学生学习的教师行为包含"教师不能满足学生个别化的需要""教师缺席""教职工不愿变革""教师对学生太严厉""教师备课不充分"5个方面。选择"没有影响"计1分，"影响很小"计2分，"有些影响"计3分，"影响很大"计4分，分数越高，影响程度越大。

由于学生和教师的这些行为之间不必然存在关联性（例如逃课的学生不一定会对老师不尊重，同样，不愿变革的教师也不一定备课不充分），因此妨碍学习的学生行为和教师行为这两个变量的测量模型也属于组合性测量指标，仍然以是否存在多元共线性问题来检验其信度与效度。妨碍学习的学生行为变量的多元共线性诊断结果显示，前两个题项（学生逃学、学生逃课）存在一定共线性（VIF=15.605 和 14.251），因此删除第一个，以后面 5 个题项分数的总和作为妨碍学习的学生行为的测量指标，再次进行多元共线性诊断。5 个题项的 VIF 值在 1.860~8.024，虽然有题项的 VIF 值超过 3.3，但根据 Hair（2006）的建议，VIF 只要在 10 以下即是可接受的范围，表示不存在多元共线性问题，测量模型的信度与效度可以获得保障。因此，妨碍学习的学生行为变量的取值范围为 5~20 分。同样地，妨碍学习的教师行为变量的多元共线性诊断结果显示，5 个题项的 VIF 值在 1.881~4.179，也在可接受的范围，表明题目之间不存在多元共线性问题，测量模型的信效度较好。妨碍学习的教师行为变量的取值范围也为 5~20 分。

另一类学校环境水平的变量是基于共享构念的变量，包括：

（10）学校纪律氛围（连续变量），由学生问卷中学生感知到的班级的纪律氛围的均值聚合而成。包含 5 个题目："学生不听老师在讲什么""课堂秩序混乱，有吵闹声""老师要等很长时间才能让学生安静下来""学生不能好好学习""学生在上课后很长时间仍然不开始学习"。回答"每节课"计 1 分，"大部分课"计 2 分，"有些课"计 3 分，"没有或几乎没有"计 4 分。将 4 个题目得分相加取平均值得到纪律氛围指标，指标范围 1~4 分，分数越高，表明学生所在班级的纪律氛围越好。5 个题目之间的 Cronbach's α 系数为 0.894，具有较高的内部一致性信度。之后将每个学校中各学生的得分相加取均值合成学校层面的纪律氛围；

（11）学生之间的竞争氛围，由学生问卷中学生感知同学之间的竞争氛围的均值聚合而成。包含 4 个题目："学生似乎有竞争态度""学生之间似乎相互竞争""学生似乎觉得相互竞争是重要的""学生觉得自己被拿来与他人作比较"。回答"完全不准确"计 1 分，"有些准确"计 2 分，"很准确"计 3 分，"极为准确"计 4 分，将 4 个题目得分相加取平均值得到感知同伴竞争指标，指标范围 1~4 分，分数越高，表明感知同学之间竞争程度越高。4 个题目之间的 Cronbach's α 系数为 0.813，具有较高的内部一致性信度。之后将每个学校中各学生的得分相加取均值合成学校层面的学生之间的竞争氛围指标；

（12）学生之间的合作氛围，由学生问卷中学生感知到的同学之间的合作氛围的均值合成。包含 4 个题目："学生似乎崇尚合作""学生之间似乎相互合作""学生似乎觉得相互合作是重要的""学生觉得自己被鼓励与他人合作"。回答"完全不准确"计 1 分，"有些准确"计 2 分，"很准确"计 3 分，"极为准确"计 4 分，将 4 个题目得分相加取平均值得到感知同学之间合作的指标，指标范围 1~4 分，分数越高，表明感知同学之间合作程度越高。4 个题目之间的 Cronbach's α 系数为 0.934，具有较高的内部一致性信度。之后将每个学校中各学生的得分相加取均值合成学校层面的学生之间的合作氛围指标。以上变量的特征说明及描述性统计数据如表 2-2-2 所示。

表 2-2-2 研究主题一变量说明及变量均值/比例、标准差

变量类型	变量名称	变量说明	均值/比例(标准差)
结果变量	遭受校园欺凌	连续变量，取值范围：6～24	7.610（2.776）
	遭受关系欺凌	连续变量，取值范围：2～8	2.494（1.077）
	遭受言语欺凌	连续变量，取值范围：2～8	2.542（1.038）
	遭受肢体欺凌	连续变量，取值范围：2～8	2.579（1.051）
预测变量			
个人层级变量	性别	类别变量，女生=0，男生=1	0.521
	年级	连续变量，学生的年级为7～12年级	9.640（0.549）
	教育类型	类别变量，普通教育=0，职业教育=1	0.181
	是否留级	类别变量，无留级=0，留级=1	0.063
	是否旷课	类别变量，无旷课=0，旷课=1	0.075
	是否迟到	类别变量，无迟到=0，迟到=1	0.302
	经济社会文化地位	连续变量，学生家庭社会经济文化地位指数	-0.359（1.089）
	教师支持	连续变量，学生感知的教师关心、帮助学生学习的水平，取值范围：1～4	3.393（0.643）
	父母支持	连续变量，学生感知的家长所给予学生的情感鼓励和支持，取值范围：1～4	3.330（0.693）
学校层级变量	学校位置	类别变量，乡镇学校=0，城市学校=1	0.630
	学校类型	类别变量，公立学校=0，私立学校=1	0.140
	学校规模	连续变量，在校学生总数	1926.920（1461.488）
	班级规模	连续变量，学校中班级人数的平均值	38.760（8.003）
	生师比	连续变量，学生数量与教师数量的比值	10.755（6.261）
	男生比例	连续变量，指学校中男生人数占学生总数的比例	0.522（0.084）
	特殊学生比例	连续变量，是指学校中母语不是中文的学生、有特殊教育需求的学生以及家庭经济困难的学生所占比例之和（%）	7.686（11.094）
	未取得毕业证书学生比例	连续变量，是指学校中没有取得毕业证的学生人数占总学生人数的比例（%）	1.230（3.709）
	妨碍学习的学生行为	连续变量，指学校中影响到学生学习的学生行为，取值范围5～20	11.332（5.085）
	妨碍学习的教师行为	连续变量，指学校中影响到学生学习的教师行为，取值范围5～20	11.320（4.429）
	纪律氛围	连续变量，根据校内学生感知的纪律氛围的均值合成	3.411（0.166）
	学生之间的竞争氛围	连续变量，由学生感知同学之间的竞争氛围的均值合成	2.566（0.146）
	学生之间的合作氛围	连续变量，由学生感知同学之间的合作氛围的均值合成	2.848（0.176）

据此，研究主题一的框架图如图 2-2-1 所示：

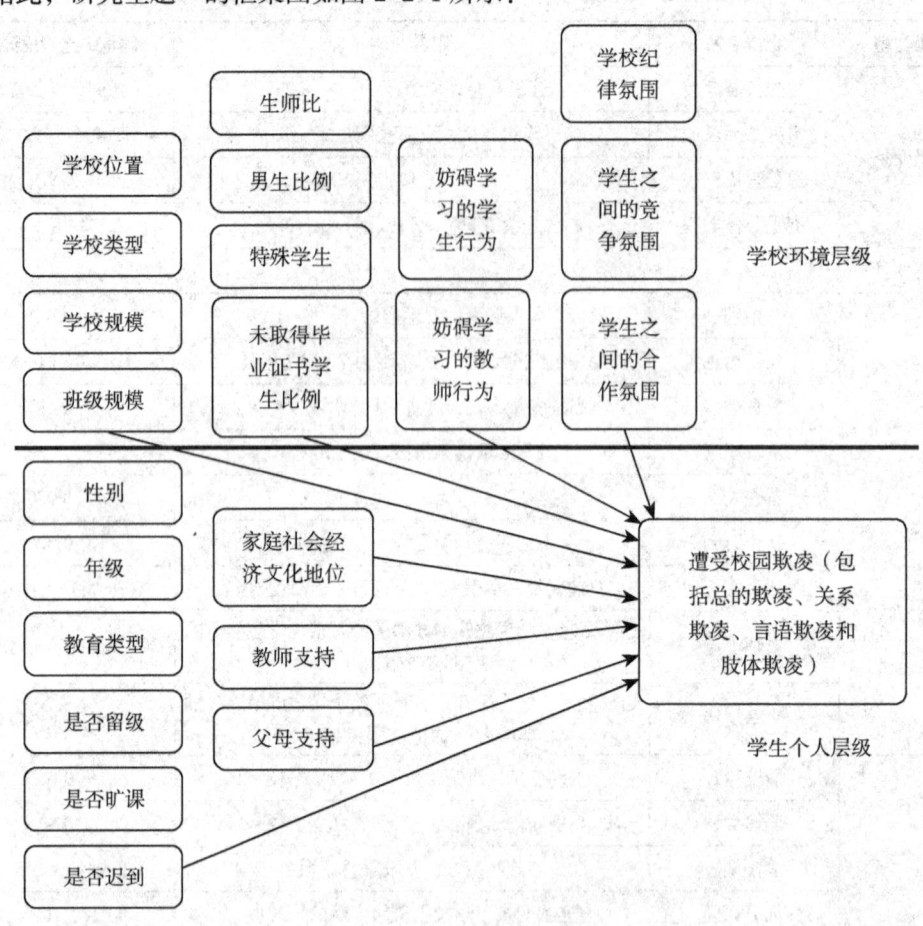

图 2-2-1 研究主题一框架图

三、数据分析方法

本书使用的统计软件是 SPSS 24 和 HLM 6.08，统计方法包括信效度检验、回归分析和多层次模型分析（Hierarchical Linear Model，HLM）。

在心理学、教育学和管理学等很多社会科学研究领域中，经常遇到许多数据是巢状结构（或称多层数据、嵌套数据），例如学生巢形于班级之下，班级巢形于学校之下，员工巢形于公司之下，公司巢形于产业之下。而且来自这样的巢形结构的样本数据一般都不独立，而样本相依违反了传统的统计假设（残差独立及回归斜率同质），如果忽略层级差异的问题，采用传统的 OLS 回归方法对嵌套样本进行分析会带来统计估计的偏误。若将高层次资料分析所得的结论推论至较低层次，容易使较低层次的结论有高估之虞，产生所谓的"生态谬误"（ecological fallacy），而若将个体层次分析所得的资料推论至组织层次，即产生所谓的"原子谬误"（atomistic fallacy）（Hox et al, 2017）。因此，采用多层次分析的方法了解不同群体所造成的变异非常重要。

对巢状数据的分析经过逐渐发展，终于在 20 世纪 90 年代有了一套完整而系统的理论与方法，即多层次模型分析（HLM）或多层分析（multilevel analysis），并设计出了进行多层次分析的软件HLM。运用多层分析方法不仅有利于减少前文提到的统计误差，而且可以同时对多层数据进行分析，进而研究不同层次的数据之间可能存在的交互作用，因而更能客观地描述事物的全貌。运用多层分析方法帮助我们拓展了各学科专业的研究范围，也增加和优化了各学科专业的研究思路。

第三节　校园欺凌的影响因素研究结果

一、描述统计结果

首先，遭受校园欺凌的均值为7.610，三种类型欺凌的均值介于2.494~2.579，参考所代表的选项，遭受欺凌的频率大约介于"从来没有或几乎没有"与"一年几次"的程度。

其次，从学生个人层级变量结果中可以发现，男生所占比例略大于女生；学生年级的平均值为9.640，大部分学生处于9年级与10年级；教育类型以普通教育为主，职业教育为辅；留级、旷课、迟到的均值分别为0.063、0.075和0.302，结果表明有迟到现象的人数比例最大，留级现象的人数比例最小；家庭经济社会文化地位的均值为-0.359，表示学生所属的家庭经济社会文化地位平均低于经合组织国家学生的均值（家庭社会经济地位是衍生变量，将经合组织国家学生的平均值取值为0，当该值为负值，表示低于经合组织国家学生的平均程度）；教师支持和父母支持的平均值为3.393和3.330，支持程度相对较高。

最后，从学校环境层级的变量结果中发现，学校位置位于乡镇学校的比例大于城市学校，公立学校的比例大于私立学校，学校规模的均值为1926.92人，班级规模的均值为38.76人，生师比的均值为10.755，表明大约每10个学生对应1个教师；男生比例的均值为0.522，特殊学生比例的均值为7.686%，未取得毕业证书学生的比例平均为1.23%；妨碍学习的学生行为和教师行为的均值分别为11.332和11.320，参考所代表的选项，这些行为对学生学习的影响程度介于"影响很小"到"有些影响"之间；学校纪律氛围的均值为3.411，整体纪律氛围相对较好；学生之间的竞争氛围与合作氛围的平均值分别为2.566和2.848，参考所代表的选项，学生认为问卷中对学生之间竞争与合作氛围的表述介于"有些准确"与"很准确"之间，且相对于学生之间的竞争氛围，他们对学生之间的合作氛围更加认同，评分更好。

二、多层次模型分析结果

依据Bryk和Raudenbush的建议（Bryk & Raudenbush, 1992），多层次分析包括四个子模型的执行：虚无模式（null model）、随机系数模式（random coefficient Model）、截距预测模式（intercepts as outcomes model）以及斜率预测模式（slopes as outcomes model）。

不过，因为本书不特别针对学校水平变量群的脉络调节效果做探究，故不会进行斜率预测模式分析。因此，本书分析了三个多水平模型（见表2-3-1～表2-3-4），模型Ⅰ虚无模式（空模型）用于检验学生遭受校园欺凌及3类不同类型欺凌的整体变异量中组间变异（即不同学校之间的脉络效果）占的比例，此模型提供了后续多层次分析的合理性基础，用来确认因变量的组内相关系数（intra-class correlation coefficient，ICC）以及组间变异成分可满足执行多水平模型分析的要求；模型Ⅱ随机系数模式用来检验学生个人层级的变量对于遭受校园欺凌的直接影响；模型Ⅲ截距预测模式是针对学校环境层级的变量对于遭受校园欺凌的直接影响做检验。模型Ⅲ为本书的全模型，研究结果及分析过程如下所示。

表2-3-1 学生遭受总的欺凌影响因素的多层次分析结果

变量	模型Ⅰ			模型Ⅱ			模型Ⅲ		
固定效果	γ系数	标准误 S.E.	p	γ系数	标准误 S.E.	p	γ系数	标准误 S.E.	p
γ_{00}	7.610	0.030	<.001	6.928	0.035	<.001	6.962	0.064	<.001
个人层级变量									
性别 γ_{10}				0.851	0.052	<.001	0.842	0.050	<.001
年级 γ_{20}				-0.071	0.035	.180	-0.089	0.054	.099
教育类型 γ_{30}				0.028	0.080	.730	0.033	0.077	.667
是否留级 γ_{40}				0.390	0.127	.003	0.387	0.111	.001
是否旷课 γ_{50}				1.151	0.128	<.001	1.138	0.097	<.001
是否迟到 γ_{60}				0.331	0.063	<.001	0.324	0.056	<.001
家庭经济社会文化地位 γ_{70}				-0.066	0.027	.015	-0.056	0.027	.041
教师支持 γ_{80}				-0.562	0.044	<.001	-0.554	0.044	<.001
父母支持 γ_{90}				-0.391	0.043	<.001	-0.388	0.044	<.001
学校层级变量									
学校位置 γ_{01}							-0.008	0.060	.891
学校类型 γ_{02}							-0.051	0.086	.552
学校规模 γ_{03}							<.001	<.001	.813
班级规模 γ_{04}							0.002	0.004	.582
生师比 γ_{05}							-0.001	0.006	.901
男生比例 γ_{06}							-0.178	0.337	.598
特殊学生比例 γ_{07}							<.001	0.003	.980
未取得毕业证书学生人数 γ_{08}							-0.007	0.008	.355
妨碍学习的学生行为 γ_{09}							<.001	0.011	.975
妨碍学习的教师行为 γ_{10}							0.002	0.013	.865
学校纪律氛围 γ_{011}							-0.572	0.192	.004
学生之间的竞争氛围 γ_{012}							0.806	0.201	<.001
学生之间的合作氛围 γ_{013}							-0.218	0.177	.220

续表

变量	模型Ⅰ			模型Ⅱ			模型Ⅲ		
随机效果	变异成分	χ^2	p	变异成分	χ^2	p	变异成分	χ^2	p
τ_{00}	0.071	444.065	<.001	0.051	363.704	.010	0.047	339.720	.023
σ^2	7.632			6.739			6.729		

表 2-3-2 学生遭受关系欺凌影响因素的多层次分析结果

变量	模型Ⅰ			模型Ⅱ			模型Ⅲ		
固定效果	γ 系数	标准误 S.E.	p	γ 系数	标准误 S.E.	p	γ 系数	标准误 S.E.	p
γ_{00}	2.491	0.011	<.001	2.309	0.017	<.001	2.335	0.025	<.001
个人层级变量									
性别 γ_{10}				0.218	0.020	<.001	0.215	0.020	<.001
年级 γ_{20}				−0.022	0.021	.293	−0.029	0.021	.173
教育类型 γ_{30}				0.000	0.029	.995	0.001	0.030	.972
是否留级 γ_{40}				0.125	0.043	.004	0.124	0.044	.005
是否旷课 γ_{50}				0.431	0.038	<.001	0.427	0.038	<.001
是否迟到 γ_{60}				0.085	0.022	<.001	0.082	0.022	<.001
家庭经济社会文化地位 γ_{70}				−0.010	0.011	.368	−0.006	0.011	.580
教师支持 γ_{80}				−0.195	0.017	<.001	−0.192	0.017	<.001
父母支持 γ_{90}				−0.142	0.017	<.001	−0.140	0.017	<.001
学校层级变量									
学校位置 γ_{01}							−0.013	0.023	.566
学校类型 γ_{02}							−0.032	0.033	.338
学校规模 γ_{03}							<.001	<.001	.880
班级规模 γ_{04}							0.001	0.001	.548
生师比 γ_{05}							<.001	0.002	.850
男生比例 γ_{06}							−0.111	0.130	.395
特殊学生比例 γ_{07}							−0.001	0.001	.522
未取得毕业证书学生人数 γ_{08}							−0.003	0.003	.328
妨碍学习的学生行为 γ_{09}							0.004	0.004	.332
妨碍学习的教师行为 γ_{10}							−0.005	0.005	.350
学校纪律氛围 γ_{011}							−0.198	0.074	.008
学生之间的竞争氛围 γ_{012}							0.263	0.078	.001
学生之间的合作氛围 γ_{013}							−0.074	0.069	.283
随机效果	变异成分	χ^2	p	变异成分	χ^2	p	变异成分	χ^2	p

续表

	模型 I			模型 II			模型 III		
τ_{00}	0.007	409.931	.003	0.009	398.005	<.001	0.008	377.630	.001
σ^2	1.147			1.047			1.046		

表 2-3-3 学生遭受言语欺凌影响因素的多层次分析结果

变量	模型 I			模型 II			模型 III		
固定效果	γ 系数	标准误 S.E.	p	γ 系数	标准误 S.E.	p	γ 系数	标准误 S.E.	p
γ_{00}	2.542	0.010	<.001	2.302	0.013	<.001	2.303	0.024	<.001
个人层级变量									
性别 γ_{10}				0.336	0.020	<.001	0.334	0.019	<.001
年级 γ_{20}				-0.008	0.019	.670	-0.014	0.020	.493
教育类型 γ_{30}				-0.032	0.030	.287	-0.023	0.029	.422
是否留级 γ_{40}				0.125	0.049	.011	0.125	0.042	.003
是否旷课 γ_{50}				0.366	0.046	<.001	0.362	0.037	<.001
是否迟到 γ_{60}				0.097	0.024	<.001	0.096	0.021	<.001
家庭经济社会文化地位 γ_{70}				-0.014	0.010	.177	-0.012	0.011	.257
教师支持 γ_{80}				-0.180	0.016	<.001	-0.177	0.016	<.001
父母支持 γ_{90}				-0.133	0.016	<.001	-0.133	0.017	<.001
学校层级变量									
学校位置 γ_{01}							0.011	0.022	.630
学校类型 γ_{02}							-0.023	0.032	.459
学校规模 γ_{03}							<.001	<.001	.603
班级规模 γ_{04}							0.001	0.001	.532
生师比 γ_{05}							-0.001	0.002	.817
男生比例 γ_{06}							-0.079	0.125	.527
特殊学生比例 γ_{07}							<.001	0.001	.995
未取得毕业证书学生人数 γ_{08}							-0.002	0.003	.530
妨碍学习的学生行为 γ_{09}							-0.001	0.004	.753
妨碍学习的教师行为 γ_{10}							0.003	0.005	.552
学校纪律氛围 γ_{011}							-0.143	0.071	.044
学生之间的竞争氛围 γ_{012}							0.289	0.075	<.001
学生之间的合作氛围 γ_{013}							-0.068	0.065	.300
随机效果	变异成分	χ^2	p	变异成分	χ^2	p	变异成分	χ^2	p
τ_{00}	0.005	387.921	.020	0.004	336.412	.091	0.004	317.490	.128
σ^2	1.075			0.967			0.966		

表 2-3-4 学生遭受肢体欺凌影响因素的多层次分析结果

变量	模型 I			模型 II			模型 III		
固定效果	γ 系数	标准误 S.E.	p	γ 系数	标准误 S.E.	p	γ 系数	标准误 S.E.	p

续表

变量	模型Ⅰ			模型Ⅱ			模型Ⅲ		
γ_{00}	2.577	0.012	<.001	2.316	0.014	<.001	2.326	0.025	<.001
个人层级变量									
性别 γ_{10}				0.297	0.019	<.001	0.294	0.019	<.001
年级 γ_{20}				-0.038	0.020	.066	-0.044	0.020	.033
教育类型 γ_{30}				0.055	0.030	.063	0.051	0.029	.082
是否留级 γ_{40}				0.140	0.051	.006	0.138	0.042	.001
是否旷课 γ_{50}				0.354	0.047	<.001	0.349	0.037	<.001
是否迟到 γ_{60}				0.150	0.023	<.001	0.148	0.021	<.001
家庭经济社会文化地位 γ_{70}				-0.042	0.010	<.001	-0.038	0.010	<.001
教师支持 γ_{80}				-0.188	0.017	<.001	-0.185	0.017	<.001
父母支持 γ_{90}				-0.117	0.017	<.001	-0.115	0.017	<.001
学校层级变量									
学校位置 γ_{01}							-0.009	0.023	.681
学校类型 γ_{02}							0.013	0.033	.681
学校规模 γ_{03}							<.001	<.001	.672
班级规模 γ_{04}							<.001	0.001	.928
生师比 γ_{05}							<.001	0.002	.915
男生比例 γ_{06}							-0.010	0.128	.939
特殊学生比例 γ_{07}							0.001	0.001	.573
未取得毕业证书学生人数 γ_{08}							-0.003	0.003	.367
妨碍学习的学生行为 γ_{09}							-0.003	0.004	.434
妨碍学习的教师行为 γ_{10}							0.004	0.005	.374
学校纪律氛围 γ_{011}							-0.231	0.073	.002
学生之间的竞争氛围 γ_{012}							0.245	0.077	.002
学生之间的合作氛围 γ_{013}							-0.076	0.067	.259
随机效果	变异成分	χ^2	p	变异成分	χ^2	p	变异成分	χ^2	p
τ_{00}	0.013	470.758	<.001	0.008	305.321	.452	0.007	285.981	>.500
σ^2	1.088			0.977			0.977		

1. 模型Ⅰ：虚无模式（空模型）

虚无模式为模式中不纳入任何的解释变量，只含有结果变量，设定如下：

Level 1：遭受校园欺凌（关系欺凌、言语欺凌、肢体欺凌）$_{ij} = \beta_{0j} + \gamma_{ij}$

Level 2：$\beta_{0j} = \gamma_{00} + U_{0j}$

如表2-3-1~表2-3-4的结果显示，遭受校园欺凌的组间变异成分（τ_{00}）与0差异显著（$\chi^2 = 444.065$，$p < 0.001$），遭受关系欺凌（$\chi^2 = 409.931$，$p = 0.003$）、言语欺凌（$\chi^2 = 387.921$，$p = 0.020$）和肢体欺凌（$\chi^2 = 470.758$，$p < 0.001$）的组间变异成分（τ_{00}）也与0差异显著，表明同一所学校中学生遭受校园欺凌的程度具有较大相似性，但学生遭受欺凌

的程度在不同的学校之间存在显著差异,组间变异不能忽略,因此,为了使结果的解释不产生偏误,需采用多水平模型进行数据分析。

2. 模型Ⅱ:随机系数回归模式

在此模式中,学生个人层级的变量中除年级、教师支持和父母支持予以总平减(grand centered)外,其余变量都不平减(uncentered)。Kreft指出类别变数绝对不能mean center,如果是连续变量,带0有意义,不需要平减,因为平减与否对于估计值与显著性无影响,只影响结果解读。如果为了使解释有意义,要做mean center,无论是level 1还是level 2,一律用grand centered,跟原始数据是等值的,group centered跟原始数据是不等值的(Kreft, De Leeuw, & Aiken, 1995)。

模式如下所示:

Level 1:遭受校园欺凌(关系欺凌、言语欺凌、肢体欺凌)$_{ij}$ = β_{0j}+β_{1j}(性别$_{ij}$)+β_{2j}(年级$_{ij}$)+β_{3j}(教育类型$_{ij}$)+β_{4j}(是否留级$_{ij}$)+β_{5j}(是否旷课$_{ij}$)+β_{6j}(是否迟到$_{ij}$)+β_{7j}(家庭经济社会文化地位$_{ij}$)+β_{j}(教师支持$_{ij}$)+β_{9j}(父母支持$_{ij}$) + γ_{ij}

Level 2:$\beta_{0j} = \gamma_{00}$

$\beta_{1j} = \gamma_{10}$

$\beta_{2j} = \gamma_{20}+U_{2j}$

$\beta_{3j} = \gamma_{30}$

$\beta_{4j} = \gamma_{40}$

$\beta_{5j} = \gamma_{50}$

$\beta_{6j} = \gamma_{60}$

$\beta_{7j} = \gamma_{70}$

$\beta_{8j} = \gamma_{80}+U_{8j}$

$\beta_{9j} = \gamma_{90}+U_{9j}$

在上述公式中,γ_{10}、γ_{20}、γ_{30}、γ_{40}、γ_{50}、γ_{60}、γ_{70}、γ_{80}与γ_{90}分别代表学生个人层级变量(性别、年级、教育类型、是否留级、是否旷课、是否迟到、教师支持和父母支持、家庭经济社会文化地位)与学生遭受校园欺凌以及遭受关系欺凌、言语欺凌、肢体欺凌的估计参数。从表2-3-1~表2-3-4的结果可以看出,除年级和教育类型外,学生个人层级的变量中性别、是否留级、是否旷课、是否迟到对学生遭受总的欺凌程度以及遭受3种类型的欺凌程度产生显著正向解释力,而教师支持和父母支持均对学生遭受总的欺凌程度以及遭受3种类型的欺凌程度产生显著负向解释力,家庭经济社会文化地位只对学生遭受总的欺凌和肢体欺凌产生显著负向解释力,对遭受关系欺凌和言语欺凌没有显著影响。其中教师支持每升高1个单位,学生遭受校园欺凌的程度降低0.562个单位,遭受关系欺凌的程度降低0.195个单位,遭受言语欺凌的程度降低0.180个单位,遭受肢体欺凌的程度降低0.188个单位;父母支持每升高1个单位,学生遭受校园欺凌的程度降低0.391个单位,遭受关系欺凌的程度降低0.142个单位,遭受言语欺凌的程度降低0.133个单位,遭受肢体欺凌的程度降低0.117个单位；家庭经济社会文化地位每升高1个单位，学生遭受校园欺凌的程度降低0.066个单位，遭受肢体欺凌的程度降低0.042个单位。以上结果表明：男生比女生遭受校园欺凌的程度更严重，有过留级经历、测试近两周内有旷课、迟到行为的学生比那些未留级、测试近两周内未旷课、迟到的学生遭受校园欺凌的程度更严重，而学生的家庭经济社会文化地位越低，遭受总的欺凌和肢体欺凌的程度越严重，感知到的教师支持和父母支持程度越低，遭受校园欺凌的程度也越严重。以下对上述结果做进一步讨论分析。

首先，众多研究已经证实，男生比女生有更大的风险遭受校园欺凌（Barboza et al.，2009；Rigby & Slee，1991），原因可能是男生群体相对于女生群体更加容易躁动和爆发冲突，使得男生欺凌和被欺凌的现象都会显著高于女生群体。而在遭受的欺凌类型的差别方面，以往研究发现，女生更容易受到关系欺凌（Österman et al.，1998）。经合组织国家的数据结果也表明，女生更加容易受到"被其他学生传播谣言"这种欺凌行为的伤害（OECD，2017），而男生更加容易遭受肢体型欺凌（Peets & Kikas，2006）。黄亮（2017）曾基于PISA 2015的数据分析也发现男生比女生更加容易遭受肢体欺凌，如肢体击打、推搡，并且男生比女生也容易遭受言语欺凌，如被其他学生戏弄。而我们基于PISA 2018中国四省市的数据发现，无论是在总的欺凌程度还是3类不同类型的欺凌上，男生均比女生遭受了更严重的欺凌。所以，我们在关注欺凌现象时应更多关注男生群体。

其次，我们的研究发现有过留级经历，测试近两周内有旷课、迟到行为的学生更容易遭受校园欺凌。留级指学生因学年成绩不及格或达不到相应的学习考试要求而留在原来的年级重新学习，不能升入新的年级。这项政策主要用以帮助学业成绩不理想的学生获得额外一年时间来适应学习进展、提高学业能力❶。留级的学生一般在学业表现方面较差，而且可能在社交、情感技能等方面的发展也存在困难，当这些年长的学生与年龄较小的新同学共同学习生活时，容易被其他学生歧视嘲笑，甚至遭到社交排斥（高丽茹，2020），进而导致更多的欺凌事件（Crothers et al.，2010）。这与已有研究发现一致，学业表现越差的学生受欺凌的程度就越高（雷雳等，2004）。这可能与学业表现较好的学生会更加投入在学习上而较少地与同学发生冲突，以及得到更多的外部支持（主要是教师支持与家长支持）有关。同样地，有旷课、迟到行为的学生也可能会在学业、社交、情感技能等各方面的发展存在一定困难，更容易受到班级其他同学的嘲笑、戏弄等，因此遭受欺凌的程度更高。

根据以往研究，逃学、旷课、迟到等违纪行为可能都只是学生排斥学习的外在表现，如果学生不愿意进入教室或者安静地坐在课堂听讲，可能很难有好的学业成绩（方健华，2007），而学习成绩不好更容易遭受欺凌。反之，遭受欺凌的经历也会对学生的学业成绩产生不利影响，黄亮和赵德成（2018b）的研究表明经常受欺凌的学生中有更大比例的学生在过去两周时间里逃学至少3~4天。因而逃学、旷课、迟到等违纪行为与学生遭受校

---

❶ 如今留级政策已在教育部门取消，根据教育部门的有关规定，义务教育阶段的学生原则上不允许留级，除非因疾病等不得不休学而导致留级。

园欺凌是互为因果的关系。所以，要减少学生遭受校园欺凌，可以从严格管理学生违纪行为方面入手，这样就有可能提高其学业成就，同时帮助其与学校建立较为密切的关系，方便其寻求老师同学的帮助，有利于减少校园欺凌的发生。

再次，本书结果显示，学生的家庭经济社会文化地位会对学生遭受总的欺凌和肢体欺凌产生显著负向影响，学生的家庭经济社会文化地位越低，遭受总的欺凌和肢体欺凌的程度越高。这一结果与黄亮和赵德成（2018b）的研究结果一致，不同家庭经济社会文化地位的学生及其所在学校的平均家庭经济社会文化水平存在差异时，学生遭受校园欺凌情况也存在差异。具体来说，学生的家庭经济社会文化地位越低，其所在学校的平均家庭经济社会文化水平越低，学生遭受校园欺凌的程度越高。来自荷兰的实证研究显示，低社会阶层的青少年具有肢体与心理病症的比例较高，容易招致同伴侵害（Jansen et al., 2012）。但在黄亮的另一个研究中却发现学生的家庭经济社会文化地位对其是否经常遭受校园欺凌没有显著影响，并且认为校园欺凌事件的普遍性可能是家庭经济社会文化地位不能显著预测学生遭受欺凌的原因（黄亮，2017）。这项研究是基于PISA 2015中国四省市（北京、上海、江苏、广东）的数据，运用两水平伯努利模型进行分析的。本书结果与该研究结果不同的原因可能有：一是本书与该研究使用的不是同一年的数据，样本来源有一定差异；二是本书中遭受校园欺凌变量的计分方式与其不一致，该研究将遭受校园欺凌当作二分类别变量来分析，而在本书中将其当作连续变量来进行分析，并且使用了组合性测量指标，可能导致结果不一致；最后，该研究只探讨了总的欺凌情况，而本书不仅探讨总的欺凌，而且分别从3个类型的校园欺凌进行了讨论，发现学生的家庭经济社会文化地位会对遭受总的欺凌和肢体欺凌产生显著负向解释力。从逻辑推论来看，学生的家庭经济社会文化地位应该会对学生遭受校园欺凌产生影响，因为一般来自经济社会文化地位较高的家庭的学生比较善于与人交往，社交技能也较高，而家庭经济社会文化地位较低的学生在与他人相处过程中可能更容易因自己的出身产生自卑心理，从而回避社交或社交技能较低，更容易脱离集体或者被孤立，而且来自弱势背景家庭的学生可能因为缺少父母的关心支持而出现较多不良行为，从而有更大的风险遭受校园欺凌的侵害。因此，学校或教师要对来自弱势背景家庭的学生给予更多的关注，开展有针对性的心理辅导和帮扶，降低这些学生遭受校园欺凌侵害的风险（黄亮，赵德成，2018）。

最后，本书发现，父母和教师给予学生积极的支持能够负向预测学生遭受校园欺凌，学生感知到的教师支持和父母支持程度越高，遭受校园欺凌的程度越低。在中学生的人际交往情境中，父母、教师往往是学生遇到困难时能够提供有效帮助并且可供学生依赖的对象。紧密的亲子关系能够使学生在遭受校园欺凌的时候获得更多帮助，进而遏制欺凌造成的伤害。在情感上关心支持子女成长的父母不仅能够帮助子女摆脱校园欺凌的困扰，而且还能够在子女受欺凌之后缓解其心理压力和痛苦（Rivara & Le Menestrel, 2016），因此家长的情感支持能够有效地降低学生受欺凌伤害的概率。在师生关系方面，教师支持、关心学生的学业进展、期望学生成功的行动使得学生感受到教师的接纳、尊重和关怀，这一方面使得学生能够更好地向教师寻求帮助，另一方面师生关系的贴近与融洽大大降低了欺凌等负面人际行为发生的机会（Konishi et al, 2010）。家庭和学校都是对抗校园欺凌的关键力量，家长要在平时的学习生活中给予孩子更多的心理与情感支持，尤其是学业表现较差的学生更应该受到其家长的鼓励与支持，才能使他们更有信心与勇气克服学习中的困难；教师也应该多关注学习能力较差或来自弱势背景家庭的学生，家校合作才能在学生的生活学习中更好地建立反欺凌的屏障。

此外，年级对学生遭受校园欺凌没有显著影响，这与以往研究结论不一致（黄亮，2017；黄亮，赵德成，2018），黄亮的研究认为低年级学生更容易成为校园欺凌的受害者，初中生比高中生遭受更多的校园欺凌，随着年级升高，学生的认知能力逐渐成熟，解决冲突的能力也逐渐加强。同时学习压力增加，学生没有太多精力参与到侵害他人的行为中。而在本书中PISA测量的学生均为15岁左右中学生，年龄接近，年级差别较小，年级可能不容易对遭受校园欺凌产生显著影响。也可能是因为本书与黄亮的研究采用了不一样的变量处理方式。最后，教育类型对学生遭受校园欺凌也没有显著影响，普通学校与职业学校的学生遭受欺凌的程度无显著差异。这也从侧面证实了校园欺凌的普遍性，这种现象无差别地存在于各类学校当中，应引起全社会的重视与关注。

3.模型Ⅲ：截距预测模式

在此模式中，除学校位置、学校类型、特殊学生比例和未取得毕业证书的学生比例变量不平减外，其余都予以总平减。模式如下所示：

Level 1：遭受校园欺凌（关系欺凌、言语欺凌、肢体欺凌）$_{ij}=\beta_{0j}+\beta_{1j}$（性别$_{ij}$）+$\beta_{2j}$（年级$_{ij}$）+$\beta_{3j}$（教育类型$_{ij}$）+$\beta_{4j}$（是否留级$_{ij}$）+$\beta_{5j}$（是否旷课$_{ij}$）+$\beta_{6j}$（是否迟到$_{ij}$）+$\beta_{7j}$（经济社会文化地位$_{ij}$）+$\beta_{8j}$（教师支持$_{ij}$）+$\beta_{9j}$（父母支持$_{ij}$）+$\gamma_{ij}$

Level 2：$\beta_{0j}=\gamma_{00}+\gamma_{01}$（学校位置$_j$）+$\gamma_{02}$（学校类型$_j$）+$\gamma_{03}$（学校规模$_j$）+$\gamma_{04}$（班级规模$_j$）+$\gamma_{05}$（生师比$_j$）+$\gamma_{06}$（男生比例$_j$）+$\gamma_{07}$（特殊学生比例$_j$）+$\gamma_{08}$（未取得毕业证书的学生比例$_j$）+$\gamma_{09}$（妨碍学习的学生行为$_j$）+$\gamma_{010}$（妨碍学习的教师行为$_j$）+$\gamma_{011}$（学校纪律氛围$_j$）+$\gamma_{012}$（学生之间的竞争氛围$_j$）+$\gamma_{013}$（学生之间的合作氛围$_j$）+$U_{0j}$

$\beta_{1j}=\gamma_{10}$

$\beta_{2j}=\gamma_{20}+U_{2j}$

$\beta_{3j}=\gamma_{30}$

$\beta_{4j}=\gamma_{40}$

$\beta_{5j}=\gamma_{50}$

$\beta_{6j}=\gamma_{60}$

$\beta_{7j}=\gamma_{70}$

$\beta_{8j}=\gamma_{80}+U_{8j}$

$\beta_{9j}=\gamma_{90}+U_{9j}$

在上述公式中，γ_{01}、γ_{02}、γ_{03}、γ_{04}、γ_{05}、γ_{06}、γ_{07}、γ_{08}、γ_{09}、γ_{010}、γ_{011}、γ_{012}与γ_{013}分别代

表学校环境层级变量（学校位置、学校类型、学校规模、班级规模、生师比、男生比例、特殊学生比例、未取得毕业证书的学生比例、妨碍学习的学生行为和教师行为、校纪律氛围、学生之间的竞争氛围以及学生之间的合作氛围）与学生遭受校园欺凌以及遭受关系欺凌、言语欺凌、肢体欺凌的估计参数。表2-3-1~表2-3-4的结果显示，只有学校纪律氛围和学生之间的竞争氛围会对学生遭受总的欺凌程度以及遭受3种类型的欺凌程度有显著影响，学校纪律氛围对学生遭受欺凌的程度产生显著负向解释力，而学生之间的竞争氛围对学生遭受欺凌的程度产生显著正向解释力。模型Ⅲ的分析结果表明，学校纪律氛围每升高1个单位，学生遭受校园欺凌的程度降低0.572个单位，遭受关系欺凌的程度降低0.198个单位，遭受言语欺凌的程度降低0.143个单位，遭受肢体欺凌的程度降低0.231个单位；但学生之间的竞争氛围每升高1个单位，学生遭受校园欺凌的程度升高0.806个单位，遭受关系欺凌的程度升高0.263个单位，遭受言语欺凌的程度升高0.289个单位，遭受肢体欺凌的程度升高0.245个单位。这表明学校纪律氛围越差，学生遭受校园欺凌的程度越严重，或者纪律氛围较差的学校中的学生比纪律氛围较好的学校中的学生遭受更高程度的校园欺凌；学校中学生之间的竞争氛围越高，学生遭受校园欺凌的程度也越高，或者学生之间竞争氛围较高的学校中的学生比学生之间竞争氛围较低的学校中的学生遭受更高程度的校园欺凌。而其余变量，学校位置、学校类型、学校规模、班级规模、生师比、男生比例、特殊学生比例、未取得毕业证书的学生比例、妨碍学习的学生行为和教师行为，以及学生之间的合作氛围等学校背景特征因素均未对学生遭受校园欺凌以及遭受3种类型的欺凌产生显著影响。以下对上述结果做进一步分析讨论。

首先，学校的纪律氛围与学生遭受欺凌的负向关联已经被一些研究证实（高丽茹，2020；黄亮，赵德成，2018b；阮得香，2019），以往结果显示，良好的学校纪律氛围有助于保护学生，使其较少遭受校园欺凌侵害（黄亮，赵德成，2018）。学校积极的纪律氛围能够有效降低学生受欺凌概率的原因在于，学生在秩序井然的环境中学习和交往时往往会因为感到安全而更加愿意投入其中，学生攻击性行为的诱发因素大大缩减（Cornell & Huang，2016）。因此，良好的学校纪律氛围可以减轻校园欺凌的发生（Gregory et al.，2010）。学校在制定防止校园欺凌的方案时，应多考虑学校纪律氛围的重要作用，这既是一个学校隐形的文化氛围，同时又可以体现在校规校纪的执行中，而且这与上述加强对学生旷课、逃学、迟到等违纪行为的管理方式也是一致的。

其次，学校中学生之间的竞争与合作氛围是学校氛围中的一个重要方面（Koth et al.，2008）。PISA 2018中的有关学生感知同学之间竞争与合作的测量是第一次出现在PISA测试的问卷调查中，在本书中我们将学生问卷中学生感知同学之间的竞争氛围的均值聚合成了学校层面的竞争氛围，将学生问卷中学生感知同学之间的合作氛围的均值聚合成了学校层面的合作氛围，结果显示学生之间的竞争氛围对学生遭受校园欺凌以及遭受3种类型的欺凌的程度产生显著正向解释力，但学生之间的合作氛围却未对学生遭受校园欺凌以及遭受3种类型的欺凌的程度产生显著影响。这是一个非常有趣的结果，表明学校层面的竞争与合作氛围可能并不是两个相互对立的方面，他们可能有各自的作用原理。感知同学之间的竞争氛围与校园欺凌之间的正向关联得到了一些研究的支持，Volk 提出竞争可能导致欺凌，而合作可能会促进积极的同伴互动，处于强调竞争环境中的个体可能会为了应对激烈的竞争做出较多的欺凌行为（Volk et al.，2015），王斯佳（2020）的研究显示中小学生感知的学业竞争和社交竞争均与校园欺凌呈显著正相关，王焕（2018）认为学生之间形成的恶性竞争氛围不仅会导致校园欺凌，还会产生无数的冷漠旁观者，他们目睹了校园欺凌却不愿伸出援助之手。因此，学生之间的竞争氛围可能让一些学生对其他同学产生嫉妒或恨意，进而增加学生遭受校园欺凌的概率。本书的结论与以上研究结果一致，充分显示了学生之间的竞争对校园欺凌的消极影响。因此，在对校园欺凌进行干预时，应有意识地引导学生进行正向良性的竞争，避免学生之间的恶性竞争，从而在学校环境中形成良好的同伴关系，减少欺凌行为的发生。

最后，学校层级的其他变量，包括学校位置、学校类型、学校规模、班级规模、生师比、男生比例、特殊学生比例、未取得毕业证书的学生比例以及妨碍学习的学生行为和教师行为，学生之间的合作氛围因素均未对学生遭受校园欺凌以及遭受 3 种类型的欺凌的程度产生显著影响。同样地，这个结果与黄亮（2017）基于 PISA 2015 中国四省市（北京、上海、江苏、广东）的数据运用两水平伯努利模型进行分析的结果部分一致，也显示学校的位置、规模、班级规模、学校类型、生师比的学校背景特征因素对学生遭受校园欺凌的预测效果不显著，表明校园欺凌没有因学校的位置、大小、班级规模等因素发生变化，这种现象无差别地存在于各级、各类学校当中。但其另一篇研究却发现，学校位置不同，学生受欺凌情况也存在着差异，即农村学校的学生比城市学校的学生遭受更多校园欺凌（黄亮，赵德成，2018 b）。可能原因是本书与该研究对学校位置的划分不一致，本书将所在地区为农村、乡镇和县城的学校均归为乡镇学校，而如果黄亮等人的研究中所指的农村学校专指学校所在地区为农村的学校，不包含乡镇和县城，结果会因此出现差异；另一个可能的原因是数据来源的差异；再一个可能的原因是用到的统计分析方法的差异。从逻辑推论来看，如果农村学校只指学校所在地区为农村的学校，那么受制于不良的家庭社会经济地位，以及缺乏父母引导等，学生更可能出现打架斗殴的行为。而学习背景变量中男生比例、特殊学生比例、未取得毕业证书的学生比例未对学生遭受校园欺凌以及遭受 3 种类型的欺凌的程度产生显著影响，原因可能是所有学校中男生比例差别较小，没有显著的学校间的差异，而特殊学生比例、未取得毕业证书的学生比例一般在整个学校中占比较小，个别特殊学生及学业成绩较差的学生难以从宏观上对校园欺凌的程度造成影响。

此研究中，让人比较意外的结果是学校中妨碍学习的学生行为和教师行为也未对学生遭受校园欺凌产生显著影响。以往有研究将学校中妨碍学习的学生行为和教师行为这两个变量看作一个学校校风的衡量指标（黄亮，高威，2017），通过基于 PISA 2015 中国四省市数据的多水平分析发现，未控制学生和学校社会经济文化地位的情况下，妨碍学习的学生行为和教师行为会对学生的科学素养产生显著负向影响，而在控制学生和学校社会经济文化地位的情况下，妨碍学习的学生行为和教师行为对学生的科学素养的影响变小而且不再显著。因此研究者认为校风问题很可能较多地发生在经济社会文化地位比较薄弱的学校当中，这些学校中的学生会因为受到校风问题的影响难以安心学习，从而降低其科学素养。再根据上述讨论，校园欺凌与学生的学业成就（包括科学、数学、阅读）存在显著相关，因此，学校的校风问题也应该会通过对学生学业成就的影响，进而对其遭受校园欺凌产生影响，但本书的结果却未发现这样的关联，笔者认为可能是本书中也对学生的家庭社会经济地位进行了控制导致的，使得妨碍学习的学生行为和教师行为对总的欺凌及3种类型的欺凌影响不显著，如果仅仅分析家庭经济社会文化地位比较薄弱的学校或学生，则可能会产生显著的影响作用。

第四节 校园欺凌的影响因素内容小结

研究主题一基于PISA 2018调查数据（包括学生数据和学校数据），运用多水平分析模型，结合学校层级的变量和个人层级的变量共同探索影响校园欺凌的众多因素。结果显示：

（1）除年级和教育类型外，学生个人层级的变量中性别、是否留级、是否旷课、是否迟到对学生遭受总的欺凌程度以及遭受3种类型的欺凌程度产生显著正向解释力，而教师支持和父母支持均对学生遭受总的欺凌程度以及遭受3种类型的欺凌程度产生显著负向解释力，家庭经济社会文化地位只对学生遭受总的欺凌和肢体欺凌产生显著负向解释力，对遭受关系欺凌和言语欺凌没有显著影响。

（2）学校环境层级变量中只有学校纪律氛围和学生之间的竞争氛围会对学生遭受总的欺凌程度以及遭受3种类型的欺凌程度有显著影响，学校纪律氛围对学生遭受欺凌的程度产生显著负向解释力，而学生之间的竞争氛围对学生遭受欺凌的程度产生显著正向解释力。其余变量，学校位置、学校类型、学校规模、班级规模、生师比、男生比例、特殊学生比例、未取得毕业证书的学生比例、妨碍学习的学生行为和教师行为，以及学生之间的合作氛围等学校背景特征因素均未对学生遭受校园欺凌以及遭受3种类型的欺凌产生显著影响。

第三章
校园欺凌的后果

第一节 校园欺凌的后果综述

以往众多研究探讨了欺凌受害与广泛的短期和长期不良后果之间的关系，主要包含较高比例的内化和外化症状，以及降低学业成就等。

首先，欺凌受害与个体的焦虑和抑郁等内化症状之间存在关联（Brendgen & Poulin, 2018; Eastman et al., 2018; Lee & Vaillancourt, 2018; Yuchang et al., 2017），同伴侵害往往会使受害者产生一些严重的心理健康方面的问题，包括抑郁、焦虑、自卑、孤独、悲伤（Kochel, Ladd, & Rudolph, 2012; Ttofi et al., 2011b; Livingston et al., 2019）、低自尊和广泛性社交焦虑（Hawker & Boulton, 2000; Tsaousis, 2016）、睡眠问题（van Geel et al., 2016）、自杀意念与自杀企图（Castellví et al., 2017; Holt et al., 2015; Van Geel et al., 2014）、精神病症状如反社会人格障碍、惊恐障碍（Copeland et al., 2013; van Dam et al., 2012），以及其他身心症状（Gini & Pozzoli, 2013）。

研究显示，与未受欺凌的儿童相比，受欺凌的儿童伴有更多的抑郁症状（Copeland et al., 2013; Klomek et al., 2007; Lund et al., 2009）。Klomek 等人（2007）在 9 到 12 年级的纽约学生样本中发现，经常遭受欺凌的学生抑郁的可能性是从未遭受欺凌学生的 7 倍，而即使不经常受到欺凌，有过被欺凌经历的学生抑郁的可能性仍然是其他学生的 2~3 倍。另一篇关于欺凌行为的元分析评论 Ttofi 等人发现，在学校被欺负的孩子患抑郁症的可能性是没有被欺负的孩子的 2 倍（Ttofi et al., 2011a）。欺凌受害不仅会导致儿童患抑郁症，个体患抑郁症的风险也会延伸到成年早期及以后（Copeland et al., 2013; Lereya et al., 2015; Lund et al., 2009; Takizawa et al., 2014），高强度或持续很长时间的欺凌会导致个体在 31~51 岁期间患抑郁症的概率显著增加（Lund et al., 2009）。

与其他虐待经历导致的后果一致，欺凌造成的悲伤和痛苦是巨大的。有数据表明欺凌的不利影响可能超过童年的虐待，只受到欺负的儿童比只受到虐待的儿童更有可能出现心理健康问题（Lereya et al., 2015）。具体来说，与被成人虐待的儿童相比，被同龄人欺负的儿童更有可能出现焦虑、抑郁或自残，当被同龄人欺负与童年时期的虐待进行直接比较时，被同龄人欺负对成年早期的整体心理健康有更多的不利影响。一些研究认为欺凌可以被视为一种类型的虐待，它也应该被认为是一种潜在的创伤性经历。两项针对儿童和青少年的研究发现，大约三分之一的欺凌受害者出现临床相关创伤后应激障碍（post-traumatic stress disorder, PTSD）的症状（Idsoe et al., 2012; Mynard et al., 2000）。在一项针对 72 名欺凌受害成年人的质性研究中，被试者说，他们经常遭遇的排斥、拒绝及欺凌行为导致了状态焦虑、社交焦虑、反复出现的悲伤、抑郁、羞耻感、愤怒、复仇幻想、自杀倾向和创伤后应激障碍等持续问题（deLara, 2019）。前瞻性研究显示，被欺凌人群患情绪障碍（Bond et al., 2001）和人格障碍（Antila et al., 2017）的概率也更高。

欺凌与非自杀性自伤（Klomek et al., 2016; Jantzer et al., 2015）和自杀行为（Barzilay et al., 2017; Jantzer et al., 2015）密切相关。但非自杀性自伤没有像自杀行为那样引起公众的关注。自杀和自残的许多风险因素已经被确定，通常是环境压力和个人脆弱性的汇聚导致自伤行为（Nock, 2010）。青少年时期的同伴伤害就是人际关系脆弱性的一种表现，与自杀意念、自杀行为（Heilbron & Prinstein, 2010; Kaminski & Fang, 2009; Klomek et al., 2007; van Geel et al., 2014）以及非自杀的自伤行为（Fisher et al., 2012; Giletta et al., 2012）广泛相关，自杀意念和自杀企图的概率随着受伤害程度的增加而显著增加（van Geel et al., 2014）。Eisenberg 等人（2003）发现，因体重而被欺凌的中学生表现出低身体满意度、低自尊、高抑郁症状、思考和试图自杀，即使在控制了实际体重后也会自杀。两项综述显示，欺凌受害与青少年自杀意念和行为的风险增加之间存在关联（Holt et al., 2015; van Geel et al., 2014）。

欺凌受害还可能与负面的心身症状有关。心身症状是指由心理困扰引起的身体健康方面的问题，包括但不限于头痛、腹痛、睡眠问题、头晕、疲劳、尿床和食欲不振（Fekkes et al., 2004; Gini & Pozzoli, 2013; Natvig et al., 2001）。这些症状被认为是由于欺凌受害者所经历的压力而引起的（Fekkes et al., 2004; Natvig et al., 2001）。研究发现，受欺凌的小学生比没有受到欺凌行为的小学生出现各种心身症状的风险更高，如头痛、腹痛、睡眠问题、食欲不振、尿床、头晕和感觉紧张（Fekkes et al., 2004; Gini & Pozzoli, 2013）。Allison 等人（2009）对近 3 000 名澳大利亚成年人进行了一项研究，发现小时候受欺凌的人的身心健康状况较差。一些研究调查了儿童欺凌和成人健康之间的联系。现有证据表明，与童年没有经历过欺凌的人相比，童年受到欺凌的人成年后身体健康状况或感知生活质量更差（Allison et al., 2009; Takizawa et al., 2014）。欺凌对成年人的长期影响后果还包括系统性炎症、糖尿病和心脏病风险增加（Copeland et al. 2014; Hawkes, 2015）。

其次，欺凌受害和个体很多外化症状也存在关联，如犯罪、药物使用和其他行为问题等（Eastman et al., 2018; Evans et al., 2019; Kretschmer et al., 2018; Quinn & Stewart, 2018）。与非受害者相比，欺凌的受害者被发现更有可能参与暴力与不法行为（Liang et al., 2007; Mitchell et al., 2007; Sullivan et al., 2006）。据报告，欺凌受害的青少年更有可能卷入打架斗殴、盗窃、故意违反交通规则和破坏他人财物等违法犯罪活动（Liang et al., 2007; Sourander et al., 2007），而且参与非法行为已被证明会延伸到成年早期（Sourander et al., 2007）。欺凌受害也与药物使用呈正相关（Luk et al., 2010; Mitchell et al., 2007），包括酒精、香烟和吸入剂。Sullian 等人（2006）提出，对于欺凌受害的青少年来说，针对他人或社会的犯罪活动可能是他们应对痛苦和愤怒情绪的一种反应，而药物使用可能是减弱欺凌行为的负面影响的一种手段（Sullian et al., 2006）。欺凌受害的青少年表现出的犯罪也可能是边缘化的后果，随后融入更多的有犯罪记录的同辈群体（Rudolph et al., 2014）。

欺凌受害者也经常经历适应不良问题，与同伴关系不良，缺乏交朋友的能力（Valdebenito et al., 2015），而且成年后在友谊和亲密伴侣或婚姻关系中都存在关系损害。数据表明，遭受童年欺凌可能会阻碍其充分参与成人关系的意愿或能力。质性研究中几乎所有的参与者都表示，他们信任他人的能力受到了损害，一些人说，他们由于在上学期间受到某些群体的虐待，产生了终身的恐惧和严重的偏见。这证明了成人的发展和他们的童年欺凌经历之间的联系，虽然中学教育可能已经结束，但对成人的生活仍有重大影响（deLara, 2019）。

最后，校园欺凌除了影响个体身心健康及外在行为外，也已被证明会对学生的学业表现、教育经历和对学校的态度或感受产生重大影响（Brown & Taylor, 2008; Eriksen et al., 2014），如对学校缺乏兴趣、学习成绩低下和社会关系受损（Fante, 2005; Neto, 2005）。还有研究发现，在学校被欺负会导致逃学和出勤率低（Hutzell & Payne, 2012）、无法集中注意力（Barrett et al., 2012; Hazel, 2010）、缺乏学术参与（Juvonen et al., 2011; Mehta et al., 2013）、早期辍学（Cornell et al., 2013）以及较弱的学校归属感（Farmer et al., 2012）。

目前的研究表明，欺凌受害与学术能力之间存在显著关联（Cornell et al., 2013; Glew et al., 2005; Juvonen et al., 2011; Ma et al., 2009; Schwartz et al., 2005）。受害者的学业成就可能受到多种因素影响：抑郁症状、注意力调节困难或注意力不集中、在学校环境中经受极端压力，以及回避行为，比如为了避免被欺负而逃学（Ma et al., 2009）。研究表明，欺凌受害引起的心理痛苦会损害上学的动机和学业表现（Juvonen et al., 2000; Schwartz et al., 2005）。遭受侵害会使儿童产生抑郁症状，损害他们的注意力，降低学习动机（Schwartz et al., 2005）。

欺凌受害和较差的学业成绩之间的联系已经在针对小学生样本的研究中得到了证明（Glew et al., 2005; Juvonen et al., 2011; Schwartz et al., 2005）。遭受侵害会使学生表现出较低的学习成绩，因为他们越来越少地参与学校活动，课堂参与率和入学率降低（Cornell et al., & Fan, 2013）。Ponzo（2013）发现欺凌受害与学习成绩呈负相关，被欺凌会降低意大利学生的成绩。遭遇欺凌可能导致学生拒绝上学和旷课（Kearney, 2008）、逃学（Gastic, 2008）、迟到等，导致学习下降（Strøm et al., 2013）。此外，研究发现，九年级学生及其老师感知到的欺凌发生率可以预测同一组学生的高中辍学率（Connell et al., 2013）。PISA 2018 的报告也显示，遭受欺凌的学生更有可能在 PISA 测试之前的两周内逃过学，错过宝贵的学习机会（OECD, 2019）。进而可能还会严重影响其受教育程度，导致就业前景较差，就业时收入较低（Wolke et al., 2013）。

基于PISA 2015中国学生数据资料的研究表明，遭受校园欺凌还会影响学生的学校归属感，使学生的归属感降低（陈纯槿，郅庭瑾，2017；黄亮，赵德成，2020），合作意向（包括珍视关系和珍视团队）降低（黄亮，赵德成，2020），逃学比例、学业和考试焦虑提升（黄亮，赵德成，2018b，2020）。PISA 2018的报告还显示，欺凌会对学生在学校的表现和总体幸福感产生不利影响，而且这种影响可能长期存在（OECD，2019）。在经合组织大多数成员国中，比起不受欺负的学生，经常被欺负的学生更有可能报告时常感到悲伤、害怕和对生活不满意。经常被欺负的学生幸福感与自信心也较低，他们较少感到幸福，缺乏度过艰难时期的自我信念（OECD，2019）。

综上所述，可以看出，以往有大量的研究调查了欺凌受害与广泛的不良健康和社会心理问题之间的联系，充分证实了个体经历欺凌受害的各种不利后果。但有一些结果之间存在矛盾性，比如一些研究报告说，欺凌受害与在晚年生活中使用有害酒精的风险降低有关（Moore et al., 2014；Nansel et al., 2001），而另一些研究表明，被欺凌可能导致以后对有害酒精使用的可能性增加（Goebert et al., 2011；Tharp-Taylor et al., 2009）。同样，一些研究表明，被欺凌和后来非法使用药物与吸烟之间存在联系（Goebert et al., 2011；Tharp-Taylor et al., 2009；Vieno, Gini, & Santinello, 2011），而部分研究发现，欺凌受害和这些变量之间没有关联（Coomber et al., 2011；Copeland et al., 2013；Sourander et al., 2007）。欺凌受害与学校功能之间联系的研究结果也存在不一致，例如Nakamoto和Schwartz（2010）的一项元分析发现，欺凌受害与学业成就之间存在微小但显著的负相关。然而，Kowalski等人（2014）发现网络欺凌受害与获得成就之间没有显著相关。欺凌受害与后来的财务状况或职业技能无关。由于校园欺凌的普遍存在，最近学术界对精确量化校园欺凌后果的兴趣越来越大。

而且，以往发现的这些关联在多大程度上反映了欺凌受害的后果仍然存在一些争议（Schoeler et al., 2018），即尽管存在关联，但尚不清楚是否存在因果关系。似乎有一些共同的因素使个体在儿童时期容易受到欺凌，但也独立地增加了不良健康和其他社会心理问题的风险。严格的评估既需要考虑因果关联的可能性，也需要考虑对任何重要关联的其他合理解释。比如欺凌行为与教育成就之间存在显著的相关性，但其因果方向仍不清楚。一个学生有可能因成为受害者而导致学业成绩较低，也可能因为学业表现较差，所以被欺凌的可能性更高，即存在循环论证、因果倒置的问题。此外，分析因果关系时还可能会遗漏同时影响受害可能性和学习成绩的变量，从而导致有偏见的估计。

关联可能部分或全部源于混淆，例如，有一致的证据表明，受欺凌儿童的心理健康更容易受到个人和家庭风险因素的影响，如先前存在的心理健康脆弱性、家庭社会经济状况和移民状况（Delprato et al., 2017；Wong & Schonlau, 2013）；基因信息研究发现，经历过欺凌的儿童更有可能携带心理健康问题的遗传脆弱性，这反过来又增加了被欺凌的可能性，从而产生混淆（Shakoor et al., 2015）。还有一项元分析研究显示，只有一小部分欺凌受害对学术困难的影响得到了确认，这可能是由于一系列不同的因素可能会影响学术生活，包括遗传因素和社会因素（Kiernan & Mensah, 2011; Krapohl et al., 2014），其中一些可能比欺凌受害更有影响。这与更广泛的研究结论一致，有研究表明欺凌受害和外化结果之间高达 60% 的关联可能是由于遗传因素（Connolly & Beaver, 2016），还有证据表明，潜在的共同遗传因素可以解释欺凌受害和不良结果之间的很大一部分关联，例如，欺凌受害和偏执狂（paranoia）之间 93% 的关联可以归因于共同的遗传病因（Shakoor et al., 2015）。由于不良的心理健康状况也是欺凌受害的一个已知风险因素（Jansen et al., 2011），我们要谨慎地说，许多研究没有对心理健康状况进行控制，可能报告了预先存在的不良心理健康状况的延续，而不是欺凌受害的直接结果。总之，欺凌受害和不良结果之间的联系并不一定是一种独立的关系。由于早期的情绪和行为问题是已知的欺凌受害的风险因素，如果没有足够的统计调整，一些研究可能会报告预先存在的不良心理健康状况，而不是欺凌的直接结果。因此，不能单独解释欺凌受害和不良结果之间的关系，只要有可能，旨在调查欺凌受害后果的研究应考虑到这种潜在的影响调节因素。

在理想的情况下，应采用随机对照试验（randomized controlled trial，RCT）来处理混淆问题。然而，将儿童随机暴露于欺凌受害之中显然是不道德的。作为一种替代方法，可以采取在观察性研究中加强因果推理的方法。这些方法最好在因果推理的反事实框架内得到理解（Höfler, 2005; Rosenbaum & Rubin, 1985; Rubin, 1974）。根据这一理论框架，同一个人应该同时暴露和不暴露于风险因素（欺凌受害），然后比较两种情况之间的结果。在这种情况下，暴露个体和控制个体实际上是完全相同的，从而消除了所有被观察到的和未被观察到的混淆的潜在来源。因此，任何结果的差异都只能归因于危险因素即欺凌受害的影响。自然，这种理想的情况在真实情境中是不可能的（即反事实），因为同一个人不能同时暴露和不暴露于给定的风险因素。因此，大多数调查欺凌受害后果的研究都依赖于传统的统计方法来调整混淆，倾向得分匹配法（propensity score matching，PSM）就是源于反事实框架的一种匹配方法（PRosenbaum & Rubin, 1983），可以被用来评估欺凌受害的后果。

PSM 通过近似随机分配到处理的实验条件来减少由于混杂变量造成的偏差。通过 PSM 进行调整的目标是创建近似反事实的情境，利用反事实估计的实验逻辑，根据暴露组（受欺凌学生）和非暴露组（非受欺凌学生）的特征通过统计创建匹配成对的个体，作为反事实的比较（Apel & Sweeten, 2010）。成对的个体在其他方面均相同，仅仅在欺凌受害方面不同。在这里，为每个个体生成一个 PSM 分数，反映了基于一组观察变量（即潜在混杂因素）进入暴露组的概率。然后，该分数用于匹配暴露组与非暴露组，即匹配研究分析中大量的协变量，如性别、家庭经济社会文化地位、学校表现、父母教育和预先存在的行为问题（如与其他孩子打架，易怒、不安）和情绪问题（如恐惧、担忧）等。也就是说，PSM 将多维协变量（潜在混杂因素）压缩为一个倾向得分，这是指被分配到处理组的概率（Abadie & Imbens, 2008）。因此，经过匹配后，一对匹配的个体在所有方面本质上是相似的，仅仅在欺凌受害方面不同，这样就可以估计遭受校园欺凌对学生各方面表现的影响。

已有部分研究运用倾向得分匹配法对校园欺凌的后果进行了相关研究。如 Ponzo（2013）通过倾向得分匹配法来衡量学校欺凌的影响，结果显示，在意大利，校园欺凌行为降低了学生在四年级和八年级的表现。一项基于加纳学校八年级学生的数据的研究，也利用倾向得分匹配法估计了校园欺凌对学业成绩的负向影响，结果显示八年级学生在标准化数学考试中的成绩由于欺凌而平均下降了约 18.5 分。与发达国家儿童的表现下降相比，加纳学生学业表现的下降更为严重。还有研究使用倾向得分匹配法来调查受害者在童年、青春期两个发育时期反复受到欺凌的后果，结果表明在童年时期经历的反复欺凌受害比在青春期发生的欺凌受害有更大的不利影响，包括抑郁、反社会行为、学术能力低、心身症状等（Hoffman et al., 2017）。此外，一项研究对相关准实验（quasi-experimental, QE）研究进行了元分析，包括双胞胎设计、固定效应分析和倾向得分匹配三种准实验设计，结果表明欺凌受害会在短期内对儿童的健康产生不利影响，特别是导致焦虑和抑郁水平升高，但随着时间的推移，这些不利影响会减少，尤其是内化问题的短期不利影响在长期内不再显著，突出了经历过欺凌的个人的复原力潜力（Schoeler et al., 2018）。一般来说，在控制了混杂变量的影响后，欺凌受害和不良结果之间的关联减弱了（Moore et al., 2017）。因此，倾向得分匹配法是解决校园欺凌影响学生表现的评估中样本选择偏差的有效办法。通过倾向得分匹配法能够实现受欺凌者、未受欺凌者群体协变量分布的平衡性，从而尽可能消除样本中干扰变量对"校园欺凌—教育表现"关系的影响。

近期，有研究采用 PISA 2015 的数据，运用倾向得分匹配法分析欺凌的不同维度（生理、心理和间接）对巴西学生学校表现的影响（Rizzotto & Franca, 2021）。结果表明，肢体欺凌（被打和财物被毁）对学生的学习成绩有害，然而，心理欺凌（流言蜚语传播，被取笑和威胁）并没有对成绩产生负面影响。黄亮、赵德成（2020）基于 PISA 2015 中国四省市（北京、上海、江苏、广东）数据，分别采用直接比较受欺凌者和未受欺凌者表现差异的普通最小二乘法（ordinary least square, OLS）和倾向得分匹配法来评估校园欺凌对学生教育表现的影响效应，结果显示 PSM 法比传统 OLS 法估计的遭受欺凌的损失更小，而且不同类型校园欺凌对学生学业成绩和非认知表现的影响效应有所不同。PISA 2018 与 PISA 2015 的数据相比，加入了更多对学生各方面表现的调查内容。因此，本书主题是基于 PISA 2018 数据，运用倾向得分匹配的方法，在对第一个研究中得出的影响校园欺凌因素进行倾向值匹配的基础上，来更加科学和全面地评估学生遭受校园欺凌以及不同类型的校园欺凌对于学生各方面表现的影响，包括学生对学校的感受、对未来的期待以及非认知表现。

研究主题二的框架图如图 3-1-1 所示：

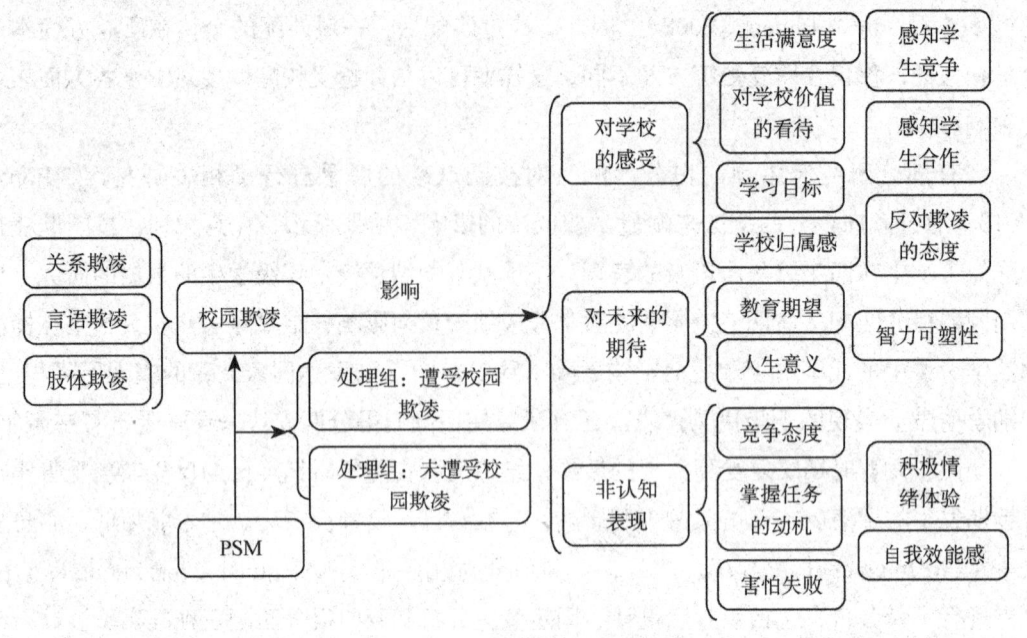

图 3-1-1 研究主题二框架图

第二节 校园欺凌的后果研究过程

一、数据来源

本书的数据依然是 PISA 2018 中国大陆四省市（北京市、上海市、江苏省、浙江省）的调查数据库。首先从 PISA 的网站上下载 2018 年全球学生问卷调查数据档案，然后从中挑选出中国大陆的数据，删除相关变量存在缺失的样本之后，得到本书的有效学生样本量为 11055。

二、研究变量

1. 结果变量

为了探讨学生遭受校园欺凌对其各方面表现的影响，本书在原有变量基础上将 PISA 2018 新加入的一些变量作为主要结果变量（即被解释的变量）进行分析，为了便于阐述，将其分为以下 3 类（见表 3-2-1）：

（1）对学校的感受：由生活满意度、对学校价值的看待、学习目标、学校归属感、感知学生竞争、感知学生合作、对欺凌的态度 7 个变量组成，分别从学生对学校的满意度、价值感、学习目标、归属感、人际关系感知以及对不良行为的态度几个方面测量学生对学校生活与学习的感受。

（2）对未来的期待：由教育期望、智力可塑性、生命意义 3 个变量组成，分别代表学生对自己未来所受的教育程度的期望，或者说学生是否期望完成高等教育（本科及以上教育），学生认为自己的智力具有可塑性的程度或者是智力可以改变的程度，以及学生对人生意义的看法，即在多大程度上认为人生是有意义的，实际上都是学生对未来人生的信念与期待。

（3）非认知表现：基于PISA数据的题项，本书确定了5个测量非认知表现的变量：竞争态度、掌握任务的动机、害怕失败、积极情绪体验、自我效能感（自信），分别从学生对竞争与失败的态度、完成工作任务时主动克服困难的表现，或对待困难的工作任务时的坚持或毅力、情绪管理、自信心几个方面衡量学生的非认知表现。

表3-2-1　研究主题二结果变量与对应的PISA 2018原始题项[1]

变量	题项表述与选项	原始题项编号
对学校的感受		
生活满意度（satisfaction in life）	总的来说，你对自己最近生活的满意度是多少？"0~10"表示"一点都不满意~完全满意"	ST016Q01NA
学校价值的看待（value of school）	1. 在学校努力学习有助于我将来找份好工作。 2. 在学校努力学习有助于我将来考进好大学。 3. 在学校努力学习很重要。 1=非常同意，2=同意，3=不同意，4=非常不同意	将ST036Q05TA、ST036Q06TA和ST036Q08TA反向后再加总取平均值
学习目标（learning goals）	1. 我的目标是学得越多越好。 2. 我的目标是完全掌握课堂上的教学内容。 3. 我的目标是尽可能彻底理解课堂内容。 1=完全不准确，2=有点准确，3=中度准确，4=很准确，5=极为准确	加总题目ST188Q01HA~ST188Q03HA以及ST188Q06HA、ST188Q03HA后取平均值
学校归属感（sense of belonging）	1. 在学校我觉得自己像个局外人。 2. 我在学校很容易结交朋友。 3. 我觉得在学校有归属感。 4. 我在学校感觉很糟，总觉得无所适从。 5. 同学似乎都喜欢我。 6. 我在学校觉得孤单。 1=非常同意，2=同意，3=不同意，4=非常不同意	ST034Q01TA~ST034Q06TA，将第2、3、5题目反向后再加总6个题目取平均值
感知学生竞争（student competition）	1. 学生似乎竞争态度。 2. 学生之间似乎相互竞争。 3. 学生似乎都觉得相互竞争是重要的。 4. 学生觉得自己被拿来与他人作比较。 1=完全不准确，2=有点准确，3=中度准确，4=很准确，5=极为准确	加总题目ST205Q01HA~ST205Q04HA后取平均值
感知学生合作（student co-operation）	1. 学生似乎崇尚合作。 2. 学生之间似乎相互合作。 3. 学生似乎都觉得相互合作是重要的。 4. 学生觉得自己被鼓励与他人合作。 1=完全不准确，2=有点准确，3=中度准确，4=很准确，5=极为准确	加总题目ST206Q01HA~ST206Q04HA后取平均值
反对欺凌态度（attitude towards bullying）	1. 看到没有人保护受欺凌的学生时，我感到生气。 2. 帮助无法保护自己的学生是件好事。 3. 参与欺凌他人的行为是不对的。 4. 看到其他学生受欺凌时，我感到难过。 5. 看到有人为受欺凌的学生挺身而出时，我感到高兴。 1=非常不同意，2=不同意，3=同意，4=非常同意	加总题目ST207Q01HA~ST207Q05HA后取平均值

[1] 由于PISA参与国家的负面情绪指数内部一致性较低，因此没有创建负面情绪指数。

续表

变量	题项表述与选项	原始题项编号
对未来的期待		
教育期望 （education expectations）	你预计自己会完成以下哪个阶段的教育？ 1. 初中 2. 中等职业教育（中专、职高或技校） 3. 普通高中 4. 高中毕业后的职业培训（6个月~2年） 5. 专科 6. 本科或研究生（硕士或博士） 0=未选，1=已选	重编编码题项 ST225Q01HA~ST225Q06HA，ST225Q06HA 取值 1 则变量取值 1，表示期望完成高等教育，ST225Q06HA 取值 0 则变量取值 0，表示未期望完成高等教育
智力可塑性 （intellectual plasticity）	你的智力是你难以大幅改变的。 1=非常不同意，2=不同意，3=同意，4=非常同意	ST184Q01HA 题目反向
生命意义 （meaning in life）	1. 我的人生有明确的意义或目的。 2. 我找到了满意的人生的意义。 3. 我清楚意识到是什么让我的人生有意义。 1=非常不同意，2=不同意，3=同意，4=非常同意	加总题目 ST185Q01HA~ST185Q03HA 后取平均值
非认知表现		
竞争态度 （attitudes towards competition）	1. 我喜欢在有竞争的环境中工作。 2. 对我而言，在交付的任务上比其他人表现得更好非常重要。 3. 与他人竞争时，我会更加努力。 1=非常不同意，2=不同意，3=同意，4=非常同意	加总题目 ST181Q02HA~ST181Q04HA 后取平均值
掌握任务的动机 （motivation to master tasks）	1. 我会从竭力投入的工作中获得满足感。 2. 一旦开始工作，我就会坚持到底。 3. 我在做事时得到的乐趣，部分来自能突破自己过去的表现。 4. 遇到不擅长的事，我会努力克服它，而不是转向我可能擅长的事。 1=非常不同意，2=不同意，3=同意，4=非常同意	加总题目 ST182Q03HA~ST182Q06HA 后取平均值
害怕失败 （fear of failure）	1. 当我失败时，我会担心别人对我的看法。 2. 当我失败时，我会担心自己天分不足。 3. 当我失败时，我会怀疑自己对未来的计划。 1=非常不同意，2=不同意，3=同意，4=非常同意	加总题目 ST183Q01HA~ST183Q03HA 后取平均值
积极情绪体验 （positive feelings）	想想自己，你是否经常感受到如下情绪？ 1. 快乐 2. 欣喜 3. 兴高采烈 1=从来没有，2=几乎没有，3=有时，4=总是	加总题目 ST186Q01HA、ST186Q03HA 和 ST186Q05HA 后取平均值
自我效能感 （self-efficacy）	1. 我通常有方法达成目标。 2. 我对完成的事情感到自豪。 3. 我认为自己能同时处理多件事情。 4. 我对自己的信心使我可以渡过难关。 5. 当身处逆境时，我总是能找到出路。 1=非常不同意，2=不同意，3=同意，4=非常同意	加总题目 ST188Q01HA~ST188Q03HA 以及 ST188Q06HA、ST188Q07HA 后取平均值

注：表中变量（最左侧栏位）中的英文名与 PISA 报告 [PISA 2018 Results（Volume Ⅱ、Ⅲ）] 中的名称保持一致（生活满意度、反对欺凌态度、智力可塑性除外，在 PISA 报告中未涉及此 3 个变量），题

项表述与选项（中间栏位）中的内容来自 PISA 网站中文版问卷的内容，表述方式与其完全相同，原始题项编号（最右侧栏位）名称直接取自 PISA 2018 的来源档案，便于与原始数据进行对照。

2. 处理变量

本书的处理变量为学生"遭受校园欺凌"，是一个二分变量（未遭受校园欺凌＝0，遭受校园欺凌＝1）。PISA 2018 背景问卷调查了学生在学校中与遭受欺凌相关行为的经历，并测量了三种不同类型的欺凌：肢体欺凌、关系欺凌和言语欺凌（胡咏梅，李佳哲，2018）。PISA 2018 询问学生在 PISA 测试前的 12 个月里他们平均多久在学校里有过以下经历（题目当中还表明"有些经历可能在社交媒体上发生"）：①"其他学生故意排挤我"（关系欺凌）；②"其他学生嘲笑我"（言语欺凌）；③"我被其他学生威胁"（言语欺凌）；④"其他学生拿走或弄坏我的东西"（肢体欺凌）；⑤"我被其他学生打或推搡"（肢体欺凌）；⑥"其他学生散布有关我的恶毒谣言"（关系欺凌）。如果学生选择"从来没有或几乎没有"计 1 分，选择"一年几次"计 2 分，选择"每月几次"计 3 分，选择"一周一次或更多"计 4 分。按照 Maynard 等人（2016）的界定方式，将"一月数次"或"一周一次或更多"遭受某种校园欺凌的情况界定为学生遭受校园欺凌；之后将学生遭受至少一种校园欺凌行为的情况界定为遭受校园欺凌（计为 1），其他情况界定为未遭受校园欺凌（计为 0）；将学生遭受至少一种欺凌行为的情况分别界定为遭受关系（计为 1）、言语（计为 1）和肢体（计为 1）欺凌，其他情况分别界定为未遭受关系（计为 0）、言语（计为 0）和肢体（计为 0）欺凌。在倾向得分匹配分析中，遭受校园欺凌为处理组，未遭受校园欺凌为对照组（见表 3-2-2）。

3. 控制变量

倾向得分匹配估计的前提是处理组和对照组满足"条件独立性"假设（conditional independence assumption）：即当控制了匹配变量后，是否遭受欺凌和学生各方面表现相互独立。由研究主题一的结果可以发现，学生层面的特定因素，如性别、家庭经济社会文化地位、留级、旷课、迟到、教师支持、父母支持等因素会影响学生是否遭受校园欺凌，同时，根据以往研究（黄亮，赵德成，2020），这些因素也会影响学生多方面表现，从而不能满足"条件独立性"假设。为了解决这一问题，我们将影响学生遭受校园欺凌的非随机因素设定为匹配变量，使学生遭受校园欺凌和其多方面表现之间满足"条件独立性"假设。基于该原则，本书中的控制变量指影响学生是否遭受校园欺凌、对学校的态度、对未来的期待以及非认知表现的变量，并且这些变量都是个体在接受分组处理之前就确定的变量。为此，我们在已有研究文献的基础上，借鉴相关研究和经验（Ponzo，2013），将如下变量设定为匹配变量：学生的性别、年龄、年级、教育类型、是否留级、是否旷课、是否迟到、家庭经济社会文化地位、纪律氛围、教师支持及父母支持❶，这些变量的计分方法与研究主题一中保持一致。表 3-2-2 列出了本书中涵盖的所有变量及其类型特征。

---

❶ 虽然在研究主题一中没有发现年级和教育类型对学生遭受校园欺凌产生显著预测力，但为了尽最大可能纳入能收集到的共变量，不论它们在原来回归模型中显著与否，我们都应该纳入分析，这有助于实质上达成寻找实验组和对照组相似匹配的目的。

表 3-2-2 研究主题二主要变量说明

变量类型	变量名称	变量说明
结果变量	生活满意度	单一指标变量，取值范围：0~10
	对学校价值的看待	连续变量，取值范围：1~4
	学习目标	连续变量，取值范围：1~5
	学校归属感	连续变量，取值范围：1~4
	感知同伴竞争	连续变量，取值范围：1~5
	感知同伴合作	连续变量，取值范围：1~5
	反对欺凌态度	连续变量，取值范围：1~4
	教育期望	类别变量，期望完成高等教育=1，未期望完成高等教育=0
	智力可塑性	单一指标变量，取值范围：1~4
	生命意义	连续变量，取值范围：1~4
	竞争态度	连续变量，取值范围：1~4
	掌握任务的动机	连续变量，取值范围：1~4
	害怕失败	连续变量，取值范围：1~4
	积极情绪体验	连续变量，取值范围：1~4
	自我效能感	连续变量，取值范围：1~4
处理变量	遭受校园欺凌	类别变量：遭受校园欺凌=1；未遭受校园欺凌=0
	遭受关系欺凌	类别变量：遭受关系欺凌=1；未遭受关系欺凌=0
	遭受言语欺凌	类别变量：遭受言语欺凌=1；未遭受言语欺凌=0
	遭受肢体欺凌	类别变量：遭受肢体欺凌=1；未遭受肢体欺凌=0
控制变量	性别	类别变量，女生=0，男生=1
	年龄	连续变量，取值范围：15.33~16.25
	年级	连续变量，学生的年级为7~12年级
	教育类型	类别变量，普通教育=0，职业教育=1
	是否留级	类别变量，无留级=0，留级=1
	是否旷课	类别变量，无旷课=0，旷课=1
	是否迟到	类别变量，无迟到=0，迟到=1
	家庭经济社会文化地位	连续变量，学生家庭经济社会文化地位指数
	纪律氛围	连续变量，学生感知的学校纪律氛围的水平，取值范围：1~4
	教师支持	连续变量，学生感知的教师关心、帮助学生学习的水平，取值范围：1~4
	父母支持	连续变量，学生感知的家长所给予学生的情感鼓励和支持，取值范围：1~4

三、数据分析方法

本书使用的统计软件是 SPSS 24 和 STATA 15.1，统计方法包括 t 检验、Logistic 回归分析和倾向得分匹配法（PSM）。

以下简要介绍倾向得分匹配法的基本原理：要探讨学生各方面表现差异产生的原因是否是因为遭受了校园欺凌，或者要探究是否是校园欺凌导致了学生各方面的表现有差异，这是一个因果关系（causal relationship）探究的过程。不管是自然科学还是社会科学，都会面临很多因果关系问题，人们都想探究某些问题背后的原因，或者某些原因是否导致了某些结果的产生。在自然科学中，通过严谨的实验设计（experimental design），比较实验组（treatment group）和对照组（control group）之间的差异，即可以较为科学地得到事物之间的因果关系。但是要想挖掘出社会科学中正确的因果关系却是非常困难的，很多时候受限于各种主客观因素，我们探究的都只是不同因素间的相关关系，而不是因果关系。例如，我们不可能找到一群几乎完全相同的个体，像自然实验那样将他们随机分配到两组，一组接受校园欺凌，另一组不接受校园欺凌，然后比较两组表现的差异，这不仅不可能，也有违教育研究的伦理性，因此统计之前数据无法做到完全随机化，或者影响处理效应的混杂因素没有办法被完全消除（苏毓淞，2017）。

而倾向得分匹配法可以较为合理地解决这一问题。例如，在我们的研究中如果想要知道学生遭受校园欺凌是否会降低其生活满意度，就应该比较两类人群。理想状态下，如果能找到一对在各方面都相同的样本，一组遭受校园欺凌，另一组没有遭受校园欺凌，通过配对使他们在性别、年龄、年级、家庭经济社会文化地位、生活环境等背景变量（background variables）上基本一致，之后就能进行处理效应的分析，这就是倾向得分匹配法的基本原理（苏毓淞，2017）。

在本研究主题中，学生是否遭受欺凌这个变量就与很多混杂因素（例如，性别、年级、学习习惯等）有关，并非随机选择的过程，因此传统 OLS 方法基于随机分配的假设会提高样本选择偏差和反事实估计偏误的发生概率。所以根据 Delprato 的建议，使用倾向得分匹配法实现反事实模拟状态下的处理效应估计，从而评估学生遭受校园欺凌对其各方面表现的影响（Delprato et al., 2017）。通过将同时影响自变量与因变量的混淆变量纳入 Logistic 回归模型产生一个预测个体受到自变量影响的概率（倾向值）（Rosenbaum & Rubin, 1983），然后在估计倾向得分的基础上为处理组个体寻找到特征相似的对照组个体进行匹配（胡安宁，2012），保证匹配起来的个体的倾向值相等或者近似，从而形成随机化的处理组和对照组样本，继而探索遭受校园欺凌的"净效应"。也就是说，在控制了混淆变量后，可以认为基于倾向值划分的处理组与对照组是随机分配的，因而它们在因变量上的差异只来源于实验干预，从而能够得到实验干预的"净效应"。从而得到是否遭受校园欺凌的学生之间各方面表现的差异，即平均处理效应（average treatment effect, ATE）。另外，在反事实的框架下，还可以比较那些受欺凌的学生，与这些学生如果未受欺凌状况下的教育表现的差异，即处理组的平均处理效应（average treatment on the treated, ATT）；以及比较那些未受欺凌的学生，与这些学生如果遭受欺凌状况下的教育表现的差异，即未处理组的平均处理效应（average treatment on the untreated, ATU）或对照组的平均处理效应（average treatment on the control, ATC）。通过匹配能够实现受欺凌者、未受欺凌者群体协变量分布的平衡性，从而尽可能消除样本中干扰变量对"校园欺凌—教育表现"关系的影响。

使用倾向得分匹配法估计因果效用通常分为三个主要步骤：估计倾向值、匹配、估计处理效用（倾向得分匹配过程中使用的代码及提示见附录二），以确保样本没有选择性偏差的问题（苏毓淞，2017）；而且在进行倾向得分匹配之前，还要进行匹配前的平衡性检验，看匹配前对照组与处理组在控制变量和结果变量上是否存在显著差异，如果无显著差异，则会失去倾向得分匹配的必要性。具体分析过程及结果见下一节内容。

第三节 校园欺凌的后果研究结果

一、变量描述性统计及匹配前的平衡性检验

为检验匹配前处理组（遭受校园欺凌的学生）和对照组（未遭受校园欺凌的学生）在个体特征、家庭背景和社会支持等方面是否存在显著差异，本书对相关变量进行了描述性统计，并对匹配前两组间在控制变量和结果变量上是否存在显著差异进行了检验（见表3-3-1~表3-3-4）。

表3-3-1　总的欺凌变量描述性统计及匹配前的平衡性检验

类型	变量	受欺凌组 平均值	未受欺凌组 平均值	匹配前的平衡性检验（两组差异） t	p
结果变量	对学校的态度/看法				
	生活满意度	5.610	6.890	-18.185	<.001
	对学校价值的看待	3.341	3.458	-7.023	<.001
	学习目标	3.261	3.419	-7.077	<.001
	学校归属感	2.647	3.015	-24.248	<.001
	感知同伴竞争	2.765	2.530	12.856	<.001
	感知同伴合作	2.645	2.889	-12.626	<.001
	反对欺凌态度	3.244	3.217	1.888	.059
	对未来的期待				
	教育期望	0.599	0.657	-4.645	<.001
	智力可塑性	2.530	2.610	-3.474	<.001
	生命意义	2.691	2.870	-9.743	<.001
	非认知表现/表现				
	竞争态度	3.043	3.100	-3.909	<.001
	掌握任务的动机	3.056	3.159	-8.084	<.001
	害怕失败	2.836	2.614	12.062	<.001
	积极情绪体验	3.176	3.369	-12.713	<.001
	自我效能感	2.862	2.967	-8.152	<.001
控制变量	性别	0.675	0.488	15.347	<.001
	年龄	15.765	15.776	-1.469	.142
	年级	9.620	9.650	-1.871	.061
	教育类型	0.817	0.831	-1.476	.140
	是否留级	0.080	0.060	3.129	.002
	是否旷课	0.130	0.062	8.267	<.001
	是否迟到	0.368	0.284	6.889	<.001
	家庭经济社会文化地位	-0.440	-0.319	-4.351	<.001
	纪律氛围	3.167	3.475	-18.000	<.001
	教师支持	3.203	3.438	-12.263	<.001
	父母支持	3.199	3.366	-9.523	<.001
样本数（N）		1805	9250		

表 3-3-2 关系欺凌变量描述性统计及匹配前的平衡性检验

类型	变量	受欺凌组 平均值	未受欺凌组 平均值	匹配前的平衡性检验（两组差异） t	p
结果变量	对学校的态度/看法				
	生活满意度	5.200	6.800	−15.014	<.001
	对学校价值的看待	3.290	3.451	−6.218	<.001
	学习目标	3.230	3.407	−5.431	<.001
	学校归属感	2.435	2.996	−25.726	<.001
	感知同伴竞争	2.828	2.547	10.118	<.001
	感知同伴合作	2.575	2.871	−10.261	<.001
	反对欺凌态度	3.257	3.219	1.760	.079
	对未来的期待				
	教育期望	0.592	0.652	−3.373	.001
	智力可塑性	2.496	2.604	−3.066	.002
	生命意义	2.687	2.853	−6.022	<.001
	非认知表现/表现				
	竞争态度	3.052	3.094	−1.863	.063
	掌握任务的动机	3.112	3.145	−1.704	.089
	害怕失败	2.861	2.633	8.256	<.001
	积极情绪体验	3.094	3.357	−11.519	<.001
	自我效能感	2.863	2.957	−4.826	<.001
控制变量	性别	0.692	0.504	11.125	<.001
	年龄	15.771	15.774	−0.317	.751
	年级	9.600	9.650	−2.377	.018
	教育类型	0.813	0.830	−1.247	.213
	是否留级	0.085	0.056	2.818	.005
	是否旷课	0.152	0.066	6.677	<.001
	是否迟到	0.382	0.291	5.198	<.001
	家庭经济社会文化地位	−0.426	−0.332	−2.268	.024
	纪律氛围	3.067	3.453	−14.813	<.001
	教师支持	3.139	3.421	−9.761	<.001
	父母支持	3.167	3.352	−7.115	<.001
样本数（N）		816	12039		

表 3-3-3 言语欺凌变量描述性统计及匹配前的平衡性检验

类型	变量	受欺凌组 平均值	未受欺凌组 平均值	匹配前的平衡性检验（两组差异） t	p
结果变量	对学校的态度/看法				
	生活满意度	5.460	6.820	−15.264	<.001
	对学校价值的看待	3.338	3.451	−5.324	<.001
	学习目标	3.239	3.411	−6.446	<.001
	学校归属感	2.569	2.998	−22.387	<.001
	感知同伴竞争	2.804	2.541	11.462	<.001
	感知同伴合作	2.610	2.876	−11.089	<.001
	反对欺凌态度	3.267	3.216	2.857	.004

续表

类型	变量	受欺凌组 平均值	未受欺凌组 平均值	匹配前的平衡性检验（两组差异） t	p
结果变量	对未来的期待				
	教育期望	0.616	0.651	-2.321	.020
	智力可塑性	2.492	2.608	-3.826	<.001
	生命意义	2.675	2.859	-8.001	<.001
	非认知表现/表现				
	竞争态度	3.034	3.097	-3.414	.001
	掌握任务的动机	3.060	3.152	-5.855	<.001
	害怕失败	2.849	2.628	9.679	<.001
	积极情绪体验	3.131	3.360	-12.018	<.001
	自我效能感	2.848	2.962	-6.939	<.001
控制变量	性别	0.716	0.496	15.276	<.001
	年龄	15.770	15.774	-0.534	.593
	年级	9.620	9.640	-1.421	.155
	教育类型	0.830	0.829	0.126	.899
	是否留级	0.075	0.057	2.253	.024
	是否旷课	0.138	0.065	6.813	<.001
	是否迟到	0.371	0.289	5.382	<.001
	家庭经济社会文化地位	-0.426	-0.329	-2.827	.005
	纪律氛围	3.144	3.456	-14.323	<.001
	教师支持	3.190	3.424	-9.707	<.001
	父母支持	3.182	3.356	-7.911	<.001
样本数（N）		1119	9936		

表 3-3-4　肢体欺凌变量描述性统计及匹配前的平衡性检验

类型	变量	受欺凌组 平均值	未受欺凌组 平均值	匹配前的平衡性检验（两组差异） t	p
结果变量	对学校的态度/看法				
	生活满意度	5.630	6.790	-12.934	<.001
	对学校价值的看待	3.323	3.452	-6.066	<.001
	学习目标	3.235	3.410	-6.106	<.001
	学校归属感	2.663	2.986	-16.647	<.001
	感知同伴竞争	2.758	2.548	9.532	<.001
	感知同伴合作	2.658	2.870	-8.577	<.001
	反对欺凌态度	3.234	3.220	0.754	.451
	对未来的期待				
	教育期望	0.556	0.658	-6.395	<.001
	智力可塑性	2.511	2.605	-3.091	.002
	生命意义	2.701	2.855	-6.637	<.001
	非认知表现/表现				
	竞争态度	3.037	3.096	-3.103	.002
	掌握任务的动机	3.041	3.153	-7.008	<.001
	害怕失败	2.845	2.629	9.777	<.001
	积极情绪体验	3.180	3.354	-9.120	<.001

续表

类型	变量	受欺凌组 平均值	未受欺凌组 平均值	匹配前的平衡性检验（两组差异）	
				t	p
结果变量	自我效能感	2.849	2.961	−6.784	<.001
控制变量	性别	0.689	0.500	12.543	<.001
	年龄	15.758	15.776	−1.827	.068
	年级	9.610	9.650	−1.745	.081
	教育类型	0.781	0.834	−4.008	<.001
	是否留级	0.089	0.055	3.743	<.001
	是否旷课	0.138	0.066	6.702	<.001
	是否迟到	0.387	0.288	6.372	<.001
	家庭经济社会文化地位	−0.547	−0.317	−6.625	<.001
	纪律氛围	3.090	3.461	−16.790	<.001
	教师支持	3.175	3.424	−10.146	<.001
	父母支持	3.191	3.355	−8.019	<.001
样本数（N）		1069	9986		

直观来看，遭受校园欺凌的学生和未遭受校园欺凌的学生在控制变量（包括个体特征、家庭背景和社会支持方面）存在较为明显的差异。无论是总的欺凌还是其他 3 种类型的欺凌，性别、是否留级、旷课、迟到、家庭经济社会文化地位、学校纪律氛围、教师支持和父母支持均在 95% 的水平下显著，表明处理组和对照组在上述控制变量上存在显著差异（$p<0.05$）。这与研究主题一的结果一致，遭受总的欺凌以及遭受关系欺凌、言语欺凌、肢体欺凌的学生中男生比例要显著高于未受欺凌的学生，遭受欺凌学生中留级比例、旷课比例、迟到比例也均显著高于未受欺凌的学生，而遭受欺凌学生的家庭经济社会文化地位、感知到的学校纪律氛围、教师支持、父母情感支持均显著低于未受欺凌的学生。此外，遭受关系欺凌的学生的年级显著低于未遭受关系欺凌的学生，遭受肢体欺凌的学生中普通教育类的学生比例显著低于未遭受肢体欺凌的学生，遭受肢体欺凌的学生中职业教育类的学生比例显著高于未遭受肢体欺凌的学生。而年龄在所有类型的欺凌中处理组和对照组的差异均不显著，可能因为调查的所有学生均在 15 周岁左右，年龄没有显著差异。因此在后续 Logistic 回归模型分析中未加入年龄变量。

从结果变量来看，遭受校园欺凌学生对学校的态度（包括生活满意度、对学校价值的看待、学习目标、学校归属感、感知学生竞争、感知学生合作、反对欺凌态度）、对未来的期待（包括教育期望、智力可塑性、生命意义）以及非认知表现（包括竞争态度、掌握任务的动机、害怕失败、积极情绪体验、自我效能感）整体上均显著低于未受欺凌学生；除言语欺凌外，遭受欺凌学生在反对欺凌态度上与未受欺凌学生没有差异，遭受关系欺凌学生在竞争态度和掌握任务的动机上与未受欺凌学生无显著差异，这些结果表明遭受校园欺凌对受害者产生了多方面的负向影响。但这些结果是未控制倾向分数的，产生的影响是在未控制对处理变量产生影响的混淆变量基础上得出的。遭受校园欺凌与学生多方面表现的关系与控制变量（或协变量）显著相关，会造成内生性问题，遭受校园欺凌和未遭受校园欺凌直接差异的大小和统计显著性就可能被过高估计了，因此需要运用 PSM 来做下一步的匹配分析以及处理效应估计。

二、计算倾向值：Logistic回归模型

根据上述的分析步骤，首先，我们选择研究中需要的协变量，并计算倾向值。依据条件独立性假设，将可能影响个体遭受校园欺凌的相关变量（即控制变量）纳入统计，这些控制变量就是我们在研究主题一中探讨的可以影响学生遭受校园欺凌与否的学生个体特征、家庭背景和社会支持方面的背景变量，而且通过前述匹配前的平衡性检验发现，这些控制变量在遭受校园欺凌的学生和未遭受校园欺凌的学生两组间存在较为明显的差异。因此，运用Logistic回归模型计算不同样本接受实验干预的倾向值，或者是模型计算样本进入处理组的倾向值（因为处理变量是否遭受校园欺凌是一个二分类别变量，应该使用Logistic回归而不是Probit回归）。因变量为学生是否遭受校园欺凌，自变量为可能影响个体遭受校园欺凌的变量，即前文所述的学生的个体特征、家庭背景和社会支持变量。结果见表3-3-5～表3-3-8。

表3-3-5　总的欺凌倾向指数估计：Logistic 回归结果

变量	系数	SE	Z	p	95% CI LL	95% CI UL
性别	0.682	0.056	12.160	<.001	0.572	0.792
年级	−0.102	0.054	−1.880	.060	−0.208	0.004
教育类型	0.176	0.077	2.300	.022	0.026	0.326
是否留级	0.050	0.112	0.440	.659	−0.171	0.270
是否旷课	0.452	0.089	5.070	<.001	0.277	0.627
是否迟到	0.125	0.058	2.150	.031	0.011	0.238
家庭经济社会文化地位	−0.020	0.026	−0.770	.444	−0.070	0.031
纪律氛围	−0.576	0.043	−13.490	<.001	−0.659	−0.492
教师支持	−0.266	0.037	−7.100	<.001	−0.339	−0.193
父母支持	−0.242	0.041	−5.880	<.001	−0.323	−0.161
cons	2.993	0.589	5.080	<.001	1.839	4.147

表3-3-6　关系欺凌倾向指数估计：Logistic 回归结果

变量	系数	SE	Z	p	95% CI LL	95% CI UL
性别	0.653	0.081	8.100	<.001	0.495	0.811
年级	−0.203	0.075	−2.700	.007	−0.350	−0.056
教育类型	0.129	0.106	1.220	.224	−0.079	0.338
是否留级	0.102	0.150	0.680	.494	−0.191	0.396
是否旷课	0.500	0.115	4.370	<.001	0.276	0.725
是否迟到	0.104	0.081	1.300	.195	−0.053	0.262
家庭经济社会文化地位	0.023	0.036	0.650	.518	−0.047	0.093
纪律氛围	−0.663	0.054	−12.190	<.001	−0.769	−0.556
教师支持	−0.295	0.050	−5.930	<.001	−0.393	−0.198
父母支持	−0.249	0.056	−4.460	<.001	−0.359	−0.140
cons	3.454	0.809	4.270	<.001	1.868	5.041

表 3-3-7　言语欺凌倾向指数估计：Logistic 回归结果

变量	系数	SE	Z	p	95% CI LL	95% CI UL
性别	0.845	0.071	11.920	<.001	0.706	0.984
年级	-0.061	0.066	-0.930	.352	-0.190	0.068
教育类型	0.311	0.095	3.280	.001	0.125	0.497
是否留级	0.015	0.136	0.110	.914	-0.251	0.281
是否旷课	0.447	0.104	4.300	<.001	0.243	0.650
是否迟到	0.094	0.070	1.340	.179	-0.043	0.232
家庭经济社会文化地位	-0.009	0.031	-0.290	.769	-0.070	0.052
纪律氛围	-0.552	0.049	-11.160	<.001	-0.649	-0.455
教师支持	-0.248	0.045	-5.570	<.001	-0.335	-0.161
父母支持	-0.259	0.049	-5.280	<.001	-0.355	-0.163
cons	1.897	0.710	2.670	.008	0.505	3.288

表 3-3-8　肢体欺凌倾向指数估计：Logistic 回归结果

变量	系数	SE	Z	p	95% CI LL	95% CI UL
性别	0.655	0.071	9.220	<.001	0.515	0.794
年级	-0.149	0.068	-2.210	.027	-0.282	-0.017
教育类型	-0.054	0.091	-0.590	.553	-0.231	0.124
是否留级	0.168	0.131	1.280	.201	-0.089	0.425
是否旷课	0.397	0.106	3.750	<.001	0.189	0.604
是否迟到	0.167	0.071	2.350	.019	0.028	0.307
家庭经济社会文化地位	-0.091	0.032	-2.850	.004	-0.153	-0.028
纪律氛围	-0.629	0.049	-12.700	<.001	-0.726	-0.532
教师支持	-0.254	0.045	-5.630	<.001	-0.342	-0.165
父母支持	-0.190	0.051	-3.740	<.001	-0.290	-0.091
cons	2.900	0.729	3.980	<.001	1.471	4.328

注：CI = confidence interval；LL = lower limit；UL = upper limit.

Logistic 回归的结果显示，影响学生是否遭受欺凌的因素存在类型间的差异。性别、教育类型、是否旷课、迟到、学校纪律氛围、教师支持和父母情感支持均在 0.05 显著水平上影响学生遭受校园欺凌（总的欺凌）；性别、年级、是否旷课、学校纪律氛围、教师支持和父母情感支持均在 0.05 显著水平上影响学生遭受关系欺凌；性别、教育类型、是否旷课、学校纪律氛围、教师支持和父母情感支持均在 0.05 显著水平上影响学生遭受言语欺凌；性别、年级、是否旷课、迟到、家庭经济社会文化地位、学校纪律氛围、教师支持和父母情感支持均在 0.05 显著水平上影响学生是否遭受肢体欺凌。虽然某些变量在影响学生遭受某种类型校园欺凌时系数不显著（与干预变量无关），但考虑到它们在影响其他欺凌时会显著，而且与学生表现（结果变量）存在关联，因此同时考虑这些变量有助于降低 PSM 估计效应的偏误（Brookhart et al., 2006）。

三、检验匹配效果：平衡性检验与共同支撑假设检验

Imbens 认为倾向得分匹配估计结果的有效性取决于匹配变量是否满足"共同支持条件"（common support condition）和"平衡性条件"（balancing property condition; Imbens, 1999）。"共同支持条件"保证了处理组能够通过倾向得分匹配找到与其相匹配的对照组。"平衡性条件"保证了匹配处理后匹配成功的处理组和对照组在匹配变量上没有显著性差异。因此，在运用倾向得分匹配模型验证是否遭受欺凌对学生多方面表现的影响之前，需要对匹配是否满足共同支持假设（common support assumption）和平衡性假设（balancing assumption）进行验证。

首先，我们通过剔除倾向分数高于对照组倾向分数最大值或小于其最小值的处理组样本来满足"共同支持条件"（通过运行代码中加入 common 来实现）。倾向指数拟合值的分布图或称为处理组与对照组的倾向值直方图（图 3-3-1～图 3-3-4）是对共同支持假设的检验。可以看出，匹配后处理组与对照组的倾向值均具有较大的重合部分，共同区间较大，因此满足共同支持假设，表明两组样本在各方面的特征已经非常接近，匹配效果较好。

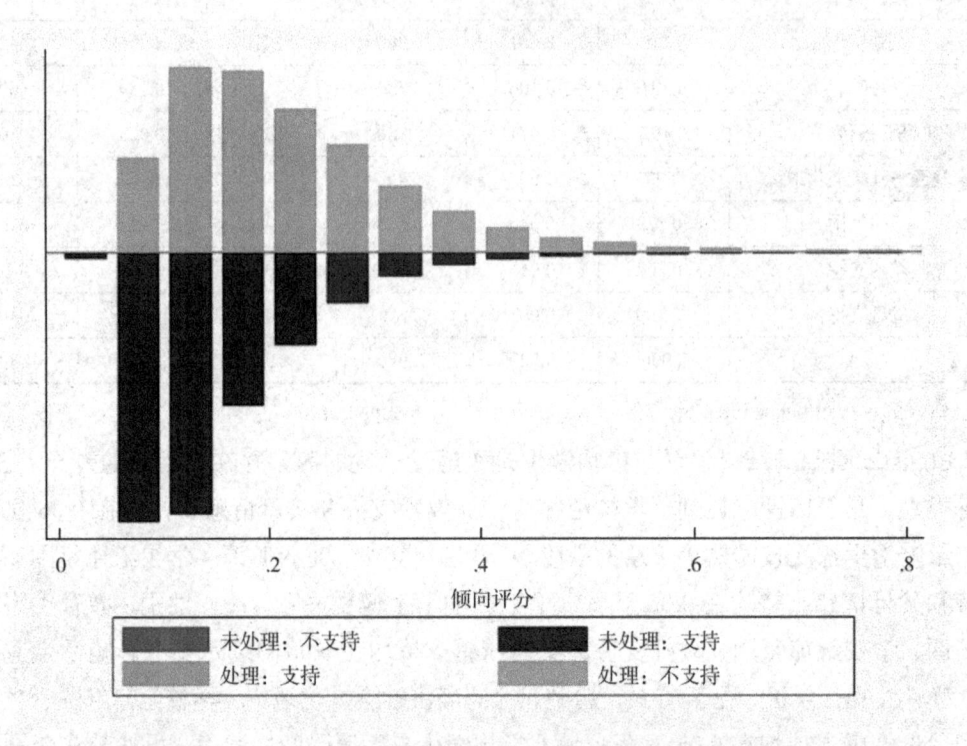

图 3-3-1　总的欺凌匹配后处理组与对照组的倾向值重合的情况

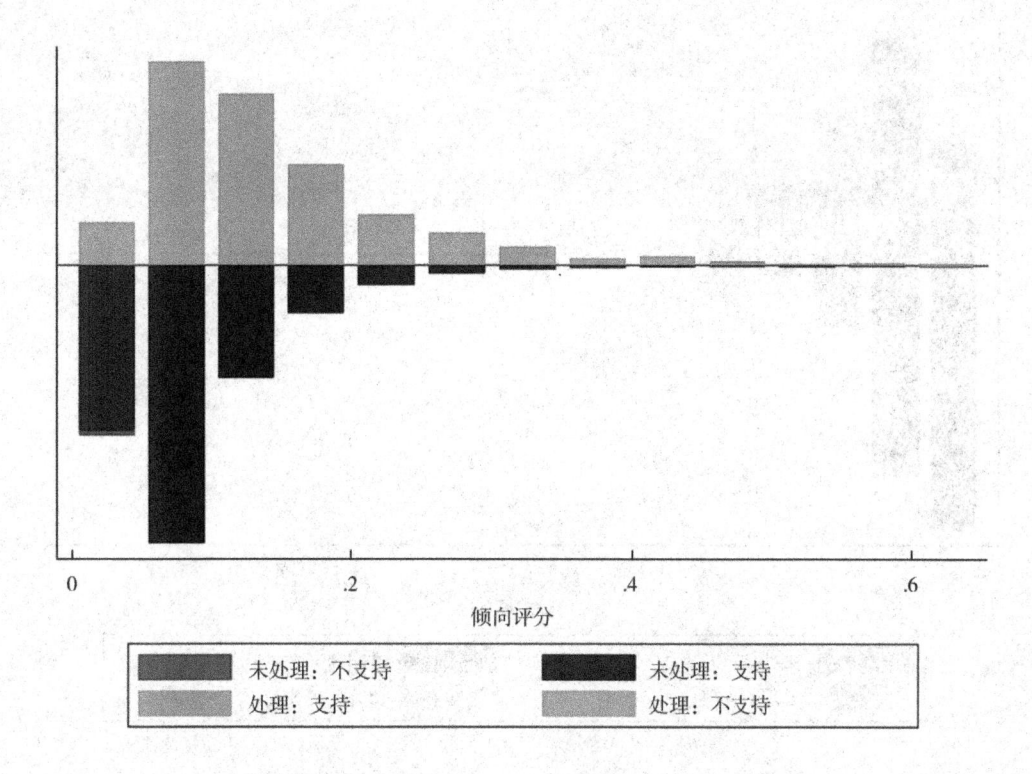

图 3-3-2 关系欺凌匹配后处理组与对照组的倾向值重合的情况

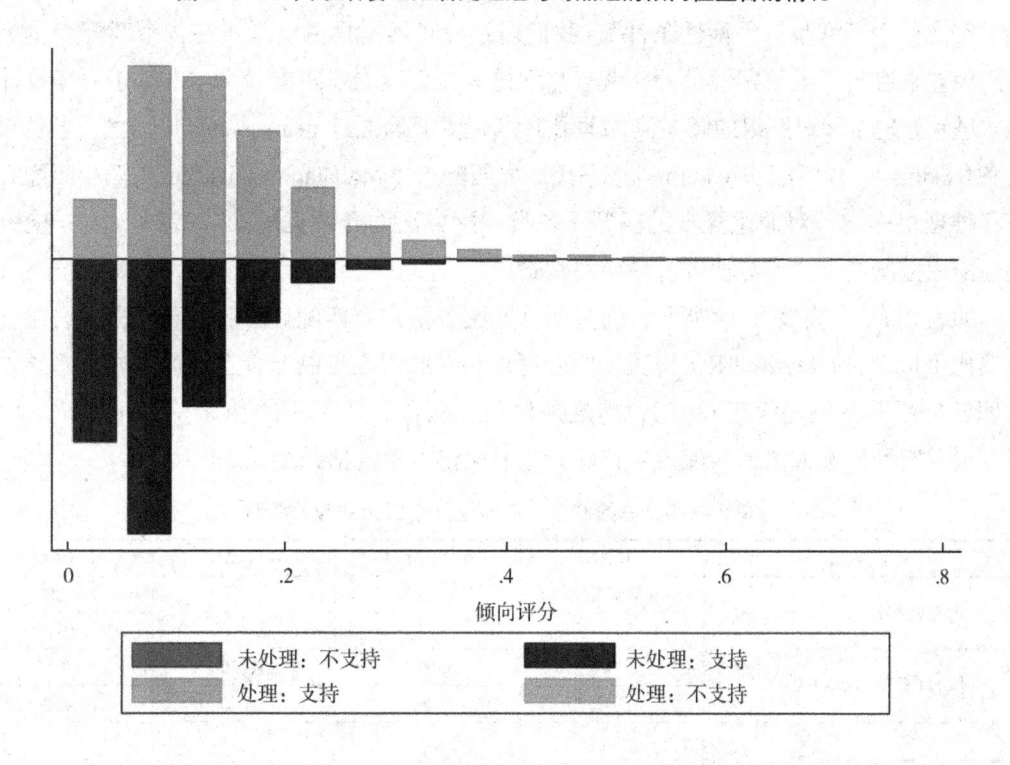

图 3-3-3 言语欺凌匹配后处理组与对照组的倾向值重合的情况

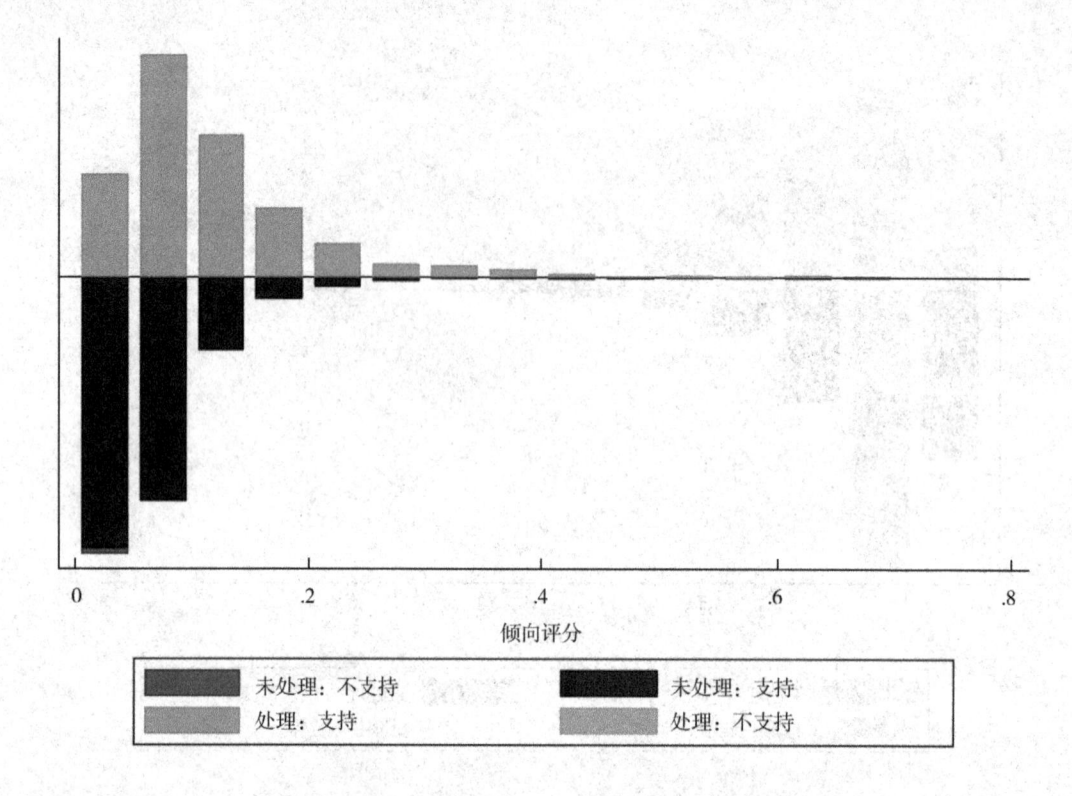

图 3-3-4　肢体欺凌匹配后处理组与对照组的倾向值重合的情况

其次，为了满足"平衡性条件"，我们通过计算匹配后两组学生在各个匹配变量上的标准偏差来进行匹配平衡性检验，考查它们之间是否存在显著差异。本书基于协变量计算样本进入处理组和对照组的倾向值，运用 1∶5 近邻匹配法（nearest neighbor）❶、半径匹配法❷（radius）、核匹配法（kernel）、马氏距离匹配法（Mahalanobis distance）四种匹配方法进行处理组样本与对照组样本的匹配（各类匹配方法的介绍见附录一），并通过 t 检验对处理前后控制变量的差异性进行平衡性检验。

如表 3-3-9~表 3-3-12 所示，通过四种匹配方法进行匹配处理后，匹配样本均通过了似然比（likelihood ratio, LR）检验，即处理组与对照组在控制变量上不存在显著差异（最右侧匹配后的 p 值均大于 0.05），满足条件独立假设；匹配后的伪 R^2（pseudo R^2）均下降，说明四种匹配方法的匹配效果较好，能够取得可信的估计结果。

表 3-3-9　总的欺凌不同匹配法下匹配效应的检验

匹配方法	样本	pseudo R^2	LR chi^2	$p > chi^2$
近邻匹配法（1∶5）	未匹配	0.072	710.700	<.001
	匹配	0.001	3.890	.973
半径匹配法（$r=0.01$）	未匹配	0.072	710.700	<.001
	匹配	<.001	1.770	.999

❶ 由于处理组样本数与对照组样本数比值约为 1∶5，对照组样本数量足够大，因此采用 1∶5 近邻匹配。
❷ 根据以往研究，应用半径匹配时其普遍预设值为 $r = 0.01$，因此本书也设置为 0.01（经过多次尝试，发现半径为 0.05/0.01/0.005/0.001，计算结果几乎无差距）。

续表

匹配方法	样本	Pseudo R^2	LR chi^2	$p > chi^2$
核匹配法	未匹配	0.072	710.70	<.001
	匹配	0.001	3.720	.977
马氏距离匹配法	未匹配	0.072	710.700	<.001
	匹配	0.001	4.300	.960

表 3-3-10　关系欺凌不同匹配法下匹配效应的检验

匹配方法	样本	Pseudo R^2	LR chi^2	$p > chi^2$
近邻匹配法（1∶5）	未匹配	0.080	465.610	<.001
	匹配	0.001	2.110	.998
半径匹配法（$r=0.01$）	未匹配	0.080	465.610	<.001
	匹配	<.001	1.000	1.000
核匹配法	未匹配	0.080	465.61	<.001
	匹配	0.005	11.000	.443
马氏距离匹配法	未匹配	0.080	465.61	<.001
	匹配	0.002	4.090	.967

表 3-3-11　言语欺凌不同匹配法下匹配效应的检验

匹配方法	样本	Pseudo R^2	LR chi^2	$p > chi^2$
近邻匹配法（1∶5）	未匹配	0.072	521.510	<.001
	匹配	0.001	1.780	.999
半径匹配法（$r=0.01$）	未匹配	0.072	521.510	<.001
	匹配	<.001	1.050	1.000
核匹配法	未匹配	0.072	521.510	<.001
	匹配	0.002	5.530	.903
马氏距离匹配法	未匹配	0.072	521.510	<.001
	匹配	0.001	3.350	.985

表 3-3-12　肢体欺凌不同匹配法下匹配效应的检验

匹配方法	样本	Pseudo R^2	LR chi^2	$p > chi^2$
近邻匹配法（1∶5）	未匹配	0.079	557.960	<.001
	匹配	<.001	1.340	1.00
半径匹配法（$r=0.01$）	未匹配	0.079	557.960	<.001
	匹配	0.001	1.920	.999
核匹配法	未匹配	0.079	557.960	<.001
	匹配	0.003	10.250	.508
马氏距离匹配法	未匹配	0.079	557.960	<.001
	匹配	0.002	4.850	.938

最后，通过 t 检验查看经过对控制变量进行匹配后处理组与对照组在全部匹配变量上是否还存在显著差异。以总的欺凌中的半径匹配法（0.01）下解释变量的平衡情况为例，运用该方法进行匹配后（表3-3-14），各解释变量的均值偏差下降幅度至少达到91.4%；针对总的欺凌及3种类型欺凌，在所有的匹配方法下，处理组与对照组在全部匹配变量上的差异均不再显著（$p>0.05$）如表3-3-13～表3-3-28所示，表明四种匹配方法均较好

地平衡了样本中处理组和对照组之间的差异，平衡性假设满足。根据 Rosenbaum 和 Rubin 的观点，标准偏差越小，说明匹配结果越好，当匹配变量标准偏差的绝对值大于 20 时认为匹配效果不好（Rosenbaum & Rubin, 1985）。从各匹配变量的标准偏差（偏差百分比栏位）来看，匹配后全部匹配变量标准偏差的绝对值小于 20，说明我们选择的匹配变量是合适的，说明样本可以视为在处理组与对照组之间实现了随机分配，匹配结果是有效的。

表 3-3-13　总的欺凌匹配后解释变量的平衡性检验结果（近邻匹配）

变量	样本	均值 受欺凌组	均值 未受欺凌组	偏差百分比	偏差消减	t 检验 t	t 检验 $p>t$
性别	未匹配	0.675	0.488	38.600		14.690	<.001
	匹配	0.675	0.687	-2.600	93.200	-0.820	.410
年级	未匹配	9.620	9.647	-4.800		-1.890	.058
	匹配	9.620	9.616	0.700	84.800	0.220	.830
教育类型	未匹配	0.817	0.831	-3.800		-1.510	.131
	匹配	0.817	0.810	1.800	54.000	0.520	.604
是否留级	未匹配	0.076	0.055	8.400		3.460	.001
	匹配	0.076	0.084	-3.100	63.800	-0.840	.402
是否旷课	未匹配	0.130	0.062	23.500		10.330	<.001
	匹配	0.130	0.124	2.100	91.100	0.550	.581
是否迟到	未匹配	0.368	0.284	18.100		7.210	<.001
	匹配	0.368	0.382	-3.000	83.400	-0.870	.385
家庭经济社会文化地位	未匹配	-0.440	-0.319	-11.100		-4.350	<.001
	匹配	-0.440	-0.467	2.500	77.600	0.740	.462
纪律氛围	未匹配	3.167	3.475	-49.100		-20.360	<.001
	匹配	3.168	3.172	-0.600	98.700	-0.170	.866
教师支持	未匹配	3.203	3.438	-33.000		-13.460	<.001
	匹配	3.205	3.214	-1.300	95.900	-0.380	.705
父母支持	未匹配	3.199	3.366	-25.400		-10.250	<.001
	匹配	3.200	3.212	-1.900	92.500	-0.550	.580
倾向分数	未匹配	0.218	0.153	63.500		27.050	<.001
	匹配	0.218	0.218	<.001	100.000	<.001	1.000

表 3-3-14　总的欺凌匹配后解释变量的平衡性检验结果（半径匹配）

变量	样本	均值 受欺凌组	均值 未受欺凌组	偏差百分比	偏差消减	t 检验 t	t 检验 $p>t$
性别	未匹配	0.675	0.488	38.600		14.690	<.001
	匹配	0.675	0.686	-2.400	93.700	-0.760	.446
年级	未匹配	9.620	9.647	-4.800		-1.890	.058
	匹配	9.620	9.619	0.200	96.100	0.060	.955
教育类型	未匹配	0.817	0.831	-3.800		-1.510	.131
	匹配	0.817	0.816	0.200	93.700	0.070	.943
是否留级	未匹配	0.076	0.055	8.400		3.460	.001
	匹配	0.076	0.076	0.000	99.800	-0.010	.996
是否旷课	未匹配	0.130	0.062	23.500		10.330	<.001
	匹配	0.130	0.125	1.700	92.900	0.440	.660

续表

变量	样本	均值 受欺凌组	均值 未受欺凌组	偏差百分比	偏差消减	t检验 t	t检验 p>t
是否迟到	未匹配	0.368	0.284	18.100		7.210	<.001
	匹配	0.368	0.375	-1.500	91.600	-0.440	.660
家庭经济社会文化地位	未匹配	-0.440	-0.319	-11.100		-4.350	<.001
	匹配	-0.440	-0.450	1.000	91.400	0.280	.777
纪律氛围	未匹配	3.167	3.475	-49.100		-20.360	<.001
	匹配	3.168	3.182	-2.100	95.700	-0.580	.563
教师支持	未匹配	3.203	3.438	-33.000		-13.460	<.001
	匹配	3.205	3.205	-0.100	99.700	-0.030	.977
父母支持	未匹配	3.199	3.366	-25.400		-10.250	<.001
	匹配	3.200	3.203	-0.400	98.400	-0.120	.906
倾向分数	未匹配	0.675	0.488	38.600		14.690	<.001
	匹配	0.675	0.686	-2.400	93.700	-0.760	.446

表 3-3-15 总的欺凌匹配后解释变量的平衡性检验结果（核匹配）

变量	样本	均值 受欺凌组	均值 未受欺凌组	偏差百分比	偏差消减	t检验 t	t检验 p>t
性别	未匹配	0.675	0.488	38.600		14.690	<.001
	匹配	0.675	0.675	-0.100	99.800	-0.020	.981
年级	未匹配	9.620	9.647	-4.800		-1.890	.058
	匹配	9.620	9.620	0.000	99.900	0.000	.999
教育类型	未匹配	0.817	0.831	-3.800		-1.510	.131
	匹配	0.817	0.817	-0.100	97.100	-0.030	.974
是否留级	未匹配	0.076	0.055	8.400		3.460	.001
	匹配	0.076	0.074	0.600	92.700	0.170	.861
是否旷课	未匹配	0.130	0.062	23.500		10.330	<.001
	匹配	0.130	0.120	3.400	85.500	0.900	.367
是否迟到	未匹配	0.368	0.284	18.100		7.210	<.001
	匹配	0.368	0.367	0.400	98.000	0.100	.917
家庭经济社会文化地位	未匹配	-0.440	-0.319	-11.100		-4.350	<.001
	匹配	-0.440	-0.443	0.300	97.600	0.080	.936
纪律氛围	未匹配	3.167	3.475	-49.100		-20.360	<.001
	匹配	3.167	3.196	-4.600	90.600	-1.260	.209
教师支持	未匹配	3.203	3.438	-33.000		-13.460	<.001
	匹配	3.203	3.218	-2.100	93.700	-0.580	.560
父母支持	未匹配	3.199	3.366	-25.400		-10.250	<.001
	匹配	3.199	3.211	-1.900	92.600	-0.550	.585
倾向分数	未匹配	0.218	0.153	63.500		27.050	<.001
	匹配	0.218	0.214	4.000	93.800	1.060	.288

表 3-3-16 总的欺凌匹配后解释变量的平衡性检验结果（马氏距离匹配）

变量	样本	均值 受欺凌组	均值 未受欺凌组	偏差百分比	偏差消减	t检验 t	t检验 p > t
性别	未匹配	0.675	0.488	38.600		14.690	<.001
	匹配	0.675	0.680	-1.100	97.000	-0.360	.722
年级	未匹配	9.620	9.647	-4.800		-1.890	.058
	匹配	9.620	9.629	-1.700	64.500	-0.510	.609
教育类型	未匹配	0.817	0.831	-3.800		-1.510	.131
	匹配	0.817	0.802	3.800	1.400	1.100	.271
是否留级	未匹配	0.076	0.055	8.400		3.460	.001
	匹配	0.076	0.084	-3.100	62.800	-0.860	.390
是否旷课	未匹配	0.130	0.062	23.500		10.330	<.001
	匹配	0.130	0.139	-2.800	87.900	-0.730	.464
是否迟到	未匹配	0.368	0.284	18.100		7.210	<.001
	匹配	0.368	0.365	0.700	96.100	0.210	.836
家庭经济社会文化地位	未匹配	-0.440	-0.319	-11.100		-4.350	<.001
	匹配	-0.440	-0.431	-0.800	93.000	-0.230	.819
纪律氛围	未匹配	3.167	3.475	-49.100		-20.360	<.001
	匹配	3.168	3.170	-0.200	99.600	-0.050	.961
教师支持	未匹配	3.203	3.438	-33.000		-13.460	<.001
	匹配	3.205	3.200	0.600	98.100	0.170	.862
父母支持	未匹配	3.199	3.366	-25.400		-10.250	<.001
	匹配	3.200	3.218	-2.700	89.300	-0.790	.432
倾向分数	未匹配	0.218	0.153	63.500		27.050	<.001
	匹配	0.218	0.218	<.001	100.000	<.001	.998

表 3-3-17 关系欺凌匹配后解释变量的平衡性检验结果（近邻匹配）

变量	样本	均值 受欺凌组	均值 未受欺凌组	偏差百分比	偏差消减	t检验 t	t检验 p > t
性别	未匹配	0.692	0.504	39.100		10.400	<.001
	匹配	0.692	0.697	-1.100	97.200	-0.230	.820
年级	未匹配	9.596	9.646	-8.900		-2.540	.011
	匹配	9.596	9.587	1.500	83.300	0.290	.770
教育类型	未匹配	0.813	0.830	-4.600		-1.290	.197
	匹配	0.813	0.811	0.600	87.700	0.110	.911
是否留级	未匹配	0.085	0.056	11.000		3.310	.001
	匹配	0.085	0.089	-1.800	83.600	-0.330	.741
是否旷课	未匹配	0.152	0.066	27.700		9.090	<.001
	匹配	0.151	0.144	2.300	91.500	0.410	.680
是否迟到	未匹配	0.382	0.291	19.400		5.510	<.001
	匹配	0.381	0.380	0.200	99.200	0.030	.976
家庭经济社会文化地位	未匹配	-0.426	-0.332	-8.400		-2.380	.017
	匹配	-0.426	-0.475	4.400	47.500	0.880	.380
纪律氛围	未匹配	3.067	3.453	-58.800		-17.980	<.001
	匹配	3.071	3.089	-2.800	95.300	-0.500	.617

续表

变量	样本	均值 受欺凌组	均值 未受欺凌组	偏差百分比	偏差消减	t检验 t	t检验 p>t
教师支持	未匹配	3.139	3.421	-38.100		-11.380	<.001
	匹配	3.144	3.120	3.400	91.200	0.630	.530
父母支持	未匹配	3.167	3.352	-27.400		-8.010	<.001
	匹配	3.170	3.154	2.400	91.200	0.470	.640
倾向分数	未匹配	0.118	0.070	65.200		22.290	<.001
	匹配	0.117	0.117	0.100	99.900	0.010	.992

表 3-3-18 关系欺凌匹配后解释变量的平衡性检验结果（半径匹配）

变量	样本	均值 受欺凌组	均值 未受欺凌组	偏差百分比	偏差消减	t检验 t	t检验 p>t
性别	未匹配	0.692	0.504	39.100		10.400	<.001
	匹配	0.692	0.703	-2.400	93.900	-0.500	.617
年级	未匹配	9.596	9.646	-8.900		-2.540	.011
	匹配	9.596	9.594	0.300	97.000	0.050	.959
教育类型	未匹配	0.813	0.830	-4.600		-1.290	.197
	匹配	0.813	0.814	-0.100	97.800	-0.020	.984
是否留级	未匹配	0.085	0.056	11.000		3.310	.001
	匹配	0.085	0.085	0.100	99.300	0.010	.988
是否旷课	未匹配	0.152	0.066	27.700		9.090	<.001
	匹配	0.151	0.142	2.800	89.900	0.490	.624
是否迟到	未匹配	0.382	0.291	19.400		5.510	<.001
	匹配	0.381	0.379	0.400	98.000	0.080	.939
家庭经济社会文化地位	未匹配	-0.426	-0.332	-8.400		-2.380	.017
	匹配	-0.426	-0.430	0.400	95.700	0.070	.942
纪律氛围	未匹配	3.067	3.453	-58.800		-17.980	<.001
	匹配	3.071	3.090	-2.800	95.200	-0.510	.613
教师支持	未匹配	3.139	3.421	-38.100		-11.380	<.001
	匹配	3.144	3.141	0.500	98.700	0.090	.926
父母支持	未匹配	3.167	3.352	-27.400		-8.010	<.001
	匹配	3.170	3.170	0.100	99.800	0.010	.990
倾向分数	未匹配	0.118	0.070	65.200		22.290	<.001
	匹配	0.117	0.116	0.800	98.800	0.140	.891

表 3-3-19 关系欺凌匹配后解释变量的平衡性检验结果（核匹配）

变量	样本	均值 受欺凌组	均值 未受欺凌组	偏差百分比	偏差消减	t检验 t	t检验 p>t
性别	未匹配	0.692	0.504	39.100		10.400	<.001
	匹配	0.692	0.669	4.900	87.600	1.010	.311
年级	未匹配	9.596	9.646	-8.900		-2.540	.011
	匹配	9.596	9.601	-0.900	90.100	-0.170	.861
教育类型	未匹配	0.813	0.830	-4.600		-1.290	.197
	匹配	0.813	0.817	-1.100	76.800	-0.210	.831

续表

变量	样本	均值 受欺凌组	均值 未受欺凌组	偏差百分比	偏差消减	t检验 t	t检验 p>t
是否留级	未匹配	0.085	0.056	11.000		3.310	.001
	匹配	0.085	0.082	1.200	89.300	0.220	.826
是否旷课	未匹配	0.152	0.066	27.700		9.090	<.001
	匹配	0.152	0.134	5.800	79.000	1.040	.299
是否迟到	未匹配	0.382	0.291	19.400		5.510	<.001
	匹配	0.382	0.369	2.900	85.000	0.570	.567
家庭经济社会文化地位	未匹配	-0.426	-0.332	-8.400		-2.380	.017
	匹配	-0.426	-0.413	-1.200	85.700	-0.240	.810
纪律氛围	未匹配	3.067	3.453	-58.800		-17.980	<.001
	匹配	3.067	3.140	-11.100	81.100	-1.990	.046
教师支持	未匹配	3.139	3.421	-38.100		-11.380	<.001
	匹配	3.139	3.184	-6.100	84.000	-1.140	.254
父母支持	未匹配	3.167	3.352	-27.400		-8.010	<.001
	匹配	3.167	3.198	-4.600	83.300	-0.890	.373
倾向分数	未匹配	0.118	0.070	65.200		22.290	<.001
	匹配	0.118	0.111	9.500	85.400	1.610	.108

表 3-3-20 关系欺凌匹配后解释变量的平衡性检验结果（马氏距离匹配）

变量	样本	均值 受欺凌组	均值 未受欺凌组	偏差百分比	偏差消减	t检验 t	t检验 p>t
性别	未匹配	0.692	0.504	39.100		10.400	<.001
	匹配	0.691	0.695	-0.800	98.000	-0.160	.872
年级	未匹配	9.596	9.646	-8.900		-2.540	.011
	匹配	9.596	9.592	0.700	92.700	0.130	.897
教育类型	未匹配	0.813	0.830	-4.600		-1.290	.197
	匹配	0.813	0.810	0.600	86.100	0.130	.899
是否留级	未匹配	0.085	0.056	11.000		3.310	.001
	匹配	0.085	0.076	3.400	69.400	0.640	.524
是否旷课	未匹配	0.152	0.066	27.700		9.090	<.001
	匹配	0.151	0.155	-1.200	95.700	-0.210	.836
是否迟到	未匹配	0.382	0.291	19.400		5.510	<.001
	匹配	0.381	0.384	-0.800	96.000	-0.150	.878
家庭经济社会文化地位	未匹配	-0.426	-0.332	-8.400		-2.380	.017
	匹配	-0.425	-0.463	3.400	59.800	0.660	.508
纪律氛围	未匹配	3.067	3.453	-58.800		-17.980	<.001
	匹配	3.076	3.108	-4.800	91.900	-0.880	.378
教师支持	未匹配	3.139	3.421	-38.100		-11.380	<.001
	匹配	3.149	3.110	5.400	85.900	1.010	.314
父母支持	未匹配	3.167	3.352	-27.400		-8.010	<.001
	匹配	3.175	3.152	3.300	87.800	0.650	.514
倾向分数	未匹配	0.118	0.070	65.200		22.290	<.001
	匹配	0.116	0.116	<.001	100.000	<.001	.998

表 3-3-21 言语欺凌匹配后解释变量的平衡性检验结果（近邻匹配）

变量	样本	均值 受欺凌组	均值 未受欺凌组	偏差百分比	偏差消减	t检验 t	t检验 p>t
性别	未匹配	0.716	0.496	46.200		14.080	<.001
	匹配	0.715	0.728	-2.600	94.400	-0.650	.513
年级	未匹配	9.620	9.645	-4.500		-1.420	.155
	匹配	9.620	9.622	-0.500	89.500	-0.110	.913
教育类型	未匹配	0.830	0.829	0.400		0.130	.899
	匹配	0.830	0.832	-0.500	-35.100	-0.130	.898
是否留级	未匹配	0.075	0.057	7.500		2.500	.012
	匹配	0.075	0.070	2.100	71.800	0.480	.634
是否旷课	未匹配	0.138	0.065	24.100		8.850	<.001
	匹配	0.138	0.136	0.500	97.800	0.110	.914
是否迟到	未匹配	0.371	0.289	17.400		5.660	<.001
	匹配	0.370	0.380	-2.200	87.200	-0.510	.611
家庭经济社会文化地位	未匹配	-0.426	-0.329	-8.800		-2.830	.005
	匹配	-0.426	-0.422	-0.400	95.900	-0.090	.932
纪律氛围	未匹配	3.144	3.456	-48.500		-16.740	<.001
	匹配	3.148	3.169	-3.200	93.400	-0.690	.488
教师支持	未匹配	3.190	3.424	-32.300		-10.880	<.001
	匹配	3.194	3.192	0.300	99.100	0.060	.949
父母支持	未匹配	3.182	3.356	-26.100		-8.700	<.001
	匹配	3.186	3.187	-0.200	99.200	-0.050	.961
倾向分数	未匹配	0.147	0.096	64.500		23.690	<.001
	匹配	0.146	0.146	<.001	100.000	<.001	.997

表 3-3-22 言语欺凌匹配后解释变量的平衡性检验结果（半径匹配）

变量	样本	均值 受欺凌组	均值 未受欺凌组	偏差百分比	偏差消减	t检验 t	t检验 p>t
性别	未匹配	0.716	0.496	46.200		14.080	<.001
	匹配	0.715	0.726	-2.300	95.000	-0.580	.563
年级	未匹配	9.620	9.645	-4.500		-1.420	.155
	匹配	9.620	9.618	0.300	94.300	0.060	.953
教育类型	未匹配	0.830	0.829	0.400		0.130	.899
	匹配	0.830	0.833	-0.700	-77.800	-0.170	.866
是否留级	未匹配	0.075	0.057	7.500		2.500	.012
	匹配	0.075	0.076	-0.300	95.900	-0.070	.946
是否旷课	未匹配	0.138	0.065	24.100		8.850	<.001
	匹配	0.138	0.133	1.700	92.800	0.360	.720
是否迟到	未匹配	0.371	0.289	17.400		5.660	<.001
	匹配	0.370	0.371	-0.200	99.000	-0.040	.967
家庭经济社会文化地位	未匹配	-0.426	-0.329	-8.800		-2.830	.005
	匹配	-0.426	-0.430	0.400	95.900	0.080	.933
纪律氛围	未匹配	3.144	3.456	-48.500		-16.740	<.001
	匹配	3.148	3.166	-2.700	94.500	-0.570	.567

续表

变量	样本	均值 受欺凌组	均值 未受欺凌组	偏差百分比	偏差消减	t检验 t	t检验 p>t
教师支持	未匹配	3.190	3.424	-32.300		-10.880	<.001
	匹配	3.194	3.200	-0.900	97.300	-0.190	.846
父母支持	未匹配	3.182	3.356	-26.100		-8.700	<.001
	匹配	3.186	3.189	-0.500	98.200	-0.110	.912
倾向分数	未匹配	0.147	0.096	64.500		23.690	<.001
	匹配	0.146	0.146	0.500	99.200	0.110	.913

表 3-3-23 言语欺凌匹配后解释变量的平衡性检验结果（核匹配）

变量	样本	均值 受欺凌组	均值 未受欺凌组	偏差百分比	偏差消减	t检验 t	t检验 p>t
性别	未匹配	0.716	0.496	46.200		14.080	<.001
	匹配	0.716	0.701	3.200	93.100	0.790	.429
年级	未匹配	9.620	9.645	-4.500		-1.420	.155
	匹配	9.620	9.622	-0.300	94.100	-0.060	.951
教育类型	未匹配	0.830	0.829	0.400		0.130	.899
	匹配	0.830	0.831	-0.300	16.700	-0.080	.937
是否留级	未匹配	0.075	0.057	7.500		2.500	.012
	匹配	0.075	0.074	0.600	92.300	0.130	.897
是否旷课	未匹配	0.138	0.065	24.100		8.850	<.001
	匹配	0.138	0.126	4.000	83.300	0.840	.398
是否迟到	未匹配	0.371	0.289	17.400		5.660	<.001
	匹配	0.371	0.364	1.500	91.400	0.340	.731
家庭经济社会文化地位	未匹配	-0.426	-0.329	-8.800		-2.830	.005
	匹配	-0.426	-0.420	-0.500	93.900	-0.130	.900
纪律氛围	未匹配	3.144	3.456	-48.500		-16.740	<.001
	匹配	3.144	3.188	-6.800	85.900	-1.450	.146
教师支持	未匹配	3.190	3.424	-32.300		-10.880	<.001
	匹配	3.190	3.220	-4.100	87.200	-0.910	.361
父母支持	未匹配	3.182	3.356	-26.100		-8.700	<.001
	匹配	3.182	3.206	-3.500	86.500	-0.800	.422
倾向分数	未匹配	0.147	0.096	64.500		23.690	<.001
	匹配	0.147	0.142	7.000	89.200	1.440	.150

表 3-3-24 言语欺凌匹配后解释变量的平衡性检验结果（马氏距离匹配）

变量	样本	均值 受欺凌组	均值 未受欺凌组	偏差百分比	偏差消减	t检验 t	t检验 p>t
性别	未匹配	0.716	0.496	46.200		14.080	<.001
	匹配	0.715	0.722	-1.500	96.700	-0.380	.707
年级	未匹配	9.620	9.645	-4.500		-1.420	.155
	匹配	9.620	9.636	-2.900	34.000	-0.700	.487
教育类型	未匹配	0.830	0.829	0.400		0.130	.899
	匹配	0.830	0.835	-1.400	-258.000	-0.340	.734

续表

变量	样本	均值 受欺凌组	均值 未受欺凌组	偏差百分比	偏差消减	t检验 t	t检验 p>t
是否留级	未匹配	0.075	0.057	7.500		2.500	.012
	匹配	0.075	0.064	4.700	37.100	1.080	.279
是否旷课	未匹配	0.138	0.065	24.100		8.850	<.001
	匹配	0.137	0.130	2.400	90.100	0.500	.619
是否迟到	未匹配	0.371	0.289	17.400		5.660	<.001
	匹配	0.369	0.376	-1.500	91.200	-0.350	.726
家庭经济社会文化地位	未匹配	-0.426	-0.329	-8.800		-2.830	.005
	匹配	-0.427	-0.414	-1.200	86.700	-0.280	.782
纪律氛围	未匹配	3.144	3.456	-48.500		-16.740	<.001
	匹配	3.150	3.167	-2.800	94.300	-0.600	.551
教师支持	未匹配	3.190	3.424	-32.300		-10.880	<.001
	匹配	3.195	3.175	2.800	91.300	0.620	.534
父母支持	未匹配	3.182	3.356	-26.100		-8.700	<.001
	匹配	3.186	3.183	0.500	98.100	0.110	.910
倾向分数	未匹配	0.147	0.096	64.500		23.690	<.001
	匹配	0.146	0.146	<.001	100.000	<.001	.997

表 3-3-25 肢体欺凌匹配后解释变量的平衡性检验结果（近邻匹配）

变量	样本	均值 受欺凌组	均值 未受欺凌组	偏差百分比	偏差消减	t检验 t	t检验 p>t
性别	未匹配	0.688	0.500	39.100		11.800	<.001
	匹配	0.688	0.700	-2.500	93.600	-0.600	.546
年级	未匹配	9.614	9.645	-5.700		-1.800	.072
	匹配	9.613	9.617	-0.700	88.200	-0.150	.879
教育类型	未匹配	0.781	0.834	-13.400		-4.360	<.001
	匹配	0.781	0.783	-0.500	96.200	-0.110	.910
是否留级	未匹配	0.089	0.055	13.100		4.470	<.001
	匹配	0.089	0.090	-0.200	98.300	-0.050	.963
是否旷课	未匹配	0.138	0.066	24.200		8.740	<.001
	匹配	0.139	0.135	1.300	94.800	0.250	.799
是否迟到	未匹配	0.387	0.288	21.100		6.760	<.001
	匹配	0.387	0.396	-1.900	90.900	-0.430	.670
家庭经济社会文化地位	未匹配	-0.547	-0.317	-21.200		-6.630	<.001
	匹配	-0.546	-0.551	0.500	97.700	0.110	.911
纪律氛围	未匹配	3.090	3.461	-58.000		-19.570	<.001
	匹配	3.092	3.108	-2.500	95.700	-0.520	.603
教师支持	未匹配	3.175	3.424	-34.500		-11.400	<.001
	匹配	3.177	3.167	1.300	96.300	0.280	.782
父母支持	未匹配	3.191	3.355	-24.900		-8.020	<.001
	匹配	3.193	3.193	<.001	99.800	-0.010	.993
倾向分数	未匹配	0.144	0.092	64.800		23.610	<.001
	匹配	0.144	0.144	<.001	100.000	<.001	.999

表 3-3-26 肢体欺凌匹配后解释变量的平衡性检验结果（半径匹配）

变量	样本	均值 受欺凌组	均值 未受欺凌组	偏差百分比	偏差消减	t检验 t	t检验 p>t
性别	未匹配	0.688	0.500	39.100		11.800	<.001
	匹配	0.688	0.703	-3.100	92.000	-0.760	.449
年级	未匹配	9.614	9.645	-5.700		-1.800	.072
	匹配	9.613	9.610	0.600	89.000	0.140	.888
教育类型	未匹配	0.781	0.834	-13.400		-4.360	<.001
	匹配	0.781	0.781	0.000	99.700	0.010	.992
是否留级	未匹配	0.089	0.055	13.100		4.470	<.001
	匹配	0.089	0.091	-0.700	94.500	-0.150	.880
是否旷课	未匹配	0.138	0.066	24.200		8.740	<.001
	匹配	0.139	0.131	2.600	89.400	0.520	.601
是否迟到	未匹配	0.387	0.288	21.100		6.760	<.001
	匹配	0.387	0.391	-1.000	95.500	-0.210	.831
家庭经济社会文化地位	未匹配	-0.547	-0.317	-21.200		-6.630	<.001
	匹配	-0.546	-0.563	1.600	92.700	0.360	.723
纪律氛围	未匹配	3.090	3.461	-58.000		-19.570	<.001
	匹配	3.092	3.113	-3.300	94.300	-0.680	.494
教师支持	未匹配	3.175	3.424	-34.500		-11.400	<.001
	匹配	3.177	3.183	-0.900	97.400	-0.190	.848
父母支持	未匹配	3.191	3.355	-24.900		-8.020	<.001
	匹配	3.193	3.194	-0.200	99.300	-0.040	.968
倾向分数	未匹配	0.144	0.092	64.800		23.610	<.001
	匹配	0.144	0.143	0.500	99.200	0.110	.912

表 3-3-27 肢体欺凌匹配后解释变量的平衡性检验结果（核匹配）

变量	样本	均值 受欺凌组	均值 未受欺凌组	偏差百分比	偏差消减	t检验 t	t检验 p>t
性别	未匹配	0.688	0.500	39.100		11.800	<.001
	匹配	0.688	0.676	2.600	93.300	0.620	.534
年级	未匹配	9.614	9.645	-5.700		-1.800	.072
	匹配	9.614	9.615	-0.200	96.600	-0.040	.965
教育类型	未匹配	0.781	0.834	-13.400		-4.360	<.001
	匹配	0.781	0.786	-1.300	90.000	-0.300	.767
是否留级	未匹配	0.089	0.055	13.100		4.470	<.001
	匹配	0.089	0.086	1.100	91.900	0.220	.823
是否旷课	未匹配	0.138	0.066	24.200		8.740	<.001
	匹配	0.138	0.125	4.600	81.000	0.940	.345
是否迟到	未匹配	0.387	0.288	21.100		6.760	<.001
	匹配	0.387	0.379	1.800	91.300	0.410	.682
家庭经济社会文化地位	未匹配	-0.547	-0.317	-21.200		-6.630	<.001
	匹配	-0.547	-0.528	-1.700	91.800	-0.400	.692
纪律氛围	未匹配	3.090	3.461	-58.000		-19.570	<.001
	匹配	3.090	3.150	-9.300	83.900	-1.920	.055
教师支持	未匹配	3.175	3.424	-34.500		-11.400	<.001
	匹配	3.175	3.210	-4.900	85.900	-1.050	.294

续表

变量	样本	均值 受欺凌组	均值 未受欺凌组	偏差百分比	偏差消减	t检验 t	t检验 p > t
父母支持	未匹配	3.191	3.355	-24.900		-8.020	<.001
	匹配	3.191	3.214	-3.500	85.900	-0.800	.427
倾向分数	未匹配	0.144	0.092	64.800		23.610	<.001
	匹配	0.144	0.138	7.400	88.500	1.480	.139

表 3-3-28 肢体欺凌匹配后解释变量的平衡性检验结果（马氏距离匹配）

变量	样本	均值 受欺凌组	均值 未受欺凌组	偏差百分比	偏差消减	t检验 t	t检验 p > t
性别	未匹配	0.688	0.500	39.100		11.800	<.001
	匹配	0.688	0.707	-3.900	90.100	-0.940	.346
年级	未匹配	9.614	9.645	-5.700		-1.800	.072
	匹配	9.614	9.621	-1.400	76.300	-0.310	.756
教育类型	未匹配	0.781	0.834	-13.400		-4.360	<.001
	匹配	0.781	0.797	-4.000	69.900	-0.900	.368
是否留级	未匹配	0.089	0.055	13.100		4.470	<.001
	匹配	0.089	0.087	0.700	94.400	0.150	.879
是否旷课	未匹配	0.138	0.066	24.200		8.740	<.001
	匹配	0.138	0.123	5.000	79.400	1.030	.305
是否迟到	未匹配	0.387	0.288	21.100		6.760	<.001
	匹配	0.387	0.407	-4.200	80.200	-0.930	.354
家庭经济社会文化地位	未匹配	-0.547	-0.317	-21.200		-6.630	<.001
	匹配	-0.547	-0.545	-0.200	99.200	-0.040	.969
纪律氛围	未匹配	3.090	3.461	-58.000		-19.570	<.001
	匹配	3.090	3.101	-1.700	97.100	-0.350	.726
教师支持	未匹配	3.175	3.424	-34.500		-11.400	<.001
	匹配	3.175	3.178	-0.500	98.700	-0.100	.922
父母支持	未匹配	3.191	3.355	-24.900		-8.020	<.001
	匹配	3.191	3.188	0.400	98.500	0.090	.932
倾向分数	未匹配	0.144	0.092	64.800		23.610	<.001
	匹配	0.144	0.144	<.001	100.000	<.001	.998

四、稳健性检验

为验证估计结果是否具有稳健性，本书使用4种匹配方法进行处理组与对照组的匹配。从以上结果可以看出，四者的估计结果均具有较高的一致性，这说明估计结果较为稳健。

五、估计处理效应

最后，在匹配后运用bootstrap自助抽样（重复50次）得到稳健标准误，并在此基础上分别计算处理组平均处理效应（ATT）、对照组平均处理效应（ATU）和平均处理效应（ATE），从而对遭受校园欺凌对学生影响的净效应进行估计。我们的研究主要关注处理组平均处理效应（ATT），即遭受校园欺凌给个体带来了多大程度的影响。

遭受校园欺凌对学生多方面（非认知表现、对未来的期待、对学校的态度）影响效应的 PSM 估计结果（表 3-3-29~ 表 3-3-44）显示：第一，处理变量（是否遭受总的欺凌或其他 3 类欺凌）对以下结果变量的影响在倾向得分匹配前和匹配后结果一致，包括：对学校的感受中的生活满意度、学校归属感、感知学生竞争、感知学生合作变量，对未来的期待中的智力可塑性和生命意义变量，非认知表现中的害怕失败、积极情绪体验、自我效能感变量；第二，处理变量（是否遭受总的欺凌或其他 3 类欺凌）对某些结果变量的影响在匹配前和匹配后结果不一致的情况，包括以下变量：学习目标、教育期望和竞争态度变量；第三，不同类型的校园欺凌（总的欺凌、关系欺凌、言语欺凌、肢体欺凌）对于学生某些方面表现的影响效应存在一定差异，主要有对学校价值的看待、对欺凌的态度和掌握任务的动机变量。

表 3-3-29　总的欺凌对学生表现的影响效应（近邻匹配）

变量	样本	受欺凌组	未受欺凌组	两组差异	标准误	t
对学校的感受						
生活满意度	未匹配	5.606	6.888	-1.282	0.063	-20.390
	ATT	5.609	6.577	-0.968	0.078	-12.380
	ATU	6.888	5.891	-0.997		
	ATE			-0.992		
对学校价值的看待	未匹配	3.341	3.458	-0.118	0.016	-7.430
	ATT	3.340	3.382	-0.041	0.019	-2.220
	ATU	3.459	3.429	-0.030		
	ATE			-0.032		
学习目标	未匹配	3.261	3.419	-0.159	0.022	-7.300
	ATT	3.260	3.281	-0.022	0.025	-0.850
	ATU	3.419	3.415	-0.004		
	ATE			-0.007		
学校归属感	未匹配	2.647	3.015	-0.369	0.014	-27.000
	ATT	2.646	2.929	-0.282	0.017	-16.880
	ATU	3.015	2.713	-0.302		
	ATE			-0.299		
感知同伴竞争	未匹配	2.765	2.530	0.235	0.018	13.400
	ATT	2.765	2.539	0.226	0.020	11.060
	ATU	2.530	2.780	0.251		
	ATE			0.247		
感知同伴合作	未匹配	2.645	2.889	-0.244	0.019	-13.110
	ATT	2.646	2.753	-0.107	0.022	-4.950
	ATU	2.889	2.746	-0.143		
	ATE			-0.137		
反对欺凌态度	未匹配	3.244	3.217	0.027	0.014	1.930
	ATT	3.244	3.131	0.113	0.016	7.020
	ATU	3.217	3.314	0.097		
	ATE			0.100		
对未来的期待						
教育期望	未匹配	0.599	0.657	-0.058	0.012	-4.750
	ATT	0.599	0.590	0.009	0.014	0.650

续表

变量	样本	受欺凌组	未受欺凌组	两组差异	标准误	t
	ATU	0.657	0.650	-0.007		
	ATE			-0.005		
智力可塑性	未匹配	2.525	2.610	-0.085	0.023	-3.650
	ATT	2.526	2.594	-0.068	0.027	-2.480
	ATU	2.610	2.535	-0.075		
	ATE			-0.074		
生命意义	未匹配	2.691	2.870	-0.179	0.017	-10.360
	ATT	2.691	2.811	-0.120	0.020	-5.850
	ATU	2.870	2.760	-0.109		
	ATE			-0.111		
非认知表现 竞争态度	未匹配	3.042	3.100	-0.058	0.014	-4.130
	ATT	3.042	3.051	-0.009	0.016	-0.550
	ATU	3.100	3.097	-0.003		
	ATE			-0.004		
掌握任务的动机	未匹配	3.056	3.159	-0.103	0.013	-8.080
	ATT	3.056	3.091	-0.035	0.015	-2.380
	ATU	3.160	3.125	-0.034		
	ATE			-0.034		
害怕失败	未匹配	2.836	2.614	0.222	0.018	12.580
	ATT	2.835	2.637	0.198	0.021	9.640
	ATU	2.614	2.835	0.221		
	ATE			0.217		
积极情绪体验	未匹配	3.176	3.369	-0.193	0.013	-14.430
	ATT	3.176	3.307	-0.131	0.017	-7.870
	ATU	3.369	3.260	-0.109		
	ATE			-0.113		
自我效能感	未匹配	2.861	2.967	-0.106	0.012	-8.640
	ATT	2.861	2.925	-0.064	0.014	-4.430
	ATU	2.967	2.912	-0.056		
	ATE			-0.057		

表 3-3-30 总的欺凌对学生表现的影响效应（半径匹配）

变量	样本	受欺凌组	未受欺凌组	两组差异	标准误	t
对学校的感受 生活满意度	未匹配	5.606	6.888	-1.282	0.063	-20.390
	ATT	5.609	6.573	-0.965	0.073	-13.210
	ATU	6.888	5.883	-1.005		
	ATE			-0.998		
对学校价值的看待	未匹配	3.341	3.458	-0.118	0.016	-7.430
	ATT	3.340	3.373	-0.033	0.017	-1.890
	ATU	3.459	3.424	-0.035		
	ATE			-0.035		
学习目标	未匹配	3.261	3.419	-0.159	0.022	-7.300
	ATT	3.260	3.280	-0.020	0.023	-0.870
	ATU	3.419	3.399	-0.020		

续表

变量	样本	受欺凌组	未受欺凌组	两组差异	标准误	t
	ATE			−0.020		
学校归属感	未匹配	2.647	3.015	−0.369	0.014	−27.000
	ATT	2.646	2.934	−0.288	0.016	−18.260
	ATU	3.015	2.713	−0.302		
	ATE			−0.300		
感知同伴竞争	未匹配	2.765	2.530	0.235	0.018	13.400
	ATT	2.765	2.538	0.227	0.019	11.850
	ATU	2.530	2.777	0.247		
	ATE			0.244		
感知同伴合作	未匹配	2.645	2.889	−0.244	0.019	−13.110
	ATT	2.646	2.761	−0.115	0.020	−5.720
	ATU	2.889	2.746	−0.143		
	ATE			−0.138		
反对欺凌态度	未匹配	3.244	3.217	0.027	0.014	1.930
	ATT	3.244	3.137	0.107	0.015	7.170
	ATU	3.217	3.313	0.096		
	ATE			0.098		
对未来的期待						
教育期望	未匹配	0.599	0.657	−0.058	0.012	−4.750
	ATT	0.599	0.588	0.011	0.013	0.860
	ATU	0.657	0.641	−0.016		
	ATE			−0.012		
智力可塑性	未匹配	2.525	2.610	−0.085	0.023	−3.650
	ATT	2.526	2.603	−0.077	0.025	−3.050
	ATU	2.610	2.524	−0.085		
	ATE			−0.012		
生命意义	未匹配	2.691	2.870	−0.179	0.017	−10.360
	ATT	2.691	2.808	−0.117	0.019	−6.100
	ATU	2.870	2.759	−0.111		
	ATE			−0.112		
非认知表现						
竞争态度	未匹配	3.042	3.100	−0.058	0.014	−4.130
	ATT	3.042	3.055	−0.013	0.015	−0.830
	ATU	3.100	3.091	−0.009		
	ATE			−0.009		
掌握任务的动机	未匹配	3.056	3.159	−0.103	0.013	−8.080
	ATT	3.056	3.087	−0.032	0.014	−2.320
	ATU	3.160	3.125	−0.035		
	ATE			−0.034		
害怕失败	未匹配	2.836	2.614	0.222	0.018	12.580
	ATT	2.835	2.640	0.195	0.019	10.150
	ATU	2.614	2.832	0.218		
	ATE			0.215		
积极情绪体验	未匹配	3.176	3.369	−0.193	0.013	−14.430
	ATT	3.176	3.301	−0.126	0.016	−8.010
	ATU	3.369	3.262	−0.106		

续表

变量	样本	受欺凌组	未受欺凌组	两组差异	标准误	t
	ATE			-0.109		
自我效能感	未匹配	2.861	2.967	-0.106	0.012	-8.640
	ATT	2.861	2.921	-0.060	0.014	-4.440
	ATU	2.967	2.908	-0.059		
	ATE			-0.059		

表 3-3-31 总的欺凌对学生表现的影响效应（核匹配）

变量	样本	受欺凌组	未受欺凌组	两组差异	标准误	t
对学校的感受						
生活满意度	未匹配	5.606	6.888	-1.282	0.063	-20.390
	ATT	5.606	6.594	-0.988	0.073	-13.620
	ATU	6.888	5.868	-1.020		
	ATE			-1.015		
对学校价值的看待	未匹配	3.341	3.458	-0.118	0.016	-7.430
	ATT	3.341	3.376	-0.035	0.017	-2.030
	ATU	3.459	3.416	-0.042		
	ATE			-0.041		
学习目标	未匹配	3.261	3.419	-0.159	0.022	-7.300
	ATT	3.261	3.288	-0.027	0.023	-1.180
	ATU	3.419	3.381	-0.039		
	ATE			-0.037		
学校归属感	未匹配	2.647	3.015	-0.369	0.014	-27.000
	ATT	2.647	2.938	-0.292	0.016	-18.630
	ATU	3.015	2.707	-0.308		
	ATE			-0.306		
感知同伴竞争	未匹配	2.765	2.530	0.235	0.018	13.400
	ATT	2.765	2.538	0.227	0.019	11.980
	ATU	2.530	2.773	0.244		
	ATE			0.241		
感知同伴合作	未匹配	2.645	2.889	-0.244	0.019	-13.110
	ATT	2.645	2.767	-0.122	0.020	-6.110
	ATU	2.889	2.729	-0.160		
	ATE			-0.154		
反对欺凌态度	未匹配	3.244	3.217	0.027	0.014	1.930
	ATT	3.244	3.141	0.103	0.015	6.900
	ATU	3.217	3.300	0.083		
	ATE			0.086		
对未来的期待						
教育期望	未匹配	0.599	0.657	-0.058	0.012	-4.750
	ATT	0.599	0.592	0.006	0.013	0.490
	ATU	0.657	0.637	-0.020		
	ATE			-0.016		
智力可塑性	未匹配	2.525	2.610	-0.085	0.023	-3.650
	ATT	2.525	2.604	-0.079	0.025	-3.120
	ATU	2.610	2.524	-0.086		
	ATE			-0.084		

续表

变量	样本	受欺凌组	未受欺凌组	两组差异	标准误	t
生命意义	未匹配	2.691	2.870	-0.179	0.017	-10.360
	ATT	2.691	2.812	-0.121	0.019	-6.390
	ATU	2.870	2.750	-0.120		
	ATE			-0.120		
非认知表现						
竞争态度	未匹配	3.042	3.100	-0.058	0.014	-4.130
	ATT	3.042	3.056	-0.013	0.015	-0.880
	ATU	3.100	3.087	-0.013		
	ATE			-0.013		
掌握任务的动机	未匹配	3.056	3.159	-0.103	0.013	-8.080
	ATT	3.056	3.091	-0.035	0.014	-2.620
	ATU	3.160	3.116	-0.043		
	ATE			-0.042		
害怕失败	未匹配	2.836	2.614	0.222	0.018	12.580
	ATT	2.836	2.638	0.197	0.019	10.360
	ATU	2.614	2.831	0.217		
	ATE			0.214		
积极情绪体验	未匹配	3.176	3.369	-0.193	0.013	-14.430
	ATT	3.176	3.305	-0.129	0.016	-8.270
	ATU	3.369	3.251	-0.117		
	ATE			-0.119		
自我效能感	未匹配	2.861	2.967	-0.106	0.012	-8.640
	ATT	2.861	2.923	-0.062	0.013	-4.600
	ATU	2.967	2.903	-0.065		
	ATE			-0.064		

表 3-3-32　总的欺凌对学生表现的影响效应（马氏距离匹配）

变量	样本	受欺凌组	未受欺凌组	两组差异	标准误	t
对学校的感受						
生活满意度	未匹配	5.606	6.888	-1.282	0.063	-20.390
	ATT	5.609	6.574	-0.965	0.097	-9.990
	ATU	6.888	5.811	-1.078		
	ATE			-1.059		
对学校价值的看待	未匹配	3.341	3.458	-0.118	0.016	-7.430
	ATT	3.340	3.398	-0.058	0.023	-2.490
	ATU	3.459	3.433	-0.025		
	ATE			-0.031		
学习目标	未匹配	3.261	3.419	-0.159	0.022	-7.300
	ATT	3.260	3.273	-0.013	0.032	-0.410
	ATU	3.419	3.433	0.013		
	ATE			0.009		
学校归属感	未匹配	2.647	3.015	-0.369	0.014	-27.000
	ATT	2.646	2.939	-0.293	0.020	-14.350
	ATU	3.015	2.710	-0.305		
	ATE			-0.303		
感知同伴竞争	未匹配	2.765	2.530	0.235	0.018	13.400

续表

变量	样本	受欺凌组	未受欺凌组	两组差异	标准误	t
	ATT	2.765	2.562	0.203	0.026	7.910
	ATU	2.529	2.780	0.250		
	ATE			0.243		
感知同伴合作	未匹配	2.645	2.889	-0.244	0.019	-13.110
	ATT	2.646	2.794	-0.148	0.027	-5.480
	ATU	2.889	2.746	-0.144		
	ATE			-0.144		
反对欺凌态度	未匹配	3.244	3.217	0.027	0.014	1.930
	ATT	3.244	3.131	0.113	0.020	5.550
	ATU	3.217	3.319	0.102		
	ATE			0.104		
对未来的期待						
教育期望	未匹配	0.599	0.657	-0.058	0.012	-4.750
	ATT	0.599	0.595	0.004	0.018	0.220
	ATU	0.657	0.655	-0.002		
	ATE			-0.001		
智力可塑性	未匹配	2.525	2.610	-0.085	0.023	-3.650
	ATT	2.526	2.614	-0.088	0.034	-2.580
	ATU	2.610	2.554	-0.056		
	ATE			-0.061		
生命意义	未匹配	2.691	2.870	-0.179	0.017	-10.360
	ATT	2.691	2.820	-0.129	0.026	-5.030
	ATU	2.870	2.764	-0.106		
	ATE			-0.110		
竞争态度	未匹配					
	ATT	3.042	3.100	-0.058	0.014	-4.130
	ATU	3.042	3.079	-0.037	0.020	-1.800
	ATE	3.100	3.123	0.023	0.013	
非认知表现						
掌握任务的动机	未匹配	3.056	3.159	-0.103	0.013	-8.080
	ATT	3.056	3.091	-0.035	0.018	-1.910
	ATU	3.159	3.154	-0.006		
	ATE			-0.010		
害怕失败	未匹配	2.836	2.614	0.222	0.018	12.580
	ATT	2.835	2.628	0.207	0.026	8.090
	ATU	2.614	2.816	0.203		
	ATE			0.203		
积极情绪体验	未匹配	3.176	3.369	-0.193	0.013	-14.430
	ATT	3.176	3.337	-0.161	0.020	-7.990
	ATU	3.369	3.258	-0.111		
	ATE			-0.119		
自我效能感	未匹配	2.861	2.967	-0.106	0.012	-8.640
	ATT	2.861	2.923	-0.062	0.018	-3.470
	ATU	2.967	2.931	-0.037		
	ATE			-0.041		

表 3-3-33　关系欺凌对学生表现的影响效应（近邻匹配）

变量	样本	受欺凌组	未受欺凌组	两组差异	标准误	t
对学校的感受						
生活满意度	未匹配	5.196	6.797	-1.601	0.089	-17.940
	ATT	5.208	6.411	-1.203	0.117	-10.320
	ATU	6.788	5.466	-1.322		
	ATE			-1.313		
对学校价值的看待	未匹配	3.290	3.451	-0.161	0.022	-7.170
	ATT	3.295	3.358	-0.062	0.028	-2.220
	ATU	3.450	3.377	-0.073		
	ATE			-0.072		
学习目标	未匹配	3.230	3.406	-0.177	0.031	-5.760
	ATT	3.231	3.232	-0.001	0.036	-0.020
	ATU	3.402	3.390	-0.013		
	ATE			-0.012		
学校归属感	未匹配	2.435	2.996	-0.561	0.019	-29.250
	ATT	2.436	2.899	-0.464	0.024	-19.360
	ATU	2.994	2.442	-0.552		
	ATE			-0.545		
感知同伴竞争	未匹配	2.828	2.547	0.281	0.025	11.280
	ATT	2.830	2.549	0.281	0.031	9.180
	ATU	2.549	2.870	0.321		
	ATE			0.318		
感知同伴合作	未匹配	2.575	2.871	-0.296	0.026	-11.250
	ATT	2.578	2.748	-0.170	0.032	-5.350
	ATU	2.869	2.639	-0.230		
	ATE			-0.226		
反对欺凌态度	未匹配	3.257	3.219	0.038	0.020	1.940
	ATT	3.257	3.134	0.123	0.024	5.100
	ATU	3.218	3.327	0.109		
	ATE			0.110		
对未来的期待						
教育期望	未匹配	0.592	0.652	-0.060	0.017	-3.470
	ATT	0.593	0.571	0.022	0.020	1.120
	ATU	0.652	0.662	0.010		
	ATE			0.011		
智力可塑性	未匹配	2.496	2.604	-0.108	0.033	-3.290
	ATT	2.500	2.604	-0.104	0.039	-2.660
	ATU	2.601	2.404	-0.197		
	ATE			-0.190		
生命意义	未匹配	2.687	2.853	-0.166	0.024	-6.790
	ATT	2.688	2.797	-0.109	0.030	-3.600
	ATU	2.850	2.756	-0.094		
	ATE			-0.095		
非认知表现						
竞争态度	未匹配	3.052	3.094	-0.042	0.020	-2.120
	ATT	3.054	3.057	-0.003	0.025	-0.110
	ATU	3.092	3.116	0.024		
	ATE			0.022		

续表

变量	样本	受欺凌组	未受欺凌组	两组差异	标准误	t
掌握任务的动机	未匹配	3.112	3.145	-0.033	0.018	-1.840
	ATT	3.113	3.063	0.050	0.022	2.320
	ATU	3.142	3.209	0.067		
	ATE			0.066		
害怕失败	未匹配	2.861	2.633	0.228	0.025	9.090
	ATT	2.861	2.688	0.172	0.030	5.670
	ATU	2.636	2.874	0.238		
	ATE			0.233		
积极情绪体验	未匹配	3.094	3.357	-0.263	0.019	-13.930
	ATT	3.095	3.272	-0.176	0.025	-7.060
	ATU	3.355	3.140	-0.215		
	ATE			-0.212		
自我效能感	未匹配	2.863	2.957	-0.094	0.017	-5.450
	ATT	2.864	2.914	-0.050	0.021	-2.350
	ATU	2.956	2.916	-0.040		
	ATE			-0.040		

表 3-3-34 关系欺凌对学生表现的影响效应（半径匹配）

变量	样本	受欺凌组	未受欺凌组	两组差异	标准误	t
对学校的感受						
生活满意度	未匹配	5.196	6.797	-1.601	0.089	-17.940
	ATT	5.208	6.424	-1.216	0.109	-11.170
	ATU	6.788	5.500	-1.288		
	ATE			-1.282		
对学校价值的看待	未匹配	3.290	3.451	-0.161	0.022	-7.170
	ATT	3.295	3.355	-0.059	0.026	-2.260
	ATU	3.450	3.371	-0.078		
	ATE			-0.077		
学习目标	未匹配	3.230	3.406	-0.177	0.031	-5.760
	ATT	3.231	3.253	-0.022	0.033	-0.640
	ATU	3.402	3.375	-0.027		
	ATE			-0.027		
学校归属感	未匹配	2.435	2.996	-0.561	0.019	-29.250
	ATT	2.436	2.898	-0.462	0.022	-20.640
	ATU	2.994	2.444	-0.550		
	ATE			-0.543		
感知同伴竞争	未匹配	2.828	2.547	0.281	0.025	11.280
	ATT	2.830	2.561	0.269	0.029	9.420
	ATU	2.549	2.849	0.300		
	ATE			0.298		
感知同伴合作	未匹配	2.575	2.871	-0.296	0.026	-11.250
	ATT	2.578	2.728	-0.150	0.030	-5.050
	ATU	2.869	2.643	-0.227		
	ATE			-0.221		
反对欺凌态度	未匹配	3.257	3.219	0.038	0.020	1.940
	ATT	3.257	3.128	0.129	0.022	5.750
	ATU	3.218	3.319	0.101		

变量	样本	受欺凌组	未受欺凌组	两组差异	标准误	t
	ATE			0.103		
对未来的期待						
教育期望	未匹配	0.592	0.652	-0.060	0.017	-3.470
	ATT	0.593	0.577	0.017	0.018	0.920
	ATU	0.652	0.660	0.008		
	ATE			0.009		
智力可塑性	未匹配	2.496	2.604	-0.108	0.033	-3.290
	ATT	2.500	2.582	-0.082	0.036	-2.270
	ATU	2.601	2.453	-0.148		
	ATE			-0.143		
生命意义	未匹配	2.687	2.853	-0.166	0.024	-6.790
	ATT	2.688	2.783	-0.096	0.028	-3.370
	ATU	2.850	2.769	-0.081		
	ATE			-0.082		
非认知表现						
竞争态度	未匹配	3.052	3.094	-0.042	0.020	-2.120
	ATT	3.054	3.043	0.011	0.023	0.490
	ATU	3.092	3.127	0.034		
	ATE			0.033		
掌握任务的动机	未匹配	3.112	3.145	-0.033	0.018	-1.840
	ATT	3.113	3.063	0.050	0.020	2.490
	ATU	3.142	3.211	0.069		
	ATE			0.068		
害怕失败	未匹配	2.861	2.633	0.228	0.025	9.090
	ATT	2.861	2.672	0.189	0.028	6.650
	ATU	2.636	2.853	0.217		
	ATE			0.215		
积极情绪体验	未匹配	3.094	3.357	-0.263	0.019	-13.930
	ATT	3.095	3.278	-0.183	0.023	-7.820
	ATU	3.355	3.157	-0.198		
	ATE			-0.197		
自我效能感	未匹配	2.863	2.957	-0.094	0.017	-5.450
	ATT	2.864	2.905	-0.041	0.020	-2.020
	ATU	2.956	2.918	-0.037		
	ATE			-0.038		

表 3-3-35 关系欺凌对学生表现的影响效应（核匹配）

变量	样本	受欺凌组	未受欺凌组	两组差异	标准误	t
对学校的感受						
生活满意度	未匹配	5.196	6.797	-1.601	0.089	-17.940
	ATT	5.196	6.465	-1.269	0.108	-11.730
	ATU	6.784	5.467	-1.318		
	ATE			-1.314		
对学校价值的看待	未匹配	3.290	3.451	-0.161	0.022	-7.170
	ATT	3.290	3.369	-0.078	0.026	-2.990
	ATU	3.449	3.372	-0.077		
	ATE			-0.077		

续表

变量	样本	受欺凌组	未受欺凌组	两组差异	标准误	t
学习目标	未匹配	3.230	3.406	-0.177	0.031	-5.760
	ATT	3.230	3.273	-0.043	0.033	-1.300
	ATU	3.401	3.335	-0.066		
	ATE			-0.064		
学校归属感	未匹配	2.435	2.996	-0.561	0.019	-29.250
	ATT	2.435	2.914	-0.479	0.022	-21.600
	ATU	2.994	2.460	-0.533		
	ATE			-0.529		
感知同伴竞争	未匹配	2.828	2.547	0.281	0.025	11.280
	ATT	2.828	2.560	0.268	0.028	9.500
	ATU	2.549	2.830	0.281		
	ATE			0.280		
感知同伴合作	未匹配	2.575	2.871	-0.296	0.026	-11.250
	ATT	2.575	2.747	-0.173	0.029	-5.880
	ATU	2.868	2.630	-0.238		
	ATE			-0.233		
反对欺凌态度	未匹配	3.257	3.219	0.038	0.020	1.940
	ATT	3.257	3.142	0.115	0.022	5.210
	ATU	3.217	3.290	0.072		
	ATE			0.076		
对未来的期待						
教育期望	未匹配	0.592	0.652	-0.060	0.017	-3.470
	ATT	0.592	0.590	0.002	0.018	0.120
	ATU	0.652	0.638	-0.015		
	ATE			-0.013		
智力可塑性	未匹配	2.496	2.604	-0.108	0.033	-3.290
	ATT	2.496	2.590	-0.093	0.036	-2.610
	ATU	2.602	2.502	-0.100		
	ATE			-0.099		
生命意义	未匹配	2.687	2.853	-0.166	0.024	-6.790
	ATT	2.687	2.796	-0.109	0.028	-3.900
	ATU	2.850	2.753	-0.098		
	ATE			-0.099		
非认知表现						
竞争态度	未匹配	3.052	3.094	-0.042	0.020	-2.120
	ATT	3.052	3.049	0.003	0.023	0.120
	ATU	3.092	3.123	0.031		
	ATE			0.028		
掌握任务的动机	未匹配	3.112	3.145	-0.033	0.018	-1.840
	ATT	3.112	3.075	0.037	0.020	1.840
	ATU	3.142	3.178	0.036		
	ATE			0.036		
害怕失败	未匹配	2.861	2.633	0.228	0.025	9.090
	ATT	2.861	2.665	0.196	0.028	6.980
	ATU	2.636	2.842	0.206		
	ATE			0.206		
积极情绪体验	未匹配	3.094	3.357	-0.263	0.019	-13.930

续表

变量	样本	受欺凌组	未受欺凌组	两组差异	标准误	t
	ATT	3.094	3.288	-0.194	0.023	-8.390
	ATU	3.354	3.149	-0.205		
	ATE			-0.204		
自我效能感	未匹配	2.863	2.957	-0.094	0.017	-5.450
	ATT	2.863	2.911	-0.049	0.020	-2.460
	ATU	2.955	2.906	-0.049		
	ATE			-0.049		

表 3-3-36 关系欺凌对学生表现的影响效应（马氏距离匹配）

变量	样本	受欺凌组	未受欺凌组	两组差异	标准误	t
对学校的感受						
生活满意度	未匹配	5.196	6.797	-1.601	0.089	-17.940
	ATT	5.216	6.472	-1.256	0.145	-8.670
	ATU	6.802	5.410	-1.392		
	ATE			-1.382		
对学校价值的看待	未匹配	3.290	3.451	-0.161	0.022	-7.170
	ATT	3.296	3.369	-0.073	0.035	-2.100
	ATU	3.452	3.379	-0.074		
	ATE			-0.074		
学习目标	未匹配	3.230	3.406	-0.177	0.031	-5.760
	ATT	3.230	3.212	0.018	0.047	0.400
	ATU	3.408	3.393	-0.015		
	ATE			-0.013		
学校归属感	未匹配	2.435	2.996	-0.561	0.019	-29.250
	ATT	2.437	2.908	-0.471	0.029	-16.040
	ATU	2.997	2.445	-0.553		
	ATE			-0.547		
感知同伴竞争	未匹配	2.828	2.547	0.281	0.025	11.280
	ATT	2.829	2.533	0.296	0.038	7.790
	ATU	2.547	2.874	0.327		
	ATE			0.325		
感知同伴合作	未匹配	2.575	2.871	-0.296	0.026	-11.250
	ATT	2.580	2.734	-0.154	0.040	-3.830
	ATU	2.873	2.679	-0.194		
	ATE			-0.191		
反对欺凌态度	未匹配	3.257	3.219	0.038	0.020	1.940
	ATT	3.256	3.140	0.117	0.031	3.770
	ATU	3.220	3.331	0.111		
	ATE			0.112		
对未来的期待						
教育期望	未匹配	0.592	0.652	-0.060	0.017	-3.470
	ATT	0.594	0.571	0.022	0.026	0.860
	ATU	0.652	0.675	0.023		
	ATE			0.023		
智力可塑性	未匹配	2.496	2.604	-0.108	0.033	-3.290
	ATT	2.500	2.615	-0.115	0.049	-2.360
	ATU	2.603	2.448	-0.155		

续表

变量	样本	受欺凌组	未受欺凌组	两组差异	标准误	t
	ATE			-0.152		
生命意义	未匹配	2.687	2.853	-0.166	0.024	-6.790
	ATT	2.687	2.784	-0.097	0.038	-2.570
	ATU	2.853	2.726	-0.126		
	ATE			-0.124		
非认知表现						
竞争态度	未匹配	3.052	3.094	-0.042	0.020	-2.120
	ATT	3.052	3.076	-0.024	0.030	-0.800
	ATU	3.094	3.091	-0.003		
	ATE			-0.005		
掌握任务的动机	未匹配	3.112	3.145	-0.033	0.018	-1.840
	ATT	3.112	3.065	0.047	0.027	1.750
	ATU	3.145	3.211	0.065		
	ATE			0.064		
害怕失败	未匹配	2.861	2.633	0.228	0.025	9.090
	ATT	2.862	2.666	0.195	0.038	5.110
	ATU	2.633	2.899	0.266		
	ATE			0.260		
积极情绪体验	未匹配	3.094	3.357	-0.263	0.019	-13.930
	ATT	3.097	3.288	-0.191	0.030	-6.290
	ATU	3.358	3.163	-0.195		
	ATE			-0.194		
自我效能感	未匹配	2.863	2.957	-0.094	0.017	-5.450
	ATT	2.863	2.921	-0.058	0.026	-2.210
	ATU	2.958	2.909	-0.048		
	ATE			-0.049		

表 3-3-37 言语欺凌对学生表现的影响效应（近邻匹配）

变量	样本	受欺凌组	未受欺凌组	两组差异	标准误	t
对学校的感受						
生活满意度	未匹配	5.458	6.816	-1.359	0.077	-17.550
	ATT	5.466	6.488	-1.021	0.098	-10.450
	ATU	6.814	5.713	-1.102		
	ATE			-1.094		
对学校价值的看待	未匹配	3.338	3.451	-0.112	0.019	-5.770
	ATT	3.340	3.337	0.003	0.023	0.110
	ATU	3.450	3.428	-0.022		
	ATE			-0.019		
学习目标	未匹配	3.239	3.411	-0.172	0.027	-6.450
	ATT	3.238	3.280	-0.041	0.031	-1.350
	ATU	3.410	3.364	-0.047		
	ATE			-0.046		
学校归属感	未匹配	2.569	2.998	-0.429	0.017	-25.560
	ATT	2.570	2.917	-0.347	0.021	-16.630
	ATU	2.998	2.640	-0.358		
	ATE			-0.357		
感知同伴竞争	未匹配	2.804	2.541	0.263	0.022	12.190

续表

变量	样本	受欺凌组	未受欺凌组	两组差异	标准误	t
	ATT	2.803	2.568	0.235	0.025	9.280
	ATU	2.542	2.831	0.289		
	ATE			0.284		
感知同伴合作	未匹配	2.610	2.876	−0.267	0.023	−11.680
	ATT	2.612	2.760	−0.148	0.027	−5.560
	ATU	2.876	2.702	−0.175		
	ATE			−0.172		
反对欺凌态度	未匹配	3.267	3.216	0.050	0.017	2.940
	ATT	3.266	3.134	0.132	0.020	6.650
	ATU	3.217	3.323	0.106		
	ATE			0.109		
对未来的期待						
教育期望	未匹配	0.616	0.651	−0.036	0.015	−2.360
	ATT	0.616	0.602	0.014	0.017	0.830
	ATU	0.652	0.671	0.020		
	ATE			0.019		
智力可塑性	未匹配	2.492	2.608	−0.116	0.028	−4.100
	ATT	2.491	2.583	−0.091	0.034	−2.710
	ATU	2.607	2.502	−0.105		
	ATE			−0.104		
生命意义	未匹配	2.675	2.859	−0.184	0.021	−8.700
	ATT	2.674	2.807	−0.132	0.025	−5.200
	ATU	2.858	2.745	−0.114		
	ATE			−0.116		
非认知表现						
竞争态度	未匹配	3.034	3.097	−0.063	0.017	−3.690
	ATT	3.032	3.063	−0.031	0.020	−1.510
	ATU	3.097	3.070	−0.027		
	ATE			−0.027		
掌握任务的动机	未匹配	3.060	3.152	−0.092	0.016	−5.850
	ATT	3.059	3.082	−0.023	0.018	−1.300
	ATU	3.152	3.112	−0.040		
	ATE			−0.038		
害怕失败	未匹配	2.849	2.628	0.221	0.022	10.200
	ATT	2.849	2.652	0.197	0.025	7.820
	ATU	2.629	2.846	0.218		
	ATE			0.216		
积极情绪体验	未匹配	3.130	3.360	−0.230	0.016	−14.050
	ATT	3.131	3.288	−0.157	0.021	−7.520
	ATU	3.360	3.219	−0.141		
	ATE			−0.143		
自我效能感	未匹配	2.848	2.961	−0.114	0.015	−7.570
	ATT	2.847	2.924	−0.078	0.018	−4.320
	ATU	2.961	2.877	−0.084		
	ATE			−0.084		

表 3-3-38 言语欺凌对学生表现的影响效应（半径匹配）

变量	样本	受欺凌组	未受欺凌组	两组差异	标准误	t
对学校的感受						
生活满意度	未匹配	5.458	6.816	-1.359	0.077	-17.550
	ATT	5.466	6.489	-1.022	0.091	-11.220
	ATU	6.814	5.708	-1.107		
	ATE			-1.098		
对学校价值的看待	未匹配	3.338	3.451	-0.112	0.019	-5.770
	ATT	3.340	3.362	-0.022	0.022	-1.010
	ATU	3.450	3.419	-0.032		
	ATE			-0.031		
学习目标	未匹配	3.239	3.411	-0.172	0.027	-6.450
	ATT	3.238	3.275	-0.037	0.028	-1.290
	ATU	3.410	3.358	-0.053		
	ATE			-0.051		
学校归属感	未匹配	2.569	2.998	-0.429	0.017	-25.560
	ATT	2.570	2.919	-0.349	0.020	-17.770
	ATU	2.998	2.631	-0.367		
	ATE			-0.365		
感知同伴竞争	未匹配	2.804	2.541	0.263	0.022	12.190
	ATT	2.803	2.563	0.240	0.024	10.160
	ATU	2.542	2.820	0.278		
	ATE			0.274		
感知同伴合作	未匹配	2.610	2.876	-0.267	0.023	-11.680
	ATT	2.612	2.754	-0.142	0.025	-5.740
	ATU	2.876	2.694	-0.183		
	ATE			-0.179		
反对欺凌态度	未匹配	3.267	3.216	0.050	0.017	2.940
	ATT	3.266	3.138	0.128	0.018	7.020
	ATU	3.217	3.322	0.106		
	ATE			0.108		
对未来的期待						
教育期望	未匹配	0.616	0.651	-0.036	0.015	-2.360
	ATT	0.616	0.598	0.018	0.016	1.110
	ATU	0.652	0.655	0.003		
	ATE			0.005		
智力可塑性	未匹配	2.492	2.608	-0.116	0.028	-4.100
	ATT	2.491	2.598	-0.107	0.031	-3.410
	ATU	2.607	2.500	-0.107		
	ATE			-0.107		
生命意义	未匹配	2.675	2.859	-0.184	0.021	-8.700
	ATT	2.674	2.802	-0.127	0.024	-5.380
	ATU	2.858	2.738	-0.120		
	ATE			-0.121		
非认知表现						
竞争态度	未匹配	3.034	3.097	-0.063	0.017	-3.690
	ATT	3.032	3.057	-0.024	0.019	-1.280
	ATU	3.097	3.069	-0.028		
	ATE			-0.028		

续表

变量	样本	受欺凌组	未受欺凌组	两组差异	标准误	t
掌握任务的动机	未匹配	3.060	3.152	−0.092	0.016	−5.850
	ATT	3.059	3.083	−0.024	0.017	−1.470
	ATU	3.152	3.117	−0.034		
	ATE			−0.033		
害怕失败	未匹配	2.849	2.628	0.221	0.022	10.200
	ATT	2.849	2.648	0.201	0.023	8.560
	ATU	2.629	2.841	0.212		
	ATE			0.211		
积极情绪体验	未匹配	3.130	3.360	−0.230	0.016	−14.050
	ATT	3.131	3.288	−0.156	0.020	−7.990
	ATU	3.360	3.219	−0.141		
	ATE			−0.142		
自我效能感	未匹配	2.848	2.961	−0.114	0.015	−7.570
	ATT	2.847	2.920	−0.074	0.017	−4.370
	ATU	2.961	2.873	−0.088		
	ATE			−0.086		

表 3-3-39　言语欺凌对学生表现的影响效应（核匹配）

变量	样本	受欺凌组	未受欺凌组	两组差异	标准误	t
对学校的感受						
生活满意度	未匹配	5.458	6.816	−1.359	0.077	−17.550
	ATT	5.458	6.515	−1.057	0.091	−11.660
	ATU	6.813	5.685	−1.128		
	ATE			−1.121		
对学校价值的看待	未匹配	3.338	3.451	−0.112	0.019	−5.770
	ATT	3.338	3.371	−0.033	0.022	−1.530
	ATU	3.450	3.419	−0.031		
	ATE			−0.031		
学习目标	未匹配	3.239	3.411	−0.172	0.027	−6.450
	ATT	3.239	3.290	−0.051	0.028	−1.790
	ATU	3.410	3.339	−0.070		
	ATE			−0.068		
学校归属感	未匹配	2.569	2.998	−0.429	0.017	−25.560
	ATT	2.569	2.926	−0.356	0.020	−18.250
	ATU	2.998	2.622	−0.376		
	ATE			−0.374		
感知同伴竞争	未匹配	2.804	2.541	0.263	0.022	12.190
	ATT	2.804	2.559	0.245	0.023	10.450
	ATU	2.542	2.822	0.280		
	ATE			0.277		
感知同伴合作	未匹配	2.610	2.876	−0.267	0.023	−11.680
	ATT	2.610	2.766	−0.156	0.025	−6.350
	ATU	2.876	2.679	−0.197		
	ATE			−0.193		
反对欺凌态度	未匹配	3.267	3.216	0.050	0.017	2.940
	ATT	3.267	3.148	0.119	0.018	6.590
	ATU	3.216	3.317	0.101		

续表

变量	样本	受欺凌组	未受欺凌组	两组差异	标准误	t
	ATE			0.103		
对未来的期待						
教育期望	未匹配	0.616	0.651	-0.036	0.015	-2.360
	ATT	0.616	0.602	0.014	0.016	0.900
	ATU	0.651	0.655	0.004		
	ATE			0.005		
智力可塑性	未匹配	2.492	2.608	-0.116	0.028	-4.100
	ATT	2.492	2.602	-0.110	0.031	-3.560
	ATU	2.608	2.500	-0.108		
	ATE			-0.108		
生命意义	未匹配	2.675	2.859	-0.184	0.021	-8.700
	ATT	2.675	2.805	-0.130	0.023	-5.520
	ATU	2.858	2.735	-0.123		
	ATE			-0.124		
非认知表现						
竞争态度	未匹配	3.034	3.097	-0.063	0.017	-3.690
	ATT	3.034	3.058	-0.024	0.019	-1.270
	ATU	3.097	3.071	-0.026		
	ATE			-0.026		
掌握任务的动机	未匹配	3.060	3.152	-0.092	0.016	-5.850
	ATT	3.060	3.088	-0.029	0.016	-1.730
	ATU	3.151	3.113	-0.038		
	ATE			-0.037		
害怕失败	未匹配	2.849	2.628	0.221	0.022	10.200
	ATT	2.849	2.649	0.199	0.023	8.540
	ATU	2.629	2.844	0.215		
	ATE			0.214		
积极情绪体验	未匹配	3.130	3.360	-0.230	0.016	-14.050
	ATT	3.130	3.294	-0.164	0.019	-8.400
	ATU	3.360	3.202	-0.157		
	ATE			-0.158		
自我效能感	未匹配	2.848	2.961	-0.114	0.015	-7.570
	ATT	2.848	2.924	-0.076	0.017	-4.540
	ATU	2.961	2.872	-0.089		
	ATE			-0.087		

表 3-3-40 言语欺凌对学生表现的影响效应（马氏距离匹配）

变量	样本	受欺凌组	未受欺凌组	两组差异	标准误	t
对学校的感受						
生活满意度	未匹配	5.458	6.816	-1.359	0.077	-17.550
	ATT	5.464	6.421	-0.957	0.122	-7.870
	ATU	6.819	5.740	-1.079		
	ATE			-1.067		
对学校价值的看待	未匹配	3.338	3.451	-0.112	0.019	-5.770
	ATT	3.341	3.336	0.005	0.029	0.160
	ATU	3.451	3.422	-0.029		
	ATE			-0.025		

续表

变量	样本	受欺凌组	未受欺凌组	两组差异	标准误	t
学习目标	未匹配	3.239	3.411	-0.172	0.027	-6.450
	ATT	3.239	3.289	-0.050	0.040	-1.250
	ATU	3.412	3.340	-0.071		
	ATE			-0.069		
学校归属感	未匹配	2.569	2.998	-0.429	0.017	-25.560
	ATT	2.570	2.928	-0.358	0.025	-14.240
	ATU	2.999	2.646	-0.352		
	ATE			-0.353		
感知同伴竞争	未匹配	2.804	2.541	0.263	0.022	12.190
	ATT	2.804	2.564	0.240	0.032	7.620
	ATU	2.541	2.835	0.294		
	ATE			0.288		
感知同伴合作	未匹配	2.610	2.876	-0.267	0.023	-11.680
	ATT	2.612	2.748	-0.136	0.034	-3.980
	ATU	2.877	2.699	-0.178		
	ATE			-0.174		
反对欺凌态度	未匹配	3.267	3.216	0.050	0.017	2.940
	ATT	3.267	3.136	0.132	0.026	5.090
	ATU	3.217	3.312	0.096		
	ATE			0.099		
对未来的期待						
教育期望	未匹配	0.616	0.651	-0.036	0.015	-2.360
	ATT	0.616	0.591	0.025	0.022	1.140
	ATU	0.651	0.673	0.022		
	ATE			0.022		
智力可塑性	未匹配	2.492	2.608	-0.116	0.028	-4.100
	ATT	2.493	2.514	-0.022	0.042	-0.510
	ATU	2.608	2.529	-0.079		
	ATE			-0.073		
生命意义	未匹配	2.675	2.859	-0.184	0.021	-8.700
	ATT	2.675	2.796	-0.121	0.031	-3.890
	ATU	2.860	2.779	-0.081		
	ATE			-0.085		
非认知表现						
竞争态度	未匹配	3.034	3.097	-0.063	0.017	-3.690
	ATT	3.033	3.060	-0.027	0.026	-1.060
	ATU	3.098	3.073	-0.024		
	ATE			-0.025		
掌握任务的动机	未匹配	3.060	3.152	-0.092	0.016	-5.850
	ATT	3.059	3.072	-0.013	0.022	-0.580
	ATU	3.152	3.122	-0.031		
	ATE			-0.029		
害怕失败	未匹配	2.849	2.628	0.221	0.022	10.200
	ATT	2.849	2.654	0.195	0.032	6.170
	ATU	2.627	2.820	0.193		
	ATE			0.193		
积极情绪体验	未匹配	3.130	3.360	-0.230	0.016	-14.050

变量	样本	受欺凌组	未受欺凌组	两组差异	标准误	t
	ATT	3.131	3.276	−0.144	0.026	−5.640
	ATU	3.361	3.251	−0.110		
	ATE			−0.114		
自我效能感	未匹配	2.848	2.961	−0.114	0.015	−7.570
	ATT	2.846	2.927	−0.081	0.022	−3.690
	ATU	2.962	2.878	−0.084		
	ATE			−0.084		

表 3-3-41 肢体欺凌对学生表现的影响效应（近邻匹配）

变量	样本	受欺凌组	未受欺凌组	两组差异	标准误	t
对学校的感受						
生活满意度	未匹配	5.632	6.791	−1.158	0.079	−14.600
	ATT	5.637	6.425	−0.788	0.099	−7.980
	ATU	6.785	6.007	−0.778		
	ATE			−0.779		
对学校价值的看待	未匹配	3.323	3.452	−0.128	0.020	−6.470
	ATT	3.323	3.347	−0.024	0.024	−1.030
	ATU	3.451	3.427	−0.024		
	ATE			−0.024		
学习目标	未匹配	3.235	3.410	−0.175	0.027	−6.450
	ATT	3.233	3.255	−0.021	0.032	−0.660
	ATU	3.407	3.389	−0.018		
	ATE			−0.018		
学校归属感	未匹配	2.663	2.986	−0.323	0.017	−18.630
	ATT	2.663	2.883	−0.220	0.021	−10.360
	ATU	2.984	2.778	−0.206		
	ATE			−0.207		
感知同伴竞争	未匹配	2.758	2.548	0.210	0.022	9.530
	ATT	2.758	2.552	0.206	0.026	8.050
	ATU	2.548	2.753	0.205		
	ATE			0.205		
感知同伴合作	未匹配	2.658	2.870	−0.212	0.023	−9.060
	ATT	2.659	2.716	−0.057	0.027	−2.090
	ATU	2.865	2.793	−0.072		
	ATE			−0.070		
反对欺凌态度	未匹配	3.234	3.220	0.014	0.018	0.780
	ATT	3.234	3.125	0.109	0.020	5.370
	ATU	3.219	3.318	0.099		
	ATE			0.100		
对未来的期待						
教育期望	未匹配	0.556	0.658	−0.102	0.015	−6.640
	ATT	0.556	0.550	0.007	0.018	0.360
	ATU	0.655	0.611	−0.044		
	ATE			−0.039		
智力可塑性	未匹配	2.511	2.605	−0.094	0.029	−3.260
	ATT	2.512	2.603	−0.091	0.034	−2.680
	ATU	2.605	2.500	−0.105		

变量	样本	受欺凌组	未受欺凌组	两组差异	标准误	t
	ATE			−0.104		
生命意义	未匹配	2.701	2.855	−0.154	0.022	7.140
	ATT	2.702	2.780	−0.078	0.026	−3.030
	ATU	2.853	2.763	−0.091		
	ATE			−0.089		
非认知表现						
竞争态度	未匹配	3.037	3.096	−0.060	0.017	−3.420
	ATT	3.036	3.034	0.002	0.021	0.070
	ATU	3.095	3.085	−0.010		
	ATE			−0.009		
掌握任务的动机	未匹配	3.041	3.153	−0.112	0.016	−7.010
	ATT	3.041	3.082	−0.042	0.019	−2.240
	ATU	3.150	3.106	−0.044		
	ATE			−0.044		
害怕失败	未匹配	2.845	2.629	0.216	0.022	9.780
	ATT	2.844	2.653	0.191	0.026	7.420
	ATU	2.630	2.824	0.194		
	ATE			0.194		
积极情绪体验	未匹配	3.180	3.354	−0.174	0.017	−10.400
	ATT	3.179	3.274	−0.095	0.021	−4.500
	ATU	3.353	3.279	−0.074		
	ATE			−0.076		
自我效能感	未匹配	2.848	2.961	−0.112	0.015	−7.340
	ATT	2.848	2.903	−0.055	0.018	−3.000
	ATU	2.958	2.914	−0.044		
	ATE			−0.045		

表 3-3-42 肢体欺凌对学生表现的影响效应（半径匹配）

变量	样本	受欺凌组	未受欺凌组	两组差异	标准误	t
对学校的感受						
生活满意度	未匹配	5.632	6.791	−1.158	0.079	−14.600
	ATT	5.637	6.466	−0.829	0.092	−9.030
	ATU	6.785	5.982	−0.802		
	ATE			−0.805		
对学校价值的看待	未匹配	3.323	3.452	−0.128	0.020	−6.470
	ATT	3.323	3.354	−0.031	0.022	−1.420
	ATU	3.451	3.417	−0.034		
	ATE			−0.034		
学习目标	未匹配	3.235	3.410	−0.175	0.027	−6.450
	ATT	3.233	3.256	−0.023	0.030	−0.770
	ATU	3.407	3.395	−0.012		
	ATE			−0.013		
学校归属感	未匹配	2.663	2.986	−0.323	0.017	−18.630
	ATT	2.663	2.892	−0.230	0.020	−11.510
	ATU	2.984	2.767	−0.217		
	ATE			−0.218		
感知同伴竞争	未匹配	2.758	2.548	0.210	0.022	9.530

续表

变量	样本	受欺凌组	未受欺凌组	两组差异	标准误	t
	ATT	2.758	2.550	0.208	0.024	8.860
	ATU	2.548	2.763	0.215		
	ATE			0.214		
感知同伴合作	未匹配	2.658	2.870	-0.212	0.023	-9.060
	ATT	2.659	2.727	-0.068	0.025	-2.680
	ATU	2.865	2.775	-0.090		
	ATE			-0.088		
反对欺凌态度	未匹配	3.234	3.220	0.014	0.018	0.780
	ATT	3.234	3.133	0.101	0.019	5.420
	ATU	3.219	3.314	0.095		
	ATE			0.096		
对未来的期待						
教育期望	未匹配	0.556	0.658	-0.102	0.015	-6.640
	ATT	0.556	0.554	0.003	0.016	0.150
	ATU	0.655	0.620	-0.035		
	ATE			-0.031		
智力可塑性	未匹配	2.511	2.605	-0.094	0.029	-3.260
	ATT	2.512	2.614	-0.102	0.031	-3.230
	ATU	2.605	2.498	-0.107		
	ATE			-0.107		
生命意义	未匹配	2.701	2.855	-0.154	0.022	-7.140
	ATT	2.702	2.788	-0.086	0.024	-3.610
	ATU	2.853	2.765	-0.088		
	ATE			-0.088		
非认知表现						
竞争态度	未匹配	3.037	3.096	-0.060	0.017	-3.420
	ATT	3.036	3.045	-0.009	0.020	-0.460
	ATU	3.095	3.093	-0.001		
	ATE			-0.002		
掌握任务的动机	未匹配	3.041	3.153	-0.112	0.016	-7.010
	ATT	3.041	3.079	-0.038	0.017	-2.210
	ATU	3.150	3.117	-0.033		
	ATE			-0.034		
害怕失败	未匹配	2.845	2.629	0.216	0.022	9.780
	ATT	2.844	2.661	0.183	0.024	7.680
	ATU	2.630	2.830	0.200		
	ATE			0.198		
积极情绪体验	未匹配	3.180	3.354	-0.174	0.017	-10.400
	ATT	3.179	3.281	-0.103	0.020	-5.230
	ATU	3.353	3.278	-0.076		
	ATE			-0.078		
自我效能感	未匹配	2.848	2.961	-0.112	0.015	-7.340
	ATT	2.848	2.907	-0.059	0.017	-3.440
	ATU	2.958	2.914	-0.044		
	ATE			-0.046		

表 3-3-43 肢体欺凌对学生表现的影响效应（核匹配）

变量	样本	受欺凌组	未受欺凌组	两组差异	标准误	t
对学校的感受						
生活满意度	未匹配	5.632	6.791	-1.158	0.079	-14.600
	ATT	5.632	6.501	-0.868	0.091	-9.510
	ATU	6.783	5.907	-0.876		
	ATE			-0.876		
对学校价值的看待	未匹配	3.323	3.452	-0.128	0.020	-6.470
	ATT	3.323	3.364	-0.040	0.022	-1.870
	ATU	3.451	3.392	-0.059		
	ATE			-0.058		
学习目标	未匹配	3.235	3.410	-0.175	0.027	-6.450
	ATT	3.235	3.273	-0.038	0.029	-1.300
	ATU	3.407	3.355	-0.051		
	ATE			-0.050		
学校归属感	未匹配	2.663	2.986	-0.323	0.017	-18.630
	ATT	2.663	2.904	-0.241	0.020	-12.170
	ATU	2.984	2.743	-0.240		
	ATE			-0.240		
感知同伴竞争	未匹配	2.758	2.548	0.210	0.022	9.530
	ATT	2.758	2.547	0.211	0.023	9.070
	ATU	2.548	2.761	0.214		
	ATE			0.213		
感知同伴合作	未匹配	2.658	2.870	-0.212	0.023	-9.060
	ATT	2.658	2.743	-0.085	0.025	-3.370
	ATU	2.865	2.743	-0.121		
	ATE			-0.118		
反对欺凌态度	未匹配	3.234	3.220	0.014	0.018	0.780
	ATT	3.234	3.141	0.092	0.018	5.000
	ATU	3.219	3.291	0.073		
	ATE			0.075		
对未来的期待						
教育期望	未匹配	0.556	0.658	-0.102	0.015	-6.640
	ATT	0.556	0.567	-0.011	0.016	-0.690
	ATU	0.655	0.616	-0.039		
	ATE			-0.036		
智力可塑性	未匹配	2.511	2.605	-0.094	0.029	-3.260
	ATT	2.511	2.613	-0.103	0.031	-3.290
	ATU	2.605	2.497	-0.108		
	ATE			-0.108		
生命意义	未匹配	2.701	2.855	-0.154	0.022	-7.140
	ATT	2.701	2.797	-0.096	0.024	-4.060
	ATU	2.853	2.751	-0.102		
	ATE			-0.101		
非认知表现						
竞争态度	未匹配	3.037	3.096	-0.060	0.017	-3.420
	ATT	3.037	3.050	-0.013	0.020	-0.680
	ATU	3.095	3.097	0.002		
	ATE			0.001		

续表

变量	样本	受欺凌组	未受欺凌组	两组差异	标准误	t
掌握任务的动机	未匹配	3.041	3.153	-0.112	0.016	-7.010
	ATT	3.041	3.088	-0.047	0.017	-2.740
	ATU	3.151	3.101	-0.049		
	ATE			-0.049		
害怕失败	未匹配	2.845	2.629	0.216	0.022	9.780
	ATT	2.845	2.658	0.187	0.024	7.900
	ATU	2.630	2.830	0.201		
	ATE			0.199		
积极情绪体验	未匹配	3.180	3.354	-0.174	0.017	-10.400
	ATT	3.180	3.291	-0.112	0.019	-5.720
	ATU	3.353	3.250	-0.103		
	ATE			-0.104		
自我效能感	未匹配	2.848	2.961	-0.112	0.015	-7.340
	ATT	2.848	2.913	-0.064	0.017	-3.800
	ATU	2.958	2.891	-0.067		
	ATE			-0.067		

表 3-3-44 肢体欺凌对学生表现的影响效应（马氏距离匹配）

变量	样本	受欺凌组	未受欺凌组	两组差异	标准误	t
对学校的感受						
生活满意度	未匹配	5.632	6.791	-1.158	0.079	-14.600
	ATT	5.632	6.514	-0.882	0.123	-7.150
	ATU	6.793	6.043	-0.750		
	ATE			-0.763		
对学校价值的看待	未匹配	3.323	3.452	-0.128	0.020	-6.470
	ATT	3.323	3.351	-0.028	0.030	-0.940
	ATU	3.452	3.431	-0.021		
	ATE			-0.022		
学习目标	未匹配	3.235	3.410	-0.175	0.027	-6.450
	ATT	3.235	3.266	-0.031	0.041	-0.760
	ATU	3.411	3.375	-0.036		
	ATE			-0.036		
学校归属感	未匹配	2.663	2.986	-0.323	0.017	-18.630
	ATT	2.663	2.895	-0.232	0.026	-8.820
	ATU	2.987	2.765	-0.222		
	ATE			-0.223		
感知同伴竞争	未匹配	2.758	2.548	0.210	0.022	9.530
	ATT	2.758	2.584	0.174	0.033	5.310
	ATU	2.547	2.720	0.173		
	ATE			0.173		
感知同伴合作	未匹配	2.658	2.870	-0.212	0.023	-9.060
	ATT	2.658	2.739	-0.081	0.034	-2.370
	ATU	2.870	2.796	-0.075		
	ATE			-0.075		
反对欺凌态度	未匹配	3.234	3.220	0.014	0.018	0.780
	ATT	3.234	3.154	0.080	0.026	3.050
	ATU	3.220	3.352	0.132		

续表

变量	样本	受欺凌组	未受欺凌组	两组差异	标准误	t
	ATE			0.127		
对未来的期待						
教育期望	未匹配	0.556	0.658	-0.102	0.015	-6.640
	ATT	0.556	0.572	-0.017	0.023	-0.740
	ATU	0.657	0.604	-0.053		
	ATE			-0.050		
智力可塑性	未匹配	2.511	2.605	-0.094	0.029	-3.260
	ATT	2.511	2.663	-0.152	0.043	-3.580
	ATU	2.605	2.527	-0.078		
	ATE			-0.085		
生命意义	未匹配	2.701	2.855	-0.154	0.022	-7.140
	ATT	2.701	2.806	-0.105	0.032	-3.260
	ATU	2.855	2.739	-0.117		
	ATE			-0.115		
非认知表现						
竞争态度	未匹配	3.037	3.096	-0.060	0.017	-3.420
	ATT	3.037	3.052	-0.015	0.026	-0.580
	ATU	3.096	3.084	-0.013		
	ATE			-0.013		
掌握任务的动机	未匹配	3.041	3.153	-0.112	0.016	-7.010
	ATT	3.041	3.101	-0.059	0.024	-2.510
	ATU	3.153	3.110	-0.043		
	ATE			-0.045		
害怕失败	未匹配	2.845	2.629	0.216	0.022	9.780
	ATT	2.845	2.654	0.192	0.032	5.960
	ATU	2.629	2.815	0.186		
	ATE			0.186		
积极情绪体验	未匹配	3.180	3.354	-0.174	0.017	-10.400
	ATT	3.180	3.294	-0.114	0.026	-4.310
	ATU	3.355	3.328	-0.027		
	ATE			-0.035		
自我效能感	未匹配	2.848	2.961	-0.112	0.015	-7.340
	ATT	2.848	2.901	-0.053	0.022	-2.350
	ATU	2.961	2.890	-0.071		
	ATE			-0.069		

以下对上述结果进行进一步分析探讨：

1. 遭受校园欺凌对学生表现有显著影响的结果

首先，处理变量对大部分结果变量的影响在匹配前和匹配后基本一致，即在控制了选择性偏误后，遭受校园欺凌依然会显著影响学生多方面表现，这些变量包括：

（1）在学生对学校的感受变量中，未进行倾向得分匹配前，处理组学生（遭受总的欺凌和3种类型欺凌）对学校的积极感受（包括生活满意度、学校归属感、感知学生合作）显著低于对照组学生（未遭受总的欺凌和3种类型欺凌），而对学校的消极感受（感知学生竞争）显著高于对照组学生（未遭受总的欺凌和3种类型欺凌）。进行倾向得分匹配后，在四种匹配方式中，遭受校园欺凌学生（包括总的欺凌和 3 种类型欺凌）对学校的积极感受（包括生活满意度、学校归属感、感知学生合作）依然显著低于未受欺凌学生，对学校的消极感受（感知学生竞争）依然显著高于未受欺凌学生；

（2）在学生对未来的期待变量中，未进行倾向得分匹配前，处理组学生（遭受总的欺凌和 3 种类型欺凌）对未来的期待（包括智力可塑性、生命意义）显著低于对照组学生（未遭受总的欺凌和 3 种类型欺凌）。进行倾向得分匹配后，除了言语欺凌中的马氏距离匹配不显著外，在四种匹配方式中，遭受校园欺凌学生（包括总的欺凌和 3 种类型欺凌）对未来的期待（包括智力可塑性、生命意义）依然显著低于未受欺凌学生；

（3）在学生的非认知表现变量中，未进行倾向得分匹配前，处理组学生（遭受总的欺凌和 3 种类型欺凌）的消极非认知表现（害怕失败）显著高于对照组学生（未遭受总的欺凌和 3 种类型欺凌）。而积极非认知表现（积极情绪体验和自我效能感）显著低于对照组学生。进行倾向得分匹配后，在四种匹配方式中，遭受校园欺凌学生（包括总的欺凌和 3 种类型欺凌）的消极非认知表现（害怕失败）依然显著高于未受欺凌学生，而积极非认知表现（积极情绪体验和自我效能感）依然显著低于未受欺凌学生。除此以外，通过表 3-3-29 至表 3-3-44 的结果对比发现，遭受校园欺凌对学生生活满意度和学校归属感的负向影响最大，对智力可塑性和自我效能感的负向影响最小。

以上结果与以往探讨校园欺凌对学生表现影响的研究结果部分一致。陈纯槿和郅庭瑾（2017）基于 PISA 2015 的数据运用结构方程模型（structural equation modeling，SEM）分析显示遭受校园欺凌与学生的学校归属感、生活满意度均呈显著负相关；乔沛熙和刘晓宇（2017）也基于 PISA 2015 的数据运用回归分析的方法分析显示校园欺凌对学生生活满意度有显著负向影响，对考试焦虑有显著正向影响，即被欺凌情况越严重，考试焦虑水平越高；黄亮和赵德成（2018b）的研究显示校园欺凌对学生的生活满意度、教育期望、逃学比例、考试焦虑均产生了消极影响；黄亮和宋萍萍（2019）的研究也运用结构方程模型分析显示同伴欺凌对学生的学校归属感产生了消极影响，不过以上几项研究是基于结构方程模型或回归模型的分析，没有运用 PSM 的分析方法。之后，黄亮和赵德成（2020）基于 PISA 2015 的数据采用 PSM 分析了欺凌以及不同类型的欺凌对学生非认知表现的影响，包括珍视关系的合作意向、珍视团队的合作意向、学校归属感、学业焦虑和成就动机，结果显示欺凌从总体上拉低了学生的合作意向和学校归属感，加剧了学生的学业焦虑，并轻微提升了学生的成就动机。

本书与以上研究结果一致，也显示遭受校园欺凌降低了学生的生活满意度、学校归属感以及学生对合作的感知，这表明无论基于哪一年的 PISA 数据库，运用何种分析方法，遭受校园欺凌均对学生对学校的积极感受产生了稳健的消极影响；相应地，遭受校园欺凌也提高了学生对学校的消极感受，即感知学生竞争程度增强。可能原因是校园欺凌破坏了学生群体之间的和谐关系，使他们对良性关系的感知降低，对消极关系的感知增强。

关于学生之间竞争和合作的氛围，在研究主题一的结果中我们发现，学校环境层级中学生感知到的同学之间的竞争氛围会对整体学生遭受校园欺凌的程度产生正向预测力，学校环境层级中学生感知到的同学之间的合作氛围却未对整体学生遭受校园欺凌的程度产生预测力，但在研究主题二中发现遭受校园欺凌对学生感知合作氛围产生了消极影响。这表明从学校环境层级中的竞争氛围、学生遭受校园欺凌、学生感知同学之间竞争可能是互为因果的关系，但学校环境层级中的合作氛围与整体学生遭受校园欺凌的程度及他们感知同学之间合作的氛围却没有这种关系。这显示不良的学校氛围更容易对学生欺凌受害行为产生影响，进而加剧他们对学校氛围的消极感知。

此外，搜索以往文献，发现目前尚未有探讨遭受校园欺凌和智力可塑性、生命意义、害怕失败之间关系的研究，因此我们的研究具有一定的创新意义。一些研究从生命教育视角探讨了校园欺凌的成因及对策（包海军，2020；焦凡平，2022；李灵，2017；李胤宁，杜变变，2021；刘晓雪，2017；田友谊，邓兰，2020），倡导可以在校园文化、心理健康或品德教育中合理融入生命教育，比如生命价值、死亡和挫折等教育，使欺凌实施者与受害者均能够更加珍惜生命，走出心理危机。遭受欺凌的学生往往会承受很多心理伤害，导致他们学业成绩下降，害怕考试，时常焦虑，也会害怕其他方面的失败，会对自己现在的能力表现和未来的生活都持有悲观的看法，从而认为自己的智力或智商水平是难以改变的，或者认为没有办法通过学习教育得到提升。他们会认为未来的生活是没有意义的，甚至认为生命都是无意义的，严重者可能自杀。因此，我们以上研究结果对后续进行更多校园欺凌后果及对策的研究都有一定启发意义。

有关遭受校园欺凌与学生积极情绪体验的关系，以往研究大多探讨的是遭受校园欺凌对学生负面情绪体验的影响，如考试焦虑、抑郁等（刘小群等，2021；谢洋，陈彬莉，2021；张紫微等，2019），校园欺凌是一个伤害事件，受害者自然难以体验到积极情绪，甚至可能影响他们的情绪管理能力或情绪智力（王慧敏，2019；张珊珊等，2021；朱萦，2020），导致情绪障碍的产生。

最后，有关遭受校园欺凌与自我效能感的研究也较少，多是关于欺凌旁观者的自我效能感的研究，研究显示校园欺凌旁观者的保护行为或旁观行为与对欺凌的态度、认知共情、情感共情和自我效能都存在显著相关（李孟儒等，2021；林敏，2020；王庆林等，2021），共情和自我效能感在欺凌态度与保护行为间存在中介作用，也就是说旁观者对于他人遭受欺凌的态度会通过他们的共情与自我效能感（即是否感知到了受害者的感受，是否认为自己有能力帮助与保护受欺凌者）影响他们的保护行为。本书显示，遭受校园欺凌对受害者的自我效能感也产生显著负向影响，遭受校园欺凌行为的其中一个重要特征就是受害者没有能力反抗欺凌者，因此当受害者遭受越来越多的欺凌行为却没有能力进行反抗时，他们就倾向于对自我效能感产生消极认知，认为自己在其他方面也难以完成任务，没有办法同时处理多件事情，也降低了克服逆境的信心。因此，可以看出，遭受校园欺凌对学生的信心与自我认知等非认知表现方面造成极大破坏。我们的研究结果对于遭受校园欺凌与受害者的自我效能感的关系探讨具有重要意义。

总之，在控制了影响学生遭受校园欺凌的选择性偏误后，遭受校园欺凌依然会显著影响学生多方面表现，表明遭受校园欺凌对学生各方面表现产生了较大的伤害。

2.遭受校园欺凌对学生表现无显著影响的结果

在呈现了处理变量（是否遭受总的欺凌和3种类型欺凌）对结果变量的影响在倾向得分匹配前和匹配后一致的情况后，下面呈现处理变量对某些结果变量的影响在匹配前和匹配后结果不一致的情况，包括以下变量：学习目标、教育期望和竞争态度。

首先，在学生对学校的感受变量中，在进行匹配前，处理组学生（遭受总的欺凌和3种类型欺凌）的学习目标显著低于对照组学生（未遭受总的欺凌和3种类型欺凌），但在进行匹配后，在四种匹配方式中，处理组与对照组的学习目标无显著差异；

其次，在学生对未来的期待变量中，在进行匹配前，处理组学生（遭受总的欺凌和3种类型欺凌）的教育期望显著低于对照组学生（未遭受总的欺凌和3种类型欺凌），但在进行匹配后，在四种匹配方式中，处理组与对照组学生的教育期望无显著差异；

最后，在学生的非认知表现变量中，在进行匹配前，处理组学生（遭受总的欺凌和3种类型欺凌）竞争态度的表现显著低于对照组学生（未遭受总的欺凌和3种类型欺凌）[1]，但在进行匹配后，在四种匹配方式中，处理组与对照组在竞争态度的表现方面无显著差异。

总之，在进行倾向得分匹配前，处理组学生（遭受总的欺凌和3种类型欺凌）的学习目标、教育期望和竞争态度的表现显著低于对照组学生（未遭受总的欺凌和3种类型欺凌），但在运用倾向得分匹配法排除了影响学生遭受校园欺凌的混杂因素以后，结果显示遭受校园欺凌的学生与未遭受欺凌的学生在以上几个方面并未有显著差异。这表明在进行倾向得分匹配前获得的结果由于受到各种混杂因素的影响，可能无法代表真实的结论。说明虽然遭受校园欺凌对学生很多方面表现产生了消极影响，但是他们在学习目标、教育期望和竞争态度方面与未受欺凌者并无显著差异。

以往有关学生遭受校园欺凌与学习目标、教育期望和竞争态度关系的研究相对缺乏，因此本部分研究结果具有一定创新之处，具体有以下三点：

第一，学习目标主要指学生在学习过程中掌握内容的目标，主要表现为尽可能掌握课堂上的教学内容、尽可能彻底理解课堂内容以及学得越多越好。遭受校园欺凌的学生在这方面与未受欺凌学生无明显差异，说明遭受校园欺凌的学生与未受欺凌学生一样，从心底深处其实也对学习怀有较崇高的目标，虽然欺凌受害可能影响了他们的学业成绩，但他们心中仍然希望通过自身的努力来实现自己的学业目标。

第二，教育期望指学生预计自己会完成哪个阶段的教育，主要看其是否预计完成高等教育。在这方面遭受校园欺凌的学生与未受欺凌学生也无明显差异，表明遭受校园欺凌的

---

[1] 在关系欺凌中 t 检验的结果（表3-3-1）与后面估计处理效应结果（表3-3-18）不一致，t 检验结果不显著，但估计处理效应结果显著，而由于估计处理效应运用了四种方法进行检验，且四种方法具有较强的结果稳健性，因此相对来说，此种方法比 t 检验具有更高参考意义。

学生与未受欺凌学生一样，同样期待完成高等教育，同样对自己的未来怀有美好的期待与信念。这与黄亮和赵德成（2018）的结果不一致，正如前述所示，其研究表明受校园欺凌会影响学生的教育期望，经常受欺凌的学生中比未受欺凌的学生中有更多比例的学生不想接受高等教育，只想读到高中或中专毕业。但黄亮和赵德成的另一篇研究（2020）通过PSM发现我国四省市学生在受到肢体欺凌后的阅读和科学成绩反而略微升高，而且遭受欺凌还略微提升了学生的成就动机，该研究推测原因是欺凌很可能使学生激发出较高的成就动机以期改变受欺凌的困境。本研究也采用了PSM，与此研究结果类似，表明遭受校园欺凌的学生虽然在很多方面的表现不如未受欺凌的学生，但他们依然希望通过接受更好的教育改变自己的不利现状，仍然对未来取得较高成就怀有美好的期待。

第三，竞争态度指学生对自己在竞争环境中是否会表现良好的一种信心，即喜欢在有竞争的环境中工作，在与他人竞争时会更加努力，而且认为在交付的任务上比其他人表现得更好非常重要。这个变量也是在PISA 2018中新出现的变量，它虽然提到了竞争的环境，但不同于前述的学生对同学之间竞争氛围的感知，而是指是否相信自己在竞争的环境中能够做得更好，或者说是否相信自己的自我竞争力，本研究结果显示遭受校园欺凌的学生与未受欺凌的学生在对自己的自我竞争力方面的信心并无差异；再结合上述有关遭受校园欺凌与学生感知竞争氛围的关系的研究，可以发现遭受校园欺凌的学生虽然比未受欺凌的学生感知到更大程度的竞争氛围，但是他们依然相信自己也能在这样的氛围中表现良好，他们同样具有比他人表现良好的好胜心与自我效能感。

总之，这部分结果对我们重新看待遭受欺凌学生的心理状态与信念具有重要启发意义，虽然他们在很多方面的表现不如未受欺凌学生，但他们仍然怀有取得较高学习目标的愿望，对未来取得较高成就的美好期待，以及认为自己能够比他人表现更好的好胜心与自信心，这些都是后续解决遭受欺凌学生面对的心理困境的必要前提和基础。

3. 遭受不同类型校园欺凌对学生表现的影响

有关不同类型的校园欺凌（总的欺凌、关系欺凌、言语欺凌、肢体欺凌）对于学生某些方面表现的影响效应存在倾向得分差异的结果如下：

（1）有关不同类型的校园欺凌对于学生对学校的感受影响方面，遭受总的欺凌与关系欺凌对学生对学校价值的看待的影响在匹配前与匹配后保持一致，言语欺凌和肢体欺凌对其对学校价值的看待的影响在匹配前与匹配后结果不一致。未进行匹配前，遭受总的欺凌与关系欺凌的处理组学生对学校价值的看待显著高于未遭受总的欺凌与关系欺凌的对照组学生，进行匹配后，在四种匹配方式中，除遭受总的欺凌在半径匹配方法下不显著外，遭受总的欺凌与关系欺凌的处理组学生对学校价值的看待依然显著高于未遭受总的欺凌与关系欺凌的对照组学生；而对于言语欺凌和肢体欺凌，在进行匹配前，遭受言语欺凌和肢体欺凌的处理组学生对学校价值的看待显著低于对照组学生（未遭受言语欺凌和肢体欺凌），但在进行匹配后，在四种匹配方式中，处理组与对照组对学校价值的看待无显著差异，即倾向得分匹配前后结果不一致。

同样地，有关不同类型的校园欺凌在学生对欺凌的态度影响方面，只有言语欺凌类型对学生对欺凌的态度影响在匹配前与匹配后保持一致，其他3种类型欺凌对学生对欺凌的态度影响在匹配前与匹配后结果不一致。未进行匹配前，遭受言语欺凌的处理组学生对欺凌的态度显著高于未遭受言语欺凌的对照组学生，进行匹配后，在四种匹配方式中，遭受言语欺凌的处理组学生对欺凌的态度依然显著高于未遭受言语欺凌的对照组学生；而对于总的欺凌、关系欺凌及肢体欺凌，在进行匹配前，处理组（遭受总的欺凌及关系、肢体欺凌）与对照组（未遭受总的欺凌及关系、肢体欺凌）在对欺凌的态度上无显著差异，但在进行匹配后，在四种匹配方式中，处理组学生对欺凌的态度却显著高于对照组学生，也即倾向得分匹配前后结果不一致。

（2）有关不同类型的校园欺凌对于学生的非认知表现的影响方面，遭受总的欺凌与肢体欺凌对学生掌握任务的动机的影响在匹配前与匹配后保持一致，关系欺凌和言语欺凌对其掌握任务的动机的影响在匹配前与匹配后结果不一致。未进行匹配前，遭受总的欺凌与肢体欺凌的处理组学生掌握任务的动机显著低于未遭受总的欺凌与肢体欺凌的对照组学生，进行匹配后，在四种匹配方式中，除遭受总的欺凌在马氏距离匹配方法下不显著（或边缘显著）外，遭受总的欺凌与肢体欺凌的处理组学生掌握任务的动机依然显著低于未遭受总的欺凌与肢体欺凌的对照组学生；而对于关系欺凌，在进行匹配前，遭受关系欺凌的处理组学生的掌握任务的动机与对照组学生无显著差异，但在进行匹配后，处理组学生的掌握任务的动机显著高于对照组学生（核匹配和马氏距离匹配方法下差异不显著，但处理组学生的掌握任务的动机高于对照组学生）；对于遭受言语欺凌，在匹配前，处理组学生掌握任务的动机显著低于对照组学生（未遭受言语欺凌），但在进行匹配后，在四种匹配方式中，处理组学生与对照组学生掌握任务的动机无显著性差异，即遭受关系欺凌和言语欺凌对于学生掌握任务动机的影响在倾向得分匹配前后结果不一致。

总之，不同类型校园欺凌对某些结果变量产生了的不一致的影响结果，主要有以下几个方面：对学校价值的看待、对欺凌的态度和掌握任务的动机。以下对上述结果进行详细探讨分析。

首先，有关学生对学校价值的看待变量，主要是指学生是否认可学校教育或在学校中努力的价值，即是否认可在学校努力学习很重要，有助于将来考进好大学，有助于将来找份好工作。在这方面，不管是在匹配前还是匹配后，遭受总的欺凌与关系欺凌的学生对学校价值的看待均显著高于未受欺凌的学生，遭受言语欺凌和肢体欺凌的学生对学校价值的看待与未受欺凌学生无差异。这个结果再次印证了我们的结论，遭受校园欺凌的学生对学习与学校价值的认可并不比未受欺凌学生低，甚至高于未受欺凌学生。遭受校园欺凌不一定使学生完全消沉，一蹶不振，反而可能激发出学生较高的学习动力或成就动机，以改善自己的困境。

中国家长非常看重学生的学习，认为通过学习改变自己的命运，从而生活得更好是一条非常重要的道路，他们也将这样的价值观传递给了自己子女，因此我国学生也非常认可学校努力的重要性；同时，我国的文化氛围是以集体主义为主导的，学生在学校中不仅关注学习，也非常关注自己的人际交往，尽管同伴冷落、排斥等行为可能影响受欺凌学生的学业表现（Tom et al., 2010），但他们知道只有通过努力学习取得更好成就才有可能改变受欺凌的现状，因而反而更加注重对学校价值的看待。

其次，有关学生反对欺凌态度变量，这些态度被看作是对欺凌行为的一般道德判断；因此，它们可能不同于学生对自己学校的欺凌的态度（Salmivalli & Voeten, 2004）。研究表明，对欺凌行为的道德谴责通常与远离欺凌行为有关，表现出了对受害者的同情（Baldry, 2004; Poyhonen et al., 2010; Tulloch, 1995），并表示干预的意图（Rigby & Johnson, 2006）。PISA 2018 的报告显示，在经合组织国家中，经常被欺凌的学生比不经常被欺凌的学生往往表现出更大的对于欺凌的容忍度，原因可能是一些经常被欺凌的学生也是欺凌者，他们往往比只被归为受害者的学生形成更不利的反欺凌观点。这与我们的结果不符，我们的结果显示遭受欺凌的学生比未受欺凌学生对欺凌的态度更积极，说明受害者对于加强自身的伤害事件总是持坚决的反对态度，这有助于教育工作者和政策制定者努力制定有效的欺凌预防和干预计划（Baldry, 2004; Baldry & Farrington, 1999），此类信息还可用于描述欺凌现象猖獗的学校的氛围，有助于最终改变这种氛围。

最后，有关非认知表现中掌握任务的动机，遭受总的欺凌与肢体欺凌对学生掌握任务的动机的影响在匹配前与匹配后保持一致。进行匹配前与匹配后，在四种匹配方式中，除遭受总的欺凌在马氏距离匹配方法下不显著（或边缘显著）外，遭受总的欺凌与肢体欺凌的处理组学生掌握任务的动机均显著低于未遭受总的欺凌与肢体欺凌的对照组学生；关系欺凌和言语欺凌对其掌握任务的动机的影响在匹配前与匹配后结果不一致，对于关系欺凌，在进行匹配前，遭受关系欺凌的处理组学生的掌握任务的动机与对照组学生无显著差异，但在进行匹配后，处理组学生的掌握任务的动机显著高于对照组学生（核匹配和马氏距离匹配方法下差异不显著，但处理组学生的掌握任务的动机高于对照组学生）；对于遭受言语欺凌，在匹配前，处理组学生掌握任务的动机显著低于对照组学生（未遭受言语欺凌），但在进行匹配后，在四种匹配方式中，处理组学生与对照组学生掌握任务的动机无显著性差异，即遭受总的欺凌和 3 种类型欺凌对于学生掌握任务动机的影响在倾向得分匹配前后结果差异较大。

掌握任务的动机变量是指学生对自己所从事任务的一种掌控感，以及对任务的坚持，能从竭力投入的工作任务中获得满足感，做事时得到的乐趣部分来自于能突破过去的表现，一旦开始工作就会坚持到底，遇到不擅长的事会努力克服，而不是转向可能擅长的事。根据以上倾向得分匹配后的结果，遭受总的欺凌与肢体欺凌的学生掌握任务的动机比未受欺凌学生低，说明身体上的欺凌如推搡或击打对学生的坚持性和克服困难方面的影响最大，给学生此方面的表现造成了严重伤害；而对于关系欺凌和言语欺凌，遭受这两种欺凌的学生掌握任务的动机水平或高于未受欺凌学生，或与未受欺凌学生无差异，说明学生虽然遭受了这两类欺凌，但他们依然对自己所从事的任务具有一定掌控感，能对很多任务坚持不懈，努力克服困难，并且能突破过去的表现，从自己的工作任务中获得满足感。研究者推测可能是对于受欺凌者来说，肢体欺凌难以逃避，容易发生证明冲突，而关系欺凌和言语欺凌相对容易逃避，当遭受这两类欺凌时，他们可能回避冲突，转而进入投入自己所从事的任务，以这些任务中获得的满足感代替和谐的人际关系带来的满足感。

综合以上探究，本研究某些结果与以往研究结果一致，充分验证了遭受校园欺凌会对学生众多方面的表现产生消极影响，但也有部分结果与以往不一致，本研究发现遭受校园欺凌学生与未受欺凌学生在很多方面表现没有差异性，遭受校园欺凌学生甚至表现更好。此外，不同类型校园欺凌对学生某些表现的影响也有差异性，这启发我们在关注校园欺凌现象时应更加细致，考虑应对策略时也应结合不同的欺凌类型思考不同的应对措施，才能做到有的放矢，建立更好的保护机制。

第四节 校园欺凌的后果内容小结

本书基于 PISA 2018 中国四省市学生数据，运用倾向得分匹配（PSM）的方法，在对第一个研究主题中得出的影响校园欺凌因素进行倾向值匹配的基础上，更加科学和全面地评估遭受总的校园欺凌以及3种类型的欺凌对于学生各方面表现的影响，包括学生对学校的感受、对未来的期待以及非认知表现。

通过数据分析，得到如下结果：

第一，处理变量（是否遭受总的欺凌和3种类型欺凌）对以下结果变量的影响在倾向得分匹配前和匹配后结果一致，包括：对学校的感受中的生活满意度、学校归属感、感知学生竞争、感知学生合作变量，对未来的期待中的智力可塑性和生命意义变量，非认知表现中的害怕失败、积极情绪体验、自我效能感变量；

（1）在学生对学校的感受变量中，在进行倾向得分匹配前与匹配后（包括四种匹配方式），处理组学生（遭受总的欺凌和3种类型欺凌）对学校的积极感受（包括生活满意度、学校归属感、感知学生合作）均显著低于对照组学生（未遭受总的欺凌和3种类型欺凌），而对学校的消极感受（感知学生竞争）均显著高于对照组学生（未遭受总的欺凌和3种类型欺凌），匹配前后显著性结果一致。

（2）在学生对未来的期待变量中，在进行倾向得分匹配前与匹配后（包括四种匹配方式），处理组学生（遭受总的欺凌和3种类型欺凌）对未来的期待（包括智力可塑性、生命意义）均显著低于对照组学生（未遭受总的欺凌和3种类型欺凌），匹配前后显著性结果一致。

（3）在学生的非认知表现变量中，在进行倾向得分匹配前与匹配后（包括四种匹配方式），处理组学生（遭受总的欺凌和3种类型欺凌）的消极非认知表现（害怕失败）均显著高于对照组学生（未遭受总的欺凌和3种类型欺凌），而积极非认知表现（积极情绪体验和自我效能感）均显著低于对照组学生，匹配前后显著性结果一致。

总之，在以上变量结果中，在控制了影响学生遭受校园欺凌的选择性偏误后，遭受校园欺凌依然会显著影响学生多方面的表现，表明遭受校园欺凌对学生各方面表现产生了较大的伤害。

第二，处理变量（是否遭受总的欺凌和3种类型欺凌）对某些结果变量的影响在匹配前和匹配后结果不一致的情况，包括以下变量：学习目标、教育期望和竞争态度变量；

首先，在学生对学校的感受变量中，在进行匹配前，处理组学生（遭受总的欺凌和3种类型欺凌）的学习目标显著低于对照组学生（未遭受总的欺凌和3种类型欺凌），但在进行匹配后，在四种匹配方式中，处理组与对照组的学习目标无显著差异；

其次，在学生对未来的期待变量中，在进行匹配前，处理组学生（遭受总的欺凌和3种类型欺凌）的教育期望显著低于对照组学生（未遭受总的欺凌和3种类型欺凌），但在进行匹配后，在四种匹配方式中，处理组与对照组学生的教育期望无显著差异；

最后，在学生的非认知表现变量中，在进行匹配前，处理组学生（遭受总的欺凌和3种类型欺凌）竞争态度的表现显著低于对照组学生（未遭受总的欺凌和3种类型欺凌），但在进行匹配后，处理组与对照组在四种匹配方式中在竞争态度的表现方面无显著差异。

第三，不同类型的校园欺凌（总的欺凌、关系欺凌、言语欺凌、肢体欺凌）对于学生某些方面表现的影响效应存在一定差异，主要有对学校价值的看待、对欺凌的态度和掌握任务的动机变量。

（1）有关不同类型的校园欺凌对于学生对学校的感受影响方面，遭受总的欺凌与关系欺凌对学生对学校价值的看待的影响在匹配前与匹配后保持一致，进行倾向得分匹配前与匹配后，在四种匹配方式中，遭受总的欺凌与关系欺凌的处理组学生对学校价值的看待均显著高于未遭受总的欺凌与关系欺凌的对照组学生；而言语欺凌和肢体欺凌对其对学校价值的看待的影响在匹配前与匹配后结果不一致，在进行匹配前，遭受言语欺凌和肢体欺凌的处理组学生对学校价值的看待显著低于对照组学生（未遭受言语欺凌和肢体欺凌），但在进行匹配后，在四种匹配方式中，处理组与对照组对学校价值的看待无显著差异。

同样地，有关不同类型的校园欺凌在学生对欺凌的态度影响方面，只有言语欺凌类型对学生对欺凌的态度影响在匹配前与匹配后保持一致，进行匹配前与匹配后，在四种匹配方式中，遭受言语欺凌的处理组学生对欺凌的态度均显著高于未遭受言语欺凌的对照组学生；其他3种类型欺凌对学生对欺凌的态度影响在匹配前与匹配后结果不一致，对于总的欺凌、关系欺凌及肢体欺凌，在进行匹配前，处理组（遭受总的欺凌及关系、肢体欺凌）与对照组（未遭受总的欺凌及关系、肢体欺凌）在对欺凌的态度上无显著差异，但在进行匹配后，在四种匹配方式中，处理组学生对欺凌的态度显著高于对照组学生。

（2）有关不同类型的校园欺凌对于学生的非认知表现影响方面，遭受总的欺凌与肢体欺凌对学生掌握任务的动机的影响在匹配前与匹配后保持一致。进行匹配前与匹配后，在四种匹配方式中，除遭受总的欺凌在马氏距离匹配方法下不显著（或边缘显著）外，遭受总的欺凌与肢体欺凌的处理组学生掌握任务的动机均显著低于未遭受总的欺凌与肢体欺凌的对照组学生；关系欺凌和言语欺凌对其掌握任务的动机的影响在匹配前与匹配后结果不一致，对于关系欺凌，在进行匹配前，遭受关系欺凌的处理组学生的掌握任务的动机与对照组学生无显著差异，但在进行匹配后，处理组学生的掌握任务的动机显著高于对照组学生（核匹配和马氏距离匹配方法下差异不显著，但处理组学生的掌握任务的动机高于对照组学生）；对于言语欺凌，在进行匹配前，处理组学生掌握任务的动机显著低于对照组学生（未遭受言语欺凌），但在进行匹配后，在四种匹配方式中，处理组学生与对照组学生掌握任务的动机无显著性差异，即遭受关系欺凌和言语欺凌对于学生掌握任务动机的影响在倾向得分匹配前后结果不一致。

第四章
校园欺凌对感知同伴合作影响的
中介调节机制

第一节　校园欺凌对感知同伴合作影响的中介调节机制综述

一、遭受校园欺凌对感知同伴合作的影响

本次 PISA 2018 调查中也第一次新加入了对学生感知同伴之间合作的测量，为了适应全球化的需求，新一代青年人都需要具备与他人合作的能力（Li & Liu, 2017）。无论是在传统的还是更有创新精神的工作环境中，他们都需要与来自不同学科、文化和价值体系的人合作，以解决复杂的问题，创造经济和社会价值。合作行为的益处已经在各种社会环境中被证实，包括社区、医院、公司等（Coleman, 1988; Gittell et al., 2000; Sampson & Groves, 1989）。例如，在当前的新冠肺炎疫情危机中，世界各国、各个群体之间更大程度的合作行为可以减轻疫情对健康、社会生活和经济的影响（Chen & Cui, 2020）。在教育领域，研究表明，比起竞争的环境，学生在合作的环境中学业表现更好，与同学之间的关系更积极，对学校的依赖程度更高（Johnson et al., 1981; Roseth, Johnson & Johnson, 2008）。一些研究还显示，当学生、教师、家长和校长相互信任，一起合作工作，分享信息、想法和目标时，学生能从中受益，尤其是弱势学生受益更多（Crosnoe et al., 2004; Hughes & Kwok, 2007; Jennings & Greenberg, 2009）。因此，与他人进行良好合作，共同解决问题，是学生在未来的学习和工作中必须掌握的一项基本能力。创造学生之间良好合作的氛围，也有利于学生各方面的顺利发展。

合作是一种社会化的行为（Zhao & Kou, 2006），良好的同伴关系有助于合作行为。相反，不受欢迎的同伴关系会对良好合作的气氛造成很大的破坏，学校欺凌就是一种非常有害的伤害同伴关系的行为。许多研究探讨了校园欺凌对同伴关系的影响，例如，一项对 827 名中小学生进行的调查发现，青少年在学校遭受欺凌与同伴接受度呈显著负相关，即被欺负的频率越高，同伴接受程度越低（Faris & Felmlee, 2014）。然而，大多数有关同伴关系的研究侧重于同伴支持（Zhu et al., 2019）、同伴接受和同伴恐惧自卑（Xiao, 2019）、同伴接受和拒绝（Zhang, 2019）、同伴友谊问题（Wang, 2019）、同伴冲突（Gu, 2018）和不良同伴关系（Zhang, 2020）等方面，很少有研究聚焦于同伴合作，也没有有关校园欺凌对同伴合作影响的内部路径机制的讨论。因此，本书通过分析 PISA 2018 中国四省市数据，期望探索 15 岁中学生遭受校园欺凌对其感知同伴合作的影响，并揭示其内部路径机制。

根据以往研究结果分析，遭受校园欺凌的学生会受到来自同伴团体的伤害，会导致对学校缺乏兴趣、学习成绩低下和社会关系受损（Neto, 2005; Fante, 2005），进而可能会让他们对同学之间的合作关系产生消极认知。一项基于 PISA 2015 的数据研究也表明，学生

在学校被欺负会降低他们的合作意向（黄亮，赵德成，2020）。基于以上讨论，我们提出以下假设：

H1：学生遭受校园欺凌会对其感知同伴之间的合作关系产生负向影响。

二、学校归属感与遭受校园欺凌、感知同伴合作的关系

尽管研究表明，校园欺凌会对学生的合作意向产生直接影响（黄亮，赵德成，2020），但遭受校园欺凌影响学生感知合作的过程机制尚不清楚。因此，探索校园欺凌对学生感知合作的路径机制具有重要意义。

根据马斯洛需求层次理论（Maslow's hierarchy of needs），归属和爱的需要是个体的基本需要，所以学生对学校和群体的归属感对这一时期学生的心理发展产生重要影响（Baskin et al., 2010; Zhao et al., 2018）。但是，如果他们在学校被欺负，就很难形成对学校的归属感（Guo & Zhao, 2019）。研究表明，在学校被欺负会降低学生的学校归属感（陈纯槿，郅庭瑾，2017；黄亮，赵德成，2020），并增加了逃学、学业焦虑和考试焦虑的比例（黄亮，赵德成，2018b，2020）。以往的研究也表明，学生遭受校园欺凌和学校归属感存在相互消减的负向关系（Goldweber et al., 2013）。纵向研究还发现，学校归属感的正向变化能预测学生遭受校园欺凌行为的减少（Turner et al., 2014）。此外，研究发现学校归属感在同伴支持或同伴关系和学校欺凌的关系中起中介作用（Zhu et al., 2019；张裕灵，2020）。

作为学生生活和成长的基本需求，学校归属感是指学生感到被接受、尊重和支持（包括老师支持和同学支持）的程度（Goodenow & Grady, 1993）。以往研究表明，拥有高度归属感的人也会拥有更多合作行为（Baumeister & Leary, 1995）。根据他们的研究，人们对归属感有着普遍的需求，这反映在他们渴望与他人形成并保持良好的关系中，强烈的归属感激励人们投入时间和精力发展社会关系，例如合作。这一论点与最近的一项研究结果一致，该研究表明，合作可以增加包容感，从而满足归属的需要（De Cremer, 2002）。综上所述，我们提出第二个假设：

H2：学校归属感在遭受校园欺凌对感知同伴合作的影响中发挥中介作用。

三、教师支持、家长支持与学校归属感、遭受校园欺凌、感知同伴合作的关系

除了与同伴交往，教师、家庭也在中学生青少年成长中发挥重要作用。作为家庭中和学校环境的重要他人，家长和老师与学生的互动影响着学生的发展（Greenwood & Hickman, 1991）。社会支持者包括遭受痛苦的人周围对他们有积极意义的人，例如家庭成员、朋友、亲戚、老师等。在中学生的学校欺凌行为中，社会支持可以使欺凌受害学生在有心理压力的状态下保持积极的情绪感受，避免或减少因校园欺凌行为造成的伤害（Song, 2019）。

当学生在学校被欺凌时，如果老师给予被欺凌的学生积极主动的关注和支持，例如，严厉批评欺凌行为、批评欺凌者或让欺凌者向被欺凌者道歉等，并给予受害者更多的情感支持，这将减少被欺凌学生的心理伤害，能够使他们在某种程度上感到心理上的温暖（Song, 2019）；但是如果学生在校园里被欺凌，老师会选择"假装没看到"或不理会，这会在某种程度上加剧被欺凌学生的无助感和绝望感，从而使他们难以形成对学校的信任感和依赖感，对学校的归属感也会相应降低（Wei et al., 2016）。

同样，基于生态系统的观点（多个系统，包括青少年的家庭和学校是相互关联的），家庭经历会影响学校经验。在欺凌行为中，家庭支持体现在欺凌行为发生后对孩子观念教育和帮助。来自父母的支持可以为在学校被欺凌的孩子提供情感、信息和物质上的帮助。研究发现，当自己的孩子被欺凌后，大部分家长都会带孩子去学校找老师解决问题，有些家长会直接向欺凌者的家长寻求解释（Song, 2019）。这些行为会在一定程度上减少被欺凌孩子的心理伤害。相反，当孩子在学校被欺凌时，如果父母选择让孩子"暂时妥协，找机会报复"或"妥协放弃，或者告诉老师"可能不能给孩子足够的情感支持，因而孩子在学校被欺凌的负面影响无法得到有效缓解。以前的研究也发现了父母支持对受害者心理状态与学校归属感情感关系的缓冲效应（Han et al., 2020）。

综上所述，可以看出教师支持和父母的情感支持是个体被欺凌的外在保护因素，较高程度的教师支持和父母支持可以减轻欺凌伤害的负面影响，而缺乏支持可能不会减轻这种负面影响，甚至增加学生的无助感和绝望感。这些观察和分析体现了如下假设：

H3：教师支持和父母支持调节学生遭受校园欺凌和学校归属感之间的关系。

四、班级纪律氛围、教师支持与遭受校园欺凌、感知同伴合作的关系

学生在学校的生活学习中最基本的环境单元是班级，班级的纪律氛围会对学生之间的关系产生重要影响。以往有研究表明，支持和关怀的学校环境与较低的欺凌发生率和较高的学生寻求帮助的意愿相关（Låftman et al., 2016; Ma, 2002; Olweus, 1993a, 1993b）。另外，以往有关校园欺凌的研究中，教师平等对待学生、积极支持学生也会起到一定抵御和弥补作用。学生在感知到更大公平度、更多归属感（Antoniadou & Markos, 2016）、纪律严明、有条理和合作的环境，以及较少的教师惩罚的学校中，较少卷入冒险和暴力行为（Gottfredson et al., 2005; Kuperminc et al., 2001）。部分中国学者采用 PISA 2015 中国大陆的数据分析结果也得出，学校纪律氛围较差、学生感知到教师的不公正（黄亮，2017；黄亮，赵德成，2020），以及同伴融洽度较低（陈纯槿，郅庭瑾，2017）等会影响校园欺凌行为的发生。因此，本书推断学校的纪律氛围和教师支持能够对校园欺凌对感知同伴之间合作关系的影响产生一定调节作用，班级纪律氛围越好，教师支持程度越高，遭受校园欺凌对感知同伴合作的负向影响程度可能越小；反之，班级纪律氛围越差，教师支持程度越低，遭受校园欺凌对感知同伴合作的负向影响程度可能越大。进一步，一般情况下，教师在班级教学和管理过程中起主导作用，班级的纪律氛围也会受到教师管理风格的影响（尹

雅丽，马早明，2021；张毓洁，宁波，2022），因此，本书假设教师支持会通过对班级纪律氛围的调节作用进而调节遭受校园欺凌对感知同伴合作的负向影响，即可能存在一个教师调节和班级纪律氛围的双重调节模型（H4）。

此外，以往相关研究表明，性别、年龄、年级、所在学校类型、家庭社会经济地位等因素会影响到学生感知同伴合作（PISA 报告）及合作解决问题的能力（Sun，2020）。本书中的学生年龄均在 15 岁左右（15.33～16.25 岁），年级基本一致，因此，本研究主题计划将学生性别、学校类别、家庭经济社会文化地位等变量作为控制变量纳入分析。

综上所述，本研究主题探讨学校归属感在遭受校园欺凌影响学生感知同伴合作中发挥的中介作用，教师支持和父母支持对这一中介过程的调节作用，以及教师支持通过对班级纪律氛围的调节作用进而调节遭受校园欺凌对感知同伴合作的负向影响，以期在理论上丰富遭受校园欺凌影响感知同伴合作的研究内容，在实践中为预防和干预校园欺凌，提升学生之间的合作氛围提供新思路。

第二节　校园欺凌对感知同伴合作影响的中介调节机制研究过程

此部分内容的研究目的是探讨学生遭受校园欺凌（总的欺凌和 3 种类型欺凌）对其感知同伴合作的中介调节机制。验证以下假设：

H1：学生遭受校园欺凌会对其感知同伴之间的合作关系产生负向影响。

H2：学校归属感在遭受校园欺凌对感知同伴合作的影响中发挥中介作用。

H3：教师支持和父母支持调节学生遭受校园欺凌和学校归属感之间的关系。

H4：教师支持通过对班级纪律氛围的调节作用进而调节遭受校园欺凌对感知同伴合作的负向影响，即存在一个教师支持和班级纪律氛围的双重调节模型。

研究主题三的框架图如图 4-2-1、图 4-2-2 所示：

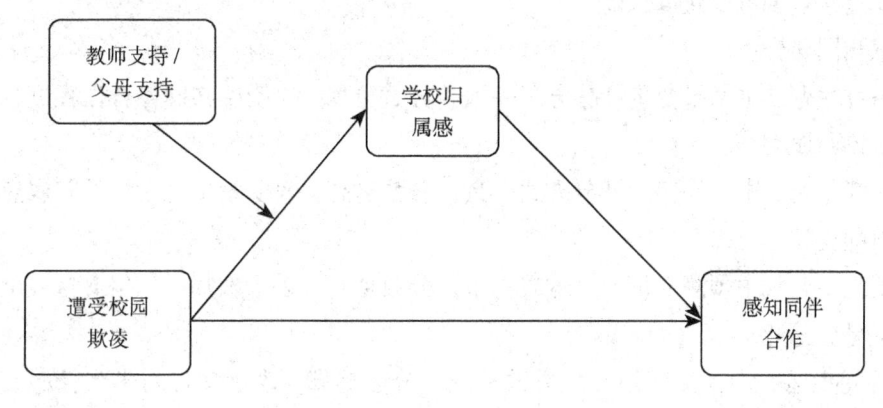

图 4-2-1　研究主题三框架图 1

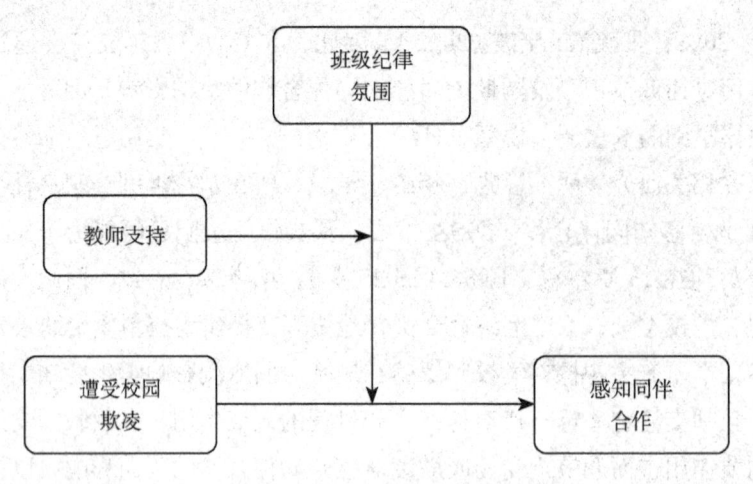

图 4-2-2 研究主题三框架图 2

一、数据来源

本研究主题所用的数据依然是 PISA 2018 中国大陆四省市的调查数据库。共 12058 名 15 岁中学生参与此测验及问卷调查，删除相关变量存在缺失的样本之后，得到的有效学生样本量少于原数据量，而且在进行不同的欺凌类型分析时，样本数据量存在一定差异。

二、研究变量

本研究主题中的变量与研究主题一和研究主题二的部分变量计分方式一致，如下所述：

1. 遭受校园欺凌

与研究主题一中结果变量计分方式一致，得分越高，表示遭受总的欺凌程度及 3 种类型欺凌程度越高。同时根据研究主题一中组合性指标的信度与效度检验方式，对涉及的遭受总的欺凌、关系欺凌、言语欺凌和肢体欺凌变量中的题目进行多元共线性的检测，结果显示，上述变量的 VIF 值为 1.203~2.041，均小于 3.3，均不存在多元共线性的问题，表明这四个变量信效度可以获得保证。

2. 感知同伴合作

与研究主题二中结果变量计分方式一致，分数越高，表明感知同伴合作程度越高。

3. 学校归属感

与研究主题二中结果变量计分方式一致，分数越高，表明学生对学校的归属感越高。

4. 教师支持

与研究主题一中预测变量计分方式一致，分数越高，表示教师对学生支持程度越高。

5. 父母支持

与研究主题一中预测变量计分方式一致，分数越高，表示父母对学生情感支持程度越高。

6. 纪律氛围

与研究主题一中预测变量计分方式一致，分数越高，表示学生所感知的班级纪律氛围越好。

7. 控制变量

研究中加入控制的变量有性别、学校类型、家庭经济社会文化地位、是否旷课、是否迟到、是否留级几个背景变量，与研究主题一中预测变量计分方式一致。

所有变量的取值范围与对应的 PISA 2018 原始题项如表 4-2-1 所示：

表 4-2-1 研究主题三的变量特征与对应的 PISA 2018 原始题项

变量类型	变量名称	变量特征	对应的 PISA 2018 原始题项
自变量	遭受总的欺凌	连续变量，取值范围：6~24	加总 ST038Q03NA-ST038Q08NA
	遭受关系欺凌	连续变量，取值范围：2~8	加总 ST038Q03NA 与 ST038Q08NA
	遭受言语欺凌	连续变量，取值范围：2~8	加总 ST038Q04NA 与 ST038Q05NA
	遭受肢体欺凌	连续变量，取值范围：2~8	加总 ST038Q06NA 与 ST038Q07NA
因变量	感知同伴合作	连续变量，取值范围：1~5	加总题目 ST206Q01HA-ST206Q04HA 后取平均值
中介变量	学校归属感	连续变量，取值范围：1~4	ST034Q01TA-ST034Q06TA，将第2、3、5题目反向后再加总6个题目取平均值
调节变量	教师支持	连续变量，取值范围：1~4	先将 ST100Q01TA-ST100Q04TA 题目反向，再加总取平均值
	父母支持	连续变量，取值范围：1~4	加总 ST123Q02NA-ST123Q04NA，取平均值
	纪律氛围	连续变量，取值范围：1~4	加总 ST097Q01TA- ST097Q05TA 取平均值
控制变量	性别	类别变量，女生=0，男生=1	ST004D01T，转换为虚拟变量
	教育类型	类别变量，普通教育=0，职业教育=1	ISCEDO，转换为虚拟变量
	家庭经济社会文化地位	连续变量，学生家庭经济社会文化地位指数	加权 HOMEPOS、HISEI 与 PARED
	是否迟到	类别变量，无留级=0，留级=1	重新编码题项 ST062Q03TA，选择"一次也没有"，则 late_or_not 取值0，反之取值1
	是否旷课	类别变量，普通教育=0，职业教育=1	重新编码题项 ST062Q01TA 和 ST062Q02TA，两题都选择"一次也没有"，则 skipclass 取值0，反之取值1
	是否留级	类别变量，无旷课=0，旷课=1	重新编码题项 ST127Q01TA、ST127Q02TA 和 ST127Q03TA：有一题取值1，则 REPEAT 取值1；3题全部取值0，则 REPEAT 取值0

三、数据处理方法

采用 SPSS 24.0 进行描述统计、信度效度分析、相关分析，并使用 Hayes（2013）的 PROCESS 进行中介模型、有调节的中介模型及双重调节模型的分析。为了探究变量间的交互作用，本研究还采用了 Johnson-Neyman 分析方法进行分析，该技术在调节变量范围内能够识别自变量对因变量的影响在统计上显著和不显著的区域（Hayes & Matthes,

2009），而且这种方法避免了根据需要任意定义的"低""中""高"的值。可以确定调节的起始和终点，而通常的方式只能确定调节作用是否存在，不能获取调节的范围大小。

第三节 校园欺凌对感知同伴合作影响的中介调节机制研究结果

一、各变量描述性分析结果及其相关性

如表 4-3-1 所示，本书中所使用的样本中女生有 5775 人，占 47.9%，男生有 6283 人，占 52.1%；普通中学学生有 9900 人，占 82.1%，职业中学学生有 2158 人，占 17.9%；学生的平均家庭经济社会文化地位指数为 -0.362，说明我国四省市学生的 ESCS 指数低于 OECD 国家平均水平（家庭社会经济文化地位是衍生变量，以 OECD 国家学生的平均值取值为 0，当该值为负值，表示低于 OECD 国家学生的平均程度）；在 PISA 测试的前两周内有旷课的学生比例为 7.4%，约为 892 人，有迟到的学生比例为 30.2%，约为 3641 人；在受教育过程中有过留级经历的学生人数为 760 人，占 6.3%，说明中国四省市中学生有迟到现象的人数较多，有旷课留级现象的人数较少。

表 4-3-1 研究主题三各变量描述性统计结果

变量	均值	标准差	变量	类型	比例/均值	标准差
遭受总的欺凌	7.604	2.767	性别	女生	47.9%	
				男生	52.1%	
遭受关系欺凌	2.492	1.074	教育类型	普通教育	82.1%	
				职业教育	17.9%	
遭受言语欺凌	2.540	1.035	家庭社会经济文化地位		-.362	1.087
遭受肢体欺凌	2.577	1.049	是否旷课	未旷课	91.6%	
				旷课	7.4%	
感知同伴合作	2.847	.733	是否迟到	未迟到	69.8%	
				迟到	30.2%	
学校归属感	2.953	.550	是否留级	未留级	93.7%	
				留级	6.3%	
教师支持	3.394	.692				
父母支持	3.330	.643				
纪律氛围	3.416	.607				

如表 4-3-2 所示，遭受校园欺凌（总的欺凌和 3 种类型欺凌）与感知同伴合作之间存在显著负相关，初步证明假设 1 成立。遭受校园欺凌（总的欺凌和 3 种类型欺凌）与学校归属感、教师支持、父母支持和纪律氛围也均呈显著的负相关，感知同伴合作与归属感、

教师支持、父母支持和纪律氛围均呈显著的正相关。

表 4-3-2 研究主题三各变量间相关性分析结果

变量	1	2	3	4	5	6	7	8	9
1 总的欺凌	—								
2 关系欺凌	.883**	—							
3 言语欺凌	.893**	.712**	—						
4 肢体欺凌	.851**	.601**	.638**	—					
5 感知同伴合作	-.170**	-.162**	-.157**	-.127**	—				
6 学校归属感	-.332**	-.340**	-.299**	-.233**	.402**	—			
7 教师支持	-.180**	-.161**	-.153**	-.158**	.287**	.248**	—		
8 父母支持	-.142**	-.126**	-.125**	-.125**	.301**	.285**	.201**	—	
9 纪律氛围	-.264**	-.230**	-.227**	-.235**	.229**	.232**	.281**	.146**	—

注：**$p<0.01$（双尾）。

二、遭受校园欺凌对感知同伴合作的直接效应

为了验证假设1，分别以遭受总的欺凌和3种类型欺凌为预测变量，以感知同伴合作为结果变量，以学生性别、学校类型、ESCS为控制变量进行逐步回归分析。结果显示（表 4-3-3~表 4-3-6），说明在控制了性别、学校类型、ESCS之后，遭受总的欺凌对感知同伴合作具有显著的负向预测作用（$B=-0.043$，$SE=0.002$，$t=-17.491$，$p<0.001$），同样地，遭受关系欺凌对感知同伴合作具有显著的负向预测作用（$B=-0.106$，$SE=0.006$，$t=-17.103$，$p<0.001$），遭受言语欺凌对感知同伴合作具有显著的负向预测作用（$B=-0.108$，$SE=0.007$，$t=-16.573$，$p<0.001$），遭受肢体欺凌对感知同伴合作具有显著的负向预测作用（$B=-0.081$，$SE=0.006$，$t=-12.599$，$p<0.001$）。表明遭受校园欺凌和3种类型欺凌对感知同伴合作产生显著负向影响，假设1成立。

表 4-3-3 遭受总的欺凌对感知同伴合作的回归分析结果

因变量	自变量	非标准化系数 B	标准误	标准化系数 Beta	t	显著性	R^2	样本独立 D-W 检定
感知同伴合作	（常数）	3.192	.020		160.684	<.001	0.055	1.922
	遭受总的欺凌	-.043	.002	-.162	-17.491	<.001		
	性别	.105	.013	.071	7.811	<.001		
	教育类型	-.095	.018	-.049	-5.340	<.001		
	家庭社会经济文化地位	.069	.006	.103	11.017	<.001		
	是否旷课	-.184	.026	-.066	-7.146	<.001		
	是否迟到	-.060	.015	-.038	-4.076	<.001		
	是否留级	.037	.028	.012	1.315	.188		

表 4-3-4 遭受关系欺凌对感知同伴合作的回归分析结果

因变量	自变量	非标准化系数 B	标准误	标准化系数 Beta	t	显著性	R^2	样本独立 D-W 检定
感知同伴合作	(常数)	3.141	.018		177.081	<.001	0.054	1.928
	遭受关系欺凌	-.106	.006	-.156	-17.103	<.001		
	性别	.090	.013	.062	6.814	<.001		
	教育类型	-.093	.018	-.048	-5.257	<.001		
	家庭社会经济文化地位	.072	.006	.107	11.483	<.001		
	是否旷课	-.191	.026	-.068	-7.412	<.001		
	是否迟到	-.066	.015	-.041	-4.483	<.001		
	是否留级	.031	.028	.010	1.121	.262		

表 4-3-5 遭受言语欺凌对感知同伴合作的回归分析结果

因变量	自变量	非标准化系数 B	标准误	标准化系数 Beta	t	显著性	R^2	样本独立 D-W 检定
感知同伴合作	(常数)	3.144	.018		172.253	<.001	0.053	1.926
	遭受言语欺凌	-.108	.007	-.152	-16.573	<.001		
	性别	.103	.013	.071	7.732	<.001		
	教育类型	-.099	.018	-.051	-5.580	<.001		
	家庭社会经济文化地位	.071	.006	.106	11.334	<.001		
	是否旷课	-.196	.026	-.070	-7.624	<.001		
	是否迟到	-.064	.015	-.040	-4.361	<.001		
	是否留级	.031	.028	.010	1.096	.273		

表 4-3-6 遭受肢体欺凌对感知同伴合作的回归分析结果

因变量	自变量	非标准化系数 B	标准误	标准化系数 Beta	t	显著性	R^2	样本独立 D-W 检定
感知同伴合作	(常数)	3.086	.018		168.766	<.001	0.044	1.925
	遭受肢体欺凌	-.081	.006	-.116	-12.599	<.001		
	性别	.091	.013	.062	6.776	<.001		
	教育类型	-.093	.018	-.049	-5.245	<.001		
	家庭社会经济文化地位	.071	.006	.105	11.141	<.001		
	是否旷课	-.211	.026	-.076	-8.169	<.001		
	是否迟到	-.064	.015	-.040	-4.295	<.001		
	是否留级	.035	.028	.012	1.261	.207		

注：D-W 检定指的是 Durbin-Watson 检定，Durbin-Watson 为 1.5~2.5，代表没有自我相关性，数据符合样本独立。

校园欺凌是指一个学生重复且长期地被一个或多个学生故意实施负面攻击性行为（Olweus, 1993b），包括身体上、言语上或其他方面（王慧敏, 2019），而受欺凌的学生往往难以反抗欺凌者（Awiria et al., 1994; Olweus, 1994; Smith et al., 1999）。可见，这种现象本身就是对良好同伴关系的极大破坏，这种破坏会使受害者对同伴合作的感知持消极态度。近期研究也发现，遭受校园欺凌会使学生的合作意向降低（黄亮 & 赵德成, 2020）。本研究结果与此类似，表明遭受校园欺凌会对学生积极的人际关系感知造成较大破坏。

同伴关系在青少年成长中发挥重要作用，青少年大部分时间都与同伴一起学习活动，良好的人际互动可以促进青少年的人格发展与成熟，但遭受校园欺凌可能会使受欺凌者感受不到学生之间的良性互动，从而躲避人际交往，越来越少地参与学校活动，课堂参与率和入学率也会降低（Cornell et al., 2013），进而会影响他们的学业表现；同时，青少年在遭受校园欺凌后，很容易产生一些严重的负面心理健康方面的后果，如自杀意念与自杀企图增加（Hinduja & Patchin, 2010; Holt et al., 2015）、广泛性焦虑症或社交焦虑、低自尊和孤独（Hawker & Boulton, 2000）、精神病症状（van Dam et al., 2012）、抑郁（Ttofi et al., 2011a）、睡眠问题（van Geel et al., 2016）等。因此，校园欺凌问题应引起各方面积极关注。

三、学校归属感的中介作用

采用 SPSS PROCESS 程序执行 Model 4 来检验学校归属感在遭受总的欺凌对感知同伴合作影响的中介作用，并将学生性别、学校类型、ESCS、是否旷课、是否迟到、是否留级作为控制变量，执行 5000 次 Bootstrap 的操作，结果显示：首先，总效果显著，$c = -0.043$，$SE = 0.002$，$t = -17.355$，$p < 0.001$，95% 的置信区间为 [3.153, 3.231]，不包括 0；进而，直接效果显著，$c' = -0.010$，$SE = 0.002$，$t = -4.166$，$p < 0.001$，95% 的置信区间为 [-0.015, -0.005]，不包括 0；最后，间接效果显著，$a = -0.066$，$SE = 0.002$，$t = -37.057$，$p < 0.001$，95% 的置信区间为 [-0.069, -0.062]，不包括 0，$b = 0.497$，$SE = 0.012$，$t = 41.234$，$p < 0.001$，95% 的置信区间为 [0.473, 0.520]，不包括 0，$a*b = -0.033$，使用 Bootstrap 方法计算的 $SE = -33.000$，$p < 0.001$，95% 的置信区间为 [-0.036, -0.030]，不包括 0。以上结果表明，中介效应和直接效应均显著存在，因此，学校归属感在遭受总的欺凌对感知同伴合作影响中起部分中介作用，效应量为 $a*b/c = 76.744\%$。即遭受总的欺凌会对学生的学校归属感产生显著负向影响，学生学校归属感对感知同伴合作产生显著正向影响，遭受总的欺凌通过学校归属感的部分中介作用对感知同伴合作产生负向影响（见表 4-3-7）。同样地，遭受关系欺凌、言语欺凌和肢体欺凌均通过学校归属感的部分中介作用对感知同伴合作产生负向影响（见表 4-3-8~表 4-3-10）。这一结果验证了假设 2。

表 4-3-7 学校归属感在遭受总的欺凌与感知同伴合作之间的中介作用结果

因变量	自变量	系数	标准误	t	p	95% CI LL	95% CI UL
总效应							
感知同伴合作	常量	3.192	0.020	159.482	<.001	3.153	3.231
	遭受总的欺凌	-0.043	0.002	-17.355	<.001	-0.048	-0.038
	性别	0.103	0.013	7.676	<.001	0.077	0.130
	教育类型	-0.094	0.018	-5.275	<.001	-0.129	-0.059
	家庭社会经济文化地位	0.069	0.006	10.955	<.001	0.057	0.082
	是否旷课	-0.187	0.026	-7.208	<.001	-0.238	-0.136
	是否迟到	-0.061	0.015	-4.112	<.001	-0.090	-0.032
	是否留级	0.034	0.028	1.214	.225	-0.021	0.090
直接效应							
感知同伴合作	遭受总的欺凌	-0.010	0.002	-4.166	<.001	-0.015	-0.005
间接效应							
学校归属感	常量	3.449	0.014	239.477	<.001	3.420	3.477
	遭受总的欺凌	-0.066	0.002	-37.057	<.001	-0.069	-0.062
	性别	0.090	0.010	9.323	<.001	0.071	0.109
	教育类型	-0.018	0.013	-1.430	.153	-0.043	0.007
	家庭社会经济文化地位	0.059	0.005	12.860	<.001	0.050	0.068
	是否旷课	-0.092	0.019	-4.933	<.001	-0.129	-0.056
	是否迟到	-0.035	0.011	-3.320	.001	-0.056	-0.014
	是否留级	0.008	0.020	0.378	.705	-0.032	0.048
感知同伴合作	常量	1.479	0.046	32.482	<.001	1.390	1.569
	学校归属感	0.497	0.012	41.234	<.001	0.473	0.520
	遭受总的欺凌	-0.010	0.002	-4.166	<.001	-0.015	-0.005
	性别	0.058	0.013	4.634	<.001	0.034	0.083
	教育类型	-0.085	0.017	-5.100	<.001	-0.117	-0.052
	家庭社会经济文化地位	0.040	0.006	6.762	<.001	0.029	0.052
	是否旷课	-0.141	0.024	-5.824	<.001	-0.189	-0.094
	是否迟到	-0.043	0.014	-3.131	.002	-0.070	-0.016
	是否留级	0.031	0.026	1.155	.248	-0.021	0.082
		效应	Bootstrap SE	t	p	Bootstrap 95% CI LL	Bootstrap 95% CI UL
感知同伴合作	遭受总的欺凌	-0.033	0.001	-33.000	<.001	-0.036	-0.030

表 4-3-8 学校归属感在遭受关系欺凌与感知同伴合作之间的中介作用结果

因变量	自变量	系数	标准误	t	p	95% CI LL	95% CI UL
总效应							
感知同伴合作	常量	3.142	0.018	175.939	<.001	3.107	3.177
	遭受关系欺凌	-0.107	0.006	-17.015	<.001	-0.119	-0.094
	性别	0.089	0.013	6.665	<.001	0.063	0.115
	教育类型	-0.092	0.018	-5.202	<.001	-0.127	-0.058
	家庭社会经济文化地位	0.072	0.006	11.435	<.001	0.060	0.085

续表

因变量	自变量	系数	标准误	t	p	95% CI LL	95% CI UL
	是否旷课	-0.193	0.026	-7.471	<.001	-0.244	-0.143
	是否迟到	-0.066	0.015	-4.506	<.001	-0.095	-0.038
	是否留级	0.030	0.028	1.059	.290	-0.025	0.085
直接效应							
感知同伴合作	遭受关系欺凌	-0.021	0.006	-3.323	.001	-0.033	-0.008
间接效应							
学校归属感	常量	3.389	0.013	264.673	<.001	3.364	3.415
	遭受关系欺凌	-0.172	0.004	-38.283	<.001	-0.181	-0.163
	性别	0.072	0.010	7.511	<.001	0.053	0.090
	教育类型	-0.018	0.013	-1.434	.152	-0.043	0.007
	家庭社会经济文化地位	0.061	0.005	13.516	<.001	0.052	0.070
	是否旷课	-0.094	0.019	-5.056	<.001	-0.130	-0.057
	是否迟到	-0.043	0.011	-4.087	<.001	-0.064	-0.022
	是否留级	0.002	0.020	0.109	.913	-0.037	0.042
感知同伴合作	常量	1.447	0.044	32.835	<.001	1.361	1.534
	学校归属感	0.500	0.012	41.520	<.001	0.476	0.523
	遭受关系欺凌	-0.021	0.006	-3.323	.001	-0.033	-0.008
	性别	0.053	0.012	4.245	<.001	0.028	0.077
	教育类型	-0.083	0.017	-5.021	<.001	-0.116	-0.051
	家庭社会经济文化地位	0.042	0.006	7.004	<.001	0.030	0.053
	是否旷课	-0.146	0.024	-6.054	<.001	-0.194	-0.099
	是否迟到	-0.045	0.014	-3.255	.001	-0.072	-0.018
	是否留级	0.029	0.026	1.092	.275	-0.023	0.080
		效应	Bootstrap SE	t	p	Bootstrap 95% CI LL	Bootstrap 95% CI UL
感知同伴合作	遭受关系欺凌	-0.086	0.004	-21.500	<.001	-0.093	-0.079

表 4-3-9　学校归属感在遭受言语欺凌与感知同伴合作之间的中介作用结果

因变量	自变量	系数	标准误	t	p	95% CI LL	95% CI UL
总效应							
感知同伴合作	常量	3.143	0.018	171.217	<.001	3.107	3.179
	遭受言语欺凌	-0.108	0.007	-16.446	<.001	-0.121	-0.095
	性别	0.102	0.013	7.618	<.001	0.076	0.129
	教育类型	-0.098	0.018	-5.492	<.001	-0.133	-0.063
	家庭社会经济文化地位	0.072	0.006	11.332	<.001	0.059	0.084
	是否旷课	-0.198	0.026	-7.659	<.001	-0.249	-0.147
	是否迟到	-0.065	0.015	-4.393	<.001	-0.094	-0.036
	是否留级	0.028	0.028	1.005	.315	-0.027	0.084
直接效应							
感知同伴合作	遭受言语欺凌	-0.029	0.006	-4.541	<.001	-0.042	-0.017
间接效应							
学校归属感	常量	3.359	0.013	251.965	<.001	3.333	3.385

续表

因变量	自变量	系数	标准误	t	p	95% CI LL	95% CI UL
	遭受言语欺凌	-0.159	0.005	-33.360	<.001	-0.168	-0.149
	性别	0.087	0.010	8.900	<.001	0.068	0.106
	教育类型	-0.025	0.013	-1.921	.055	-0.050	0.001
	家庭社会经济文化地位	0.061	0.005	13.391	<.001	0.052	0.070
	是否旷课	-0.111	0.019	-5.890	<.001	-0.147	-0.074
	是否迟到	-0.043	0.011	-3.994	<.001	-0.064	-0.022
	是否留级	0.001	0.021	0.028	.977	-0.040	0.041
感知同伴合作	常量	1.478	0.043	33.997	<.001	1.392	1.563
	学校归属感	0.496	0.012	41.692	<.001	0.473	0.519
	遭受言语欺凌	-0.029	0.006	-4.541	<.001	-0.042	-0.017
	性别	0.059	0.013	4.715	<.001	0.035	0.084
	教育类型	-0.085	0.017	-5.145	<.001	-0.118	-0.053
	家庭社会经济文化地位	0.041	0.006	6.924	<.001	0.029	0.053
	是否旷课	-0.143	0.024	-5.927	<.001	-0.191	-0.096
	是否迟到	-0.044	0.014	-3.165	.002	-0.071	-0.017
	是否留级	0.028	0.026	1.067	.286	-0.024	0.080
		效应	Bootstrap SE	t	p	Bootstrap 95% CI LL	Bootstrap 95% CI UL
感知同伴合作	遭受言语欺凌	-0.079	0.004	-19.750	<.001	-0.086	-0.072

表4-3-10 学校归属感在遭受肢体欺凌与感知同伴合作之间的中介作用结果

因变量	自变量	系数	标准误	t	p	95% CI LL	95% CI UL
总效应							
感知同伴合作	常量	3.084	0.018	167.473	<.001	3.047	3.120
	遭受肢体欺凌	-0.081	0.007	-12.369	<.001	-0.093	-0.068
	性别	0.089	0.013	6.623	<.001	0.063	0.116
	教育类型	-0.093	0.018	-5.199	<.001	-0.128	-0.058
	家庭社会经济文化地位	0.071	0.006	11.164	<.001	0.059	0.083
	是否旷课	-0.213	0.026	-8.194	<.001	-0.264	-0.162
	是否迟到	-0.065	0.015	-4.347	<.001	-0.094	-0.035
	是否留级	0.034	0.028	1.199	.230	-0.022	0.090
直接效应							
感知同伴合作	遭受肢体欺凌	-0.021	0.006	-3.404	.001	-0.033	-0.009
间接效应							
学校归属感	常量	3.267	0.014	240.760	<.001	3.240	3.294
	遭受肢体欺凌	-0.118	0.005	-24.511	<.001	-0.127	-0.108
	性别	0.069	0.010	6.965	<.001	0.050	0.089
	教育类型	-0.015	0.013	-1.121	.262	-0.041	0.011
	家庭社会经济文化地位	0.060	0.005	12.749	<.001	0.051	0.069
	是否旷课	-0.127	0.019	-6.636	<.001	-0.165	-0.090
	是否迟到	-0.043	0.011	-3.926	<.001	-0.064	-0.022

续表

因变量	自变量	系数	标准误	t	p	95% CI LL	95% CI UL
	是否留级	0.001	0.021	0.063	.950	-0.040	0.042
感知同伴合作	常量	1.432	0.042	34.335	<.001	1.351	1.514
	学校归属感	0.505	0.012	43.386	<.001	0.483	0.528
	遭受肢体欺凌	-0.021	0.006	-3.404	.001	-0.033	-0.009
	性别	0.054	0.013	4.331	<.001	0.030	0.079
	教育类型	-0.085	0.017	-5.152	<.001	-0.118	-0.053
	家庭社会经济文化地位	0.041	0.006	6.865	<.001	0.029	0.052
	是否旷课	-0.149	0.024	-6.154	<.001	-0.196	-0.101
	是否迟到	-0.043	0.014	-3.106	.002	-0.070	-0.016
	是否留级	0.033	0.026	1.267	.205	-0.018	0.085

		效应	Bootstrap SE	t	p	Bootstrap 95% CI LL	Bootstrap 95% CI UL
感知同伴合作	遭受肢体欺凌	-0.059	0.003	-19.667	<.001	-0.066	-0.053

注：LLCI 和 ULCI 分别代表上下置信区间，LLCI 表示 lower limit confidence intervals，ULCI 表示 upper limit confidence intervals，Boot SE 代表在执行 Bootstrap 后的标准误，Boot LLCI 和 Boot ULCI 分别代表在执行 Bootstrap 后的上下置信区间。

希望同伴群体接纳自己，渴望归属于某一群体是青少年阶段学生成长过程中的基本需求。学校是青少年社会化最重要的场所，学校环境对学生的成长非常重要（Liu, 2017, 2018）。青少年处于形成对世界、生活和自身的正确价值观的重要时期。他们重视他人的接受、关心和认同。如果他们在学校被欺负，那就很难形成对学校的归属感（Guo & Zhao, 2019），也很难产生与他人是一个整体的情感，自然对同伴之间合作氛围的感知程度也会降低。

四、教师支持和父母支持的调节作用

采用 SPSS PROCESS 程序执行 Model 7 来检验教师支持在学生遭受校园欺凌（包括总的欺凌和其他 3 种类型欺凌）通过学校归属感的中介作用对感知同伴合作影响的调节效果，并将学生性别、学校类型、经济社会文化地位、是否旷课、是否迟到、是否留级作为控制变量，执行 5000 次 Bootstrap 的操作，结果显示：教师支持对学生遭受总的欺凌与感知同伴合作之间的间接效应前半段路径负向调节作用显著，指数值为 -0.004，Boot SE 为 0.001，$t = -4.000$，$p < 0.001$，95% 的置信区间为 [-0.007, -0.002]，不包括 0（表 4-3-11），即遭受总的欺凌对学校归属感的影响随教师支持程度的变化而变化，当教师支持程度增加时，遭受校园欺凌对学校归属感的负向影响减弱。同样地，教师支持对学生遭受关系欺凌、言语欺凌与感知同伴合作之间的间接效应前半段路径负向调节作用均显著（表 4-3-12、表 4-3-13），但教师支持对学生遭受肢体欺凌与感知同伴合作之间的间接效应前半段路径负向调节作用不显著（表 4-3-14）。

表 4-3-11　教师支持对遭受总的欺凌与学校归属感的调节作用结果

因变量	自变量	系数	标准误	t	p	95% CI LL	95% CI UL
学校归属感	常量	2.940	.008	380.817	<.001	2.925	2.956
	遭受肢体欺凌	-.062	.002	-33.658	<.001	-.066	-.058
	教师支持	.149	.007	21.316	<.001	.135	.162
	交互（遭受总的欺凌*教师支持）	-.008	.002	-4.170	<.001	-.012	-.004
	性别	.086	.010	8.999	<.001	.067	.104
	教育类型	-.012	.013	-.945	.345	-.037	.013
	家庭社会经济文化地位	.052	.004	11.670	<.001	.044	.061
	是否旷课	-.063	.018	-3.447	.001	-.100	-.027
	是否迟到	-.028	.010	-2.680	.007	-.049	-.008
	是否留级	.007	.020	.364	.716	-.032	.047
感知同伴合作	常量	1.404	.037	37.982	<.001	1.331	1.476
	学校归属感	.496	.012	41.157	<.001	.472	.520
	遭受肢体欺凌	-.010	.002	-4.197	<.001	-.015	-.005
	性别	.057	.013	4.529	<.001	.032	.082
	教育类型	-.083	.017	-4.993	<.001	-.116	-.051
	家庭社会经济文化地位	.041	.006	6.840	<.001	.029	.052
	是否旷课	-.140	.024	-5.764	<.001	-.188	-.092
	是否迟到	-.043	.014	-3.136	.002	-.070	-.016
	是否留级	.035	.027	1.307	.191	-.017	.087

中介的调节效果

	指标	Bootstrap SE	t	p	Bootstrap 95% CI LL	Bootstrap 95% CI UL
学校归属感	-0.004	0.001	-4.000	<.001	-0.007	-0.002

表 4-3-12　教师支持对遭受关系欺凌与学校归属感的调节作用结果

因变量	自变量	系数	标准误	t	p LL	95% CI UL
学校归属感	常量	2.951	.008	387.927	<.001	2.94	2.97
	遭受关系欺凌	-.164	.005	-35.326	<.001	-0.17	-0.16
	教师支持	.152	.007	21.941	<.001	0.14	0.17
	交互（遭受关系欺凌*教师支持）	-.023	.005	-4.447	<.001	2.937	2.966
	性别	.069	.009	7.323	<.001	-.173	-.155
	教育类型	-.011	.013	-.916	.360	.138	.165
	家庭社会经济文化地位	.055	.004	12.274	<.001	-.034	-.013
	是否旷课	-.063	.018	-3.461	.001	.050	.087
	是否迟到	-.035	.010	-3.371	.001	-.036	.013
	是否留级	.003	.020	.155	.876	.046	.063
感知同伴合作	常量	1.398	.037	37.701	<.001	-.099	-.027
	学校归属感	.499	.012	41.438	<.001	-.055	-.015

续表

因变量	自变量	系数	标准误	t	p LL	95% CI UL	
	遭受关系欺凌	-.021	.006	-3.351	.001	-.036	.042
	性别	.052	.012	4.139	<.001	1.325	1.470
	教育类型	-.082	.017	-4.914	<.001	.476	.523
	家庭社会经济文化地位	.042	.006	7.081	<.001	-.033	-.009
	是否旷课	-.145	.024	-5.995	<.001	.027	.076
	是否迟到	-.045	.014	-3.259	.001	-.114	-.049
	是否留级	.033	.026	1.244	.214	.030	.054

中介的调节效果

		指标	Bootstrap SE	t	p LL	Bootstrap 95% CI UL	
学校归属感		-.012	.003	-4.000	<.001	-.018	-.006

表 4-3-13 教师支持对遭受言语欺凌与学校归属感的调节作用结果

因变量	自变量	系数	标准误	t	p LL	95% CI UL	
学校归属感	常量	2.948	.008	380.834	<.001	2.933	2.964
	遭受言语欺凌	-.147	.005	-30.260	<.001	-.157	-.138
	教师支持	.155	.007	22.218	<.001	.141	.169
	交互（遭受言语欺凌*教师支持）	-.013	.006	-2.318	.020	-.024	-.002
	性别	.082	.010	8.607	<.001	.064	.101
	教育类型	-.017	.013	-1.363	.173	-.042	.008
	家庭社会经济文化地位	.055	.005	12.150	<.001	.046	.064
	是否旷课	-.078	.018	-4.238	<.001	-.115	-.042
	是否迟到	-.035	.011	-3.351	.001	-.056	-.015
	是否留级	.001	.020	.055	.956	-.038	.041
感知同伴合作	常量	1.406	.037	38.396	<.001	1.334	1.477
	学校归属感	.495	.012	41.616	<.001	.472	.519
	遭受言语欺凌	-.029	.006	-4.581	<.001	-.042	-.017
	性别	.058	.013	4.612	<.001	.033	.083
	教育类型	-.084	.017	-5.039	<.001	-.116	-.051
	家庭社会经济文化地位	.042	.006	7.005	<.001	.030	.053
	是否旷课	-.142	.024	-5.868	<.001	-.190	-.095
	是否迟到	-.044	.014	-3.169	.002	-.071	-.017
	是否留级	.032	.026	1.219	.223	-.020	.084

中介的调节效果

		指标	Bootstrap SE	t	p	Bootstrap 95% CI LL	UL
学校归属感		-.006	.003	-2.000	.046	-.013	<.001

表 4-3-14 教师支持对遭受肢体欺凌与学校归属感的调节作用结果

因变量	自变量	系数	标准误	t	p	95% CI LL	95% CI UL
学校归属感	常量	2.957	.008	373.548	<.001	2.942	2.973
	遭受肢体欺凌	-.105	.005	-21.260	<.001	-.114	-.095
	教师支持	.162	.007	22.800	<.001	.148	.176
	交互（遭受肢体欺凌*教师支持）	-.009	.005	-1.587	.113	-.019	.002
	性别	.065	.010	6.670	<.001	.046	.084
	教育类型	-.007	.013	-.579	.563	-.033	.018
	家庭社会经济文化地位	.053	.005	11.568	<.001	.044	.062
	是否旷课	-.093	.019	-4.938	<.001	-.130	-.056
	是否迟到	-.036	.011	-3.339	.001	-.057	-.015
	是否留级	.001	.021	.066	.947	-.039	.042
感知同伴合作	常量	1.379	.036	38.303	<.001	1.309	1.450
	学校归属感	.505	.012	43.317	<.001	.482	.528
	遭受肢体欺凌	-.021	.006	-3.415	.001	-.033	-.009
	性别	.053	.013	4.224	<.001	.028	.078
	教育类型	-.084	.017	-5.044	<.001	-.116	-.051
	家庭社会经济文化地位	.041	.006	6.943	<.001	.030	.053
	是否旷课	-.148	.024	-6.098	<.001	-.195	-.100
	是否迟到	-.043	.014	-3.112	.002	-.070	-.016
	是否留级	.037	.026	1.415	.157	-.014	.089

中介的调节效果

	指标	Bootstrap SE	t	p	Bootstrap 95% CI LL	Bootstrap 95% CI UL
学校归属感	-0.004	0.003	-1.333	.182	-.011	0.002

注：CI = confidence interval，表示置信区间；LL = lower limit，表示下置信区间；UL = upper limit，表示上置信区间，Bootstrap SE 代表在执行 Bootstrap 后的标准误。

同样地，采用 SPSS PROCESS 程序执行 Model 7 来检验父母支持在学生遭受校园欺凌（包括总的欺凌和 3 种类型欺凌）通过学校归属感的中介作用对感知同伴合作影响的调节效果，并将学生性别、学校类型、家庭社会经济文化地位、是否旷课、是否迟到、是否留级作为控制变量，同样执行 5000 次 Bootstrap 的操作，结果显示：父母支持对学生遭受总的欺凌与感知同伴合作之间的间接效应前半段路径负向调节作用显著，指数值为 -0.004，Boot SE 为 0.001，$t = -4.000$，$p < 0.001$，95% 的置信区间为 [-0.007, -0.002]，不包括 0（表 4-3-15），即遭受总的欺凌对学校归属感的影响随父母支持程度的变化而变化，当父母支持程度增加时，遭受总的欺凌对学校归属感的负向影响减弱。同样地，父母支持对学生遭受关系欺凌、肢体欺凌与感知同伴合作之间的间接效应前半段路径负向调节作用均显著（表 4-3-16、表 4-3-18），但父母支持对学生遭受言语欺凌与感知同伴合作之间的间接效应前半段路径负向调节作用不显著（表 4-3-17）。至此，本研究主题的第 3 个假设也得到验证。

表 4-3-15 父母支持对遭受总的欺凌与学校归属感的调节作用结果

因变量	自变量	系数	标准误	t	p	95% CI LL	95% CI UL
学校归属感	常量	2.931	.008	383.793	<.001	2.916	2.946
	遭受总的欺凌	-.062	.002	-34.679	<.001	-.066	-.059
	教师支持	.197	.007	26.743	<.001	.183	.212
	交互（遭受总的欺凌*教师支持）	-.009	.002	-4.101	<.001	-.013	-.005
	性别	.091	.009	9.638	<.001	.072	.109
	教育类型	-.003	.012	-.251	.802	-.028	.021
	家庭社会经济文化地位	.043	.004	9.733	<.001	.035	.052
	是否旷课	-.075	.018	-4.131	<.001	-.111	-.039
	是否迟到	-.021	.010	-2.011	.044	-.041	-.001
	是否留级	.022	.020	1.100	.271	-.017	.061
感知同伴合作	常量	1.405	.037	38.026	<.001	1.333	1.478
	学校归属感	.496	.012	41.117	<.001	.472	.519
	遭受总的欺凌	-.010	.002	-4.087	<.001	-.015	-.005
	性别	.058	.013	4.578	<.001	.033	.082
	教育类型	-.085	.017	-5.104	<.001	-.118	-.052
	家庭社会经济文化地位	.040	.006	6.756	<.001	.029	.052
	是否旷课	-.141	.024	-5.790	<.001	-.188	-.093
	是否迟到	-.043	.014	-3.087	.002	-.070	-.016
	是否留级	.030	.026	1.135	.256	-.022	.082

中介的调节效应

	指标	Bootstrap SE	t	p	Bootstrap 95% CI LL	Bootstrap 95% CI UL
学校归属感	-0.004	0.001	-4.000	<.001	-0.007	-0.002

表 4-3-16 父母支持对遭受关系欺凌与学校归属感的调节作用结果

因变量	自变量	系数	标准误	t	p	95% CI LL	95% CI UL
学校归属感	常量	2.943	.008	390.480	<.001	2.928	2.958
	遭受关系欺凌	-.162	.005	-36.011	<.001	-.171	-.154
	教师支持	.198	.007	27.038	<.001	.184	.213
	交互（遭受关系欺凌*教师支持）	-.018	.006	-3.207	.001	-.029	-.007
	性别	.074	.009	7.976	<.001	.056	.092
	教育类型	-.003	.012	-.248	.804	-.027	.021
	家庭社会经济文化地位	.046	.004	10.297	<.001	.037	.054
	是否旷课	-.075	.018	-4.159	<.001	-.110	-.040
	是否迟到	-.028	.010	-2.764	.006	-.049	-.008
	是否留级	.018	.020	.907	.365	-.021	.056
感知同伴合作	常量	1.399	.037	37.739	<.001	1.326	1.471
	学校归属感	.499	.012	41.415	<.001	.475	.523

续表

因变量	自变量	系数	标准误	t	p	95% CI LL	95% CI UL
	遭受关系欺凌	-.020	.006	-3.216	.001	-.032	-.008
	性别	.052	.012	4.190	<.001	.028	.077
	教育类型	-.084	.017	-5.025	<.001	-.116	-.051
	家庭社会经济文化地位	.042	.006	6.997	<.001	.030	.053
	是否旷课	-.146	.024	-6.023	<.001	-.193	-.098
	是否迟到	-.044	.014	-3.212	.001	-.071	-.017
	是否留级	.028	.026	1.072	.284	-.023	.080
中介的调节效果							
		指标	Bootstrap SE	t	p	Bootstrap 95% CI LL	Bootstrap 95% CI UL
学校归属感		-.009	.004	-2.250	.024	-.017	-.002

表 4-3-17　父母支持对遭受言语欺凌与学校归属感的调节作用结果

因变量	自变量	系数	标准误	t	p	95% CI LL	95% CI UL
学校归属感	常量	2.939	.008	383.230	<.001	2.924	2.954
	遭受言语欺凌	-.147	.005	-31.061	<.001	-.157	-.138
	教师支持	.202	.007	27.194	<.001	.187	.216
	交互（遭受言语欺凌*教师支持）	-.015	.006	-2.444	.015	-.026	-.003
	性别	.087	.009	9.188	<.001	.068	.106
	教育类型	-.009	.013	-.720	.472	-.034	.016
	家庭社会经济文化地位	.046	.004	10.201	<.001	.037	.055
	是否旷课	-.092	.018	-5.024	<.001	-.127	-.056
	是否迟到	-.028	.010	-2.677	.007	-.048	-.007
	是否留级	.016	.020	.804	.421	-.023	.055
感知同伴合作	常量	1.407	.037	38.451	<.001	1.336	1.479
	学校归属感	.495	.012	41.558	<.001	.471	.518
	遭受言语欺凌	-.029	.006	-4.512	<.001	-.041	-.016
	性别	.059	.013	4.666	<.001	.034	.083
	教育类型	-.086	.017	-5.148	<.001	-.118	-.053
	家庭社会经济文化地位	.041	.006	6.919	<.001	.029	.053
	是否旷课	-.142	.024	-5.890	<.001	-.190	-.095
	是否迟到	-.043	.014	-3.117	.002	-.070	-.016
	是否留级	.028	.026	1.049	.294	-.024	.079
中介的调节效果							
		指标	Bootstrap SE	t	p	Bootstrap 95% CI LL	Bootstrap 95% CI UL
学校归属感		-.007	.004	-1.750	.080	-.016	.001

表 4-3-18　父母支持对遭受肢体欺凌与学校归属感的调节作用结果

因变量	自变量	系数	标准误	t	p	95% CI LL	95% CI UL
学校归属感	常量	2.946	.008	376.356	<.001	2.931	2.962
	遭受肢体欺凌	-.108	.005	-22.458	<.001	-.118	-.099
	教师支持	.210	.008	27.862	<.001	.195	.225
	交互（遭受肢体欺凌*教师支持）	-.017	.006	-2.771	.006	-.029	-.005
	性别	.070	.010	7.315	<.001	.052	.089
	教育类型	.001	.013	.061	.952	-.024	.026
	家庭社会经济文化地位	.044	.005	9.563	<.001	.035	.053
	是否旷课	-.106	.019	-5.717	<.001	-.143	-.070
	是否迟到	-.027	.011	-2.571	.010	-.048	-.006
	是否留级	.017	.020	.832	.405	-.023	.057
感知同伴合作	常量	1.382	.036	38.364	<.001	1.311	1.452
	学校归属感	.504	.012	43.250	<.001	.482	.527
	遭受肢体欺凌	-.021	.006	-3.337	.001	-.033	-.009
	性别	.054	.013	4.278	<.001	.029	.078
	教育类型	-.086	.017	-5.159	<.001	-.118	-.053
	家庭社会经济文化地位	.041	.006	6.862	<.001	.029	.052
	是否旷课	-.148	.024	-6.118	<.001	-.195	-.101
	是否迟到	-.042	.014	-3.062	.002	-.069	-.015
	是否留级	.033	.026	1.248	.212	-.019	.085
中介的调节效果	指标	Bootstrap SE	t	p	Bootstrap 95% CI LL	Bootstrap 95% CI UL
学校归属感		-.009	.004	-2.250	.024	-.017	<.001

注：CI = confidence interval，表示置信区间；LL = lower limit，表示下置信区间；UL = upper limit，表示上置信区间，Bootstrap SE 代表在执行 Bootstrap 后的标准误。

根据 Mills 的重要他人理论，父母、教师和同伴是学生社会化过程中的重要他人，这些重要他人不仅会在学生成长发展过程中提供多方面的支持和帮助，他们的言行举止会对学生价值观的发展有重要影响，在这些因素中，教师支持和父母的情感支持是学生遭受欺凌负面影响的重要保护因素（Gao, 2020）。

教师是学生社会化过程中的重要他人，是学生生活的领航者。教师支持是指学生在学习生活中知觉到的教师对其支持的行为和态度（Brewster et al., 2004），是教师倾听、鼓励和尊重学生的重要体现。教师对学生的态度会直接影响学生对学校的感受和认可度。当学生感受到被老师尊重、关心和接纳时，就会对学校产生一种较强的依赖感和信任感，倾向于接纳学校，拥有较高的学校归属感。一旦遇到问题或处在困境之中，学生更可能向老师寻求帮助（Guo & Zhao, 2019）。

同样，父母的情感支持也是学生免受学校欺凌影响的保护因素（Gao, 2020）。遭受校园欺凌对学生虽然是影响较大的危害事件，但如果这些学生感受到教师、父母能够积极支持自己，那么就可以缓冲或者抵御校园欺凌造成的危害；相反，如果他们已经遭受了校园欺凌这样的伤害事件，却没有感知到教师、父母的情感支持，会激发学生的核心信念——我是无能的、没有价值、不被人关心的（Guo & Zhao, 2019），这样的认知会使他们对学校更加缺乏归属感，更加难以感受到班集体的温暖，进而也难感知到同伴之间的合作氛围。因此，教师支持和父母支持有利于提高学生的学校归属感和同伴接纳度。

因此，面对校园欺凌问题，需要学生、教师、家庭的共同协作，尤其是教师和父母，应该通过更多支持学生尤其是遭受校园欺凌的学生来提高学生的归属感，让他们更多感知到集体的温暖，进而使他们通过同伴之间的更多合作，建立良好的人际互动关系，减少心理健康问题的发生。

五、纪律氛围和教师支持的双重调节作用

1. 纪律氛围的调节作用

首先，采用 SPSS PROCESS 程序执行 Model 1 来检验班级纪律氛围在遭受总的欺凌对感知同伴合作影响的调节作用，并将学生性别、学校类型、社会经济文化地位、是否旷课、是否迟到、是否留级放入控制变量，执行 5000 次 Bootstrap 的操作，结果显示：纪律氛围对遭受总的欺凌对感知同伴合作影响的负向调节效果显著（$B = -0.023$，$SE = 0.003$，$t = -7.831$，$p < 0.001$，95% 的置信区间为 [-0.029, -0.018]，不包括 0），遭受总的欺凌对感知同伴合作的影响随纪氛围的变化而变化，当纪律氛围的得分增加时（表明纪律氛围向较好的方向增加），遭受校园欺凌对感知同伴合作的负向影响减弱。纪律氛围每增加 1 个单位，遭受总的欺凌对感知同伴合作的负向影响会减少 0.023 个单位（表 4-3-19）。

同样地，采用 SPSS PROCESS 程序执行 Model 1 来检验班级纪律氛围在遭受关系欺凌、言语欺凌和肢体欺凌对感知同伴合作影响的调节作用，并将学生性别、学校类型、家庭社会经济文化地位、是否旷课、是否迟到、是否留级放入控制变量，执行 5000 次 Bootstrap 的操作，纪律氛围对遭受关系欺凌、言语欺凌和肢体欺凌对感知同伴合作影响的负向调节效果均显著（表 4-3-20~表 4-3-22）。

表 4-3-19 纪律氛围对遭受总的欺凌与感知同伴合作的调节作用结果

因变量	自变量	系数	标准误	t	p	95% CI LL	95% CI UL
感知同伴合作	常量	1.750	0.092	19.103	<.001	1.571	1.930
	纪律氛围	0.404	0.027	14.980	<.001	0.351	0.456
	遭受总的欺凌	0.040	0.010	4.152	<.001	0.021	0.058
	交互（遭受总的欺凌 * 纪律氛围）	-0.023	0.003	-7.831	<.001	-0.029	-0.018
	性别	0.121	0.013	9.127	<.001	0.095	0.147
	教育类型	-0.034	0.018	-1.904	.057	-0.069	0.001
	家庭社会经济文化地位	0.057	0.006	9.057	<.001	0.044	0.069
	是否旷课	-0.135	0.026	-5.259	<.001	-0.185	-0.084
	是否迟到	-0.038	0.015	-2.602	.009	-0.066	-0.009
	是否留级	0.046	0.028	1.648	.099	-0.009	0.100

表 4-3-20 纪律氛围对遭受关系欺凌与感知同伴合作的调节作用结果

因变量	自变量	系数	标准误	t	p	95% CI LL	95% CI UL
感知同伴合作	常量	1.787	0.083	21.588	<.001	1.625	1.949
	纪律氛围	0.380	0.024	15.718	<.001	0.332	0.427
	遭受关系欺凌	0.103	0.025	4.098	<.001	0.054	0.152
	交互（遭受关系欺凌*纪律氛围）	-0.060	0.008	-7.617	<.001	-0.075	-0.045
	性别	0.109	0.013	8.319	<.001	0.083	0.135
	教育类型	-0.030	0.018	-1.682	.093	-0.065	0.005
	家庭社会经济文化地位	0.058	0.006	9.386	<.001	0.046	0.071
	是否旷课	-0.138	0.026	-5.412	<.001	-0.188	-0.088
	是否迟到	-0.043	0.015	-2.982	.003	-0.072	-0.015
	是否留级	0.042	0.028	1.524	.127	-0.012	0.096

表 4-3-21 纪律氛围对遭受言语欺凌与感知同伴合作的调节作用结果

因变量	自变量	系数	标准误	t	p	95% CI LL	95% CI UL
感知同伴合作	常量	1.842	0.086	21.299	<.001	1.672	2.011
	纪律氛围	0.361	0.025	14.341	<.001	0.312	0.411
	遭受言语欺凌	0.079	0.027	2.968	.003	0.027	0.131
	交互（遭受言语欺凌*纪律氛围）	-0.052	0.008	-6.303	<.001	-0.068	-0.036
	性别	0.119	0.013	9.017	<.001	0.093	0.145
	教育类型	-0.035	0.018	-1.983	.047	-0.070	0.000
	家庭社会经济文化地位	0.058	0.006	9.309	<.001	0.046	0.070
	是否旷课	-0.142	0.026	-5.548	<.001	-0.192	-0.092
	是否迟到	-0.042	0.015	-2.865	.004	-0.070	-0.013
	是否留级	0.040	0.028	1.441	.150	-0.014	0.094

表 4-3-22 纪律氛围对遭受肢体欺凌与感知同伴合作的调节作用结果

因变量	自变量	系数	标准误	t	p	95% CI LL	95% CI UL
感知同伴合作	常量	1.801	0.086	20.861	<.001	1.632	1.970
	纪律氛围	0.355	0.025	14.054	<.001	0.305	0.404
	遭受肢体欺凌	0.086	0.026	3.279	.001	0.035	0.137
	交互（遭受肢体欺凌*纪律氛围）	-0.046	0.008	-5.585	<.001	-0.062	-0.030
	性别	0.108	0.013	8.190	<.001	0.082	0.134
	教育类型	-0.028	0.018	-1.564	.118	-0.063	0.007
	家庭社会经济文化地位	0.058	0.006	9.182	<.001	0.045	0.070
	是否旷课	-0.152	0.026	-5.943	<.001	-0.202	-0.102
	是否迟到	-0.042	0.015	-2.890	.004	-0.071	-0.014
	是否留级	0.044	0.028	1.589	.112	-0.010	0.099

注：CI = confidence interval，表示置信区间；LL = lower limit，表示下置信区间；UL = upper limit，表示上置信区间，Bootstrap SE 代表在执行 Bootstrap 后的标准误。

但通过 Johnson-Neyman 技术分析发现（表 4-3-23 及图 4-3-1），纪律氛围的调节作用不是单纯的正向或负向，也不是在所有的得分区域内均显著，而是呈现如下结果：当纪律氛围低于 1.166 分时，纪律氛围在遭受总的欺凌对感知同伴合作的负向影响中起负向调节作用，较差的纪律氛围会进一步加剧遭受总的欺凌对感知同伴合作的负向影响；反之，当纪律氛围高于2.020分时，纪律氛围在遭受总的欺凌对感知同伴合作的负向影响中起正向调节作用，较好的纪律氛围会改善（或减弱）遭受总的欺凌对感知同伴合作的负向影响；纪律氛围得分在两者之间时，调节效果不显著。同样地，基于Johnson-Neyman技术的分析发现，当纪律氛围低于1.186分时，纪律氛围在遭受关系欺凌对感知同伴合作的负向影响中起正向调节作用，当纪律氛围高于2.054分时，纪律氛围在遭受关系欺凌对感知同伴合作的负向影响中起负向调节作用，纪律氛围得分在两者之间时，调节效果不显著（表4-3-24及图4-3-2）；但基于Johnson-Neyman技术的分析发现，当纪律氛围高于1.196分时，纪律氛围在遭受言语欺凌对感知同伴合作的负向影响中起负向调节作用，当纪律氛围低于1.196分时，调节效果不显著（表4-3-25及图4-3-3）；最后，基于Johnson-Neyman技术的分析发现，当纪律氛围低于1.136分时，纪律氛围在遭受肢体欺凌对感知同伴合作的负向影响中起正向调节作用，当纪律氛围高于2.282分时，纪律氛围在遭受肢体欺凌对感知同伴合作的负向影响中起负向调节作用，纪律氛围得分在两者之间时，调节效果不显著（表4-3-26及图4-3-4）。

表4-3-23 纪律氛围调节作用的Johnson-Neyman结果（总的欺凌）

纪律氛围	效应值	标准误	t	p	95% CI LL	95% CI UL
1.000	0.016	0.007	2.408	.016	0.003	0.029
1.150	0.013	0.006	2.006	.045	<.001	0.025
1.166	0.012	0.006	1.960	.050	<.001	0.024
1.300	0.009	0.006	1.545	.122	−0.002	0.020
1.450	0.006	0.005	1.014	.311	−0.005	0.016
1.600	0.002	0.005	0.397	.691	−0.008	0.012
1.750	−0.002	0.005	−0.324	.746	−0.011	0.008
1.900	−0.005	0.004	−1.171	.242	−0.013	0.003
2.020	−0.008	0.004	−1.960	.050	−0.016	<.001
2.050	−0.009	0.004	−2.171	.030	−0.016	−0.001
2.200	−0.012	0.004	−3.352	.001	−0.019	−0.005
2.350	−0.016	0.003	−4.738	<.001	−0.022	−0.009
2.500	−0.019	0.003	−6.338	<.001	−0.025	−0.013
2.650	−0.023	0.003	−8.123	<.001	−0.028	−0.017
2.800	−0.026	0.003	−10.004	<.001	−0.031	−0.021
2.950	−0.030	0.003	−11.811	<.001	−0.035	−0.025
3.100	−0.033	0.002	−13.340	<.001	−0.038	−0.028
3.250	−0.037	0.003	−14.426	<.001	−0.042	−0.032
3.400	−0.040	0.003	−15.031	<.001	−0.045	−0.035
3.550	−0.044	0.003	−15.226	<.001	−0.049	−0.038
3.700	−0.047	0.003	−15.136	<.001	−0.053	−0.041
3.850	−0.051	0.003	−14.878	<.001	−0.057	−0.044
4.000	−0.054	0.004	−14.537	<.001	−0.062	−0.047

续表

纪律氛围	效应值	标准误	t	p	95% CI	
					LL	UL
定义 Johnson-Neyman 显著性区域的调节值						
值					% below	% above
1.166					1.188	98.812
2.020					4.085	95.915

注：CI = confidence interval，表示置信区间；LL = lower limit，表示下置信区间；UL = upper limit，表示上置信区间。

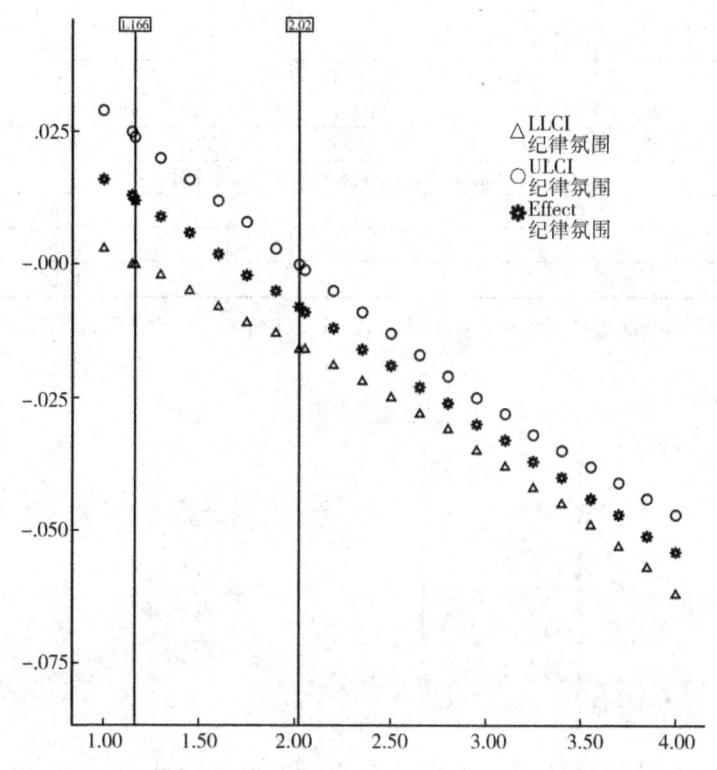

图 4-3-1 纪律氛围调节作用的 Johnson-Neyman 结果（总的欺凌）

表 4-3-24 纪律氛围调节作用的 Johnson-Neyman 结果（关系欺凌）

纪律氛围	效应值	标准误	t	p	95% CI	
					LL	UL
1.000	0.043	0.018	2.443	.015	0.009	0.078
1.150	0.034	0.017	2.061	.039	0.002	0.066
1.186	0.032	0.016	1.960	.050	<.001	0.064
1.300	0.025	0.015	1.623	.105	−0.005	0.055
1.450	0.016	0.014	1.118	.264	−0.012	0.044
1.600	0.007	0.013	0.530	.596	−0.019	0.033
1.750	−0.002	0.012	−0.157	.875	−0.026	0.022
1.900	−0.011	0.011	−0.968	.333	−0.033	0.011
2.050	−0.020	0.010	−1.930	.054	−0.040	<.001
2.054	−0.020	0.010	−1.960	.050	−0.040	<.001
2.200	−0.029	0.009	−3.073	.002	−0.047	−0.010

续表

纪律氛围	效应值	标准误	t	p	95% CI	
					LL	UL
2.350	−0.038	0.009	−4.426	<.001	−0.055	−0.021
2.500	−0.047	0.008	−6.007	<.001	−0.062	−0.032
2.650	−0.056	0.007	−7.800	<.001	−0.070	−0.042
2.800	−0.065	0.007	−9.723	<.001	−0.078	−0.052
2.950	−0.074	0.006	−11.609	<.001	−0.086	−0.061
3.100	−0.083	0.006	−13.226	<.001	−0.095	−0.071
3.250	−0.092	0.006	−14.381	<.001	−0.104	−0.079
3.400	−0.101	0.007	−15.012	<.001	−0.114	−0.088
3.550	−0.110	0.007	−15.196	<.001	−0.124	−0.096
3.700	−0.119	0.008	−15.073	<.001	−0.134	−0.103
3.850	−0.128	0.009	−14.774	<.001	−0.145	−0.111
4.000	−0.137	0.010	−14.395	<.001	−0.156	−0.118
定义 Johnson-Neyman 显著性区域的调节值							
值					% below	% above
1.186					1.189	98.811
2.054					4.093	95.907

注：CI = confidence interval，表示置信区间；LL = lower limit，表示下置信区间；UL = upper limit，表示上置信区间。

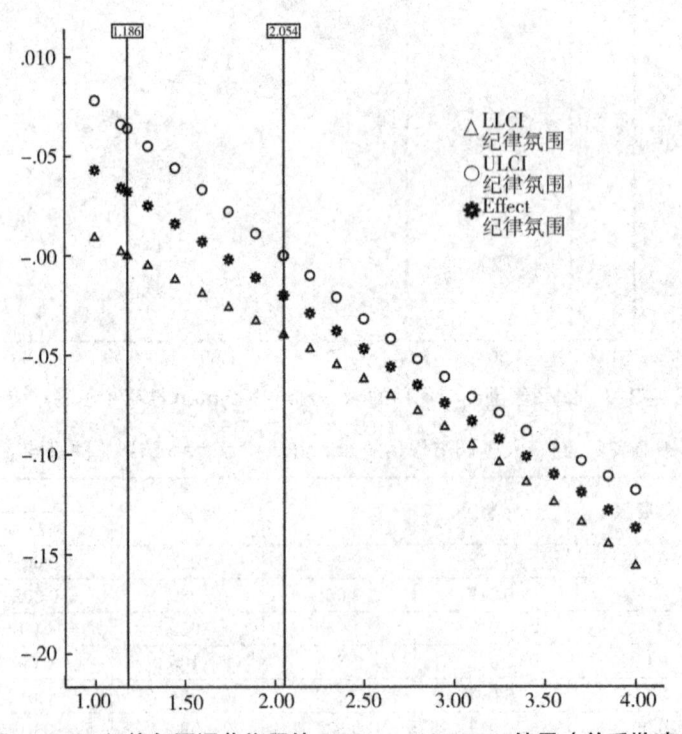

图 4-3-2　纪律氛围调节作用的 Johnson-Neyman 结果（关系欺凌）

表 4-3-25　纪律氛围调节作用的 Johnson-Neyman 结果（言语欺凌）

纪律氛围	效应值	标准误	t	p	95% CI	
					LL	UL
1.000	0.027	0.019	1.443	.149	−0.010	0.064

续表

纪律氛围	效应值	标准误	*t*	*p*	95% CI	
					LL	*UL*
1.150	0.019	0.018	1.095	.274	−0.015	0.054
1.300	0.011	0.016	0.697	.486	−0.021	0.044
1.450	0.004	0.015	0.239	.811	−0.026	0.034
1.600	−0.004	0.014	−0.290	.772	−0.032	0.024
1.750	−0.012	0.013	−0.907	.364	−0.038	0.014
1.900	−0.020	0.012	−1.632	.103	−0.043	0.004
1.961	−0.023	0.012	−1.960	.050	−0.046	<.001
2.050	−0.027	0.011	−2.486	.013	−0.049	−0.006
2.200	−0.035	0.010	−3.496	<.001	−0.055	−0.015
2.350	−0.043	0.009	−4.687	<.001	−0.061	−0.025
2.500	−0.051	0.008	−6.075	<.001	−0.067	−0.034
2.650	−0.058	0.008	−7.649	<.001	−0.073	−0.043
2.800	−0.066	0.007	−9.344	<.001	−0.080	−0.052
2.950	−0.074	0.007	−11.020	<.001	−0.087	−0.061
3.100	−0.082	0.007	−12.472	<.001	−0.095	−0.069
3.250	−0.089	0.007	−13.513	<.001	−0.102	−0.076
3.400	−0.097	0.007	−14.065	<.001	−0.111	−0.084
3.550	−0.105	0.007	−14.187	<.001	−0.119	−0.090
3.700	−0.113	0.008	−14.009	<.001	−0.129	−0.097
3.850	−0.121	0.009	−13.661	<.001	−0.138	−0.103
4.000	−0.128	0.010	−13.237	<.001	−0.147	−0.109
定义 Johnson-Neyman 显著性区域的调节值							
值					% below	% above
1.961					2.561	97.439

注：CI = confidence interval，表示置信区间；*LL* = lower limit，表示下置信区间；*UL* = upper limit，表示上置信区间。

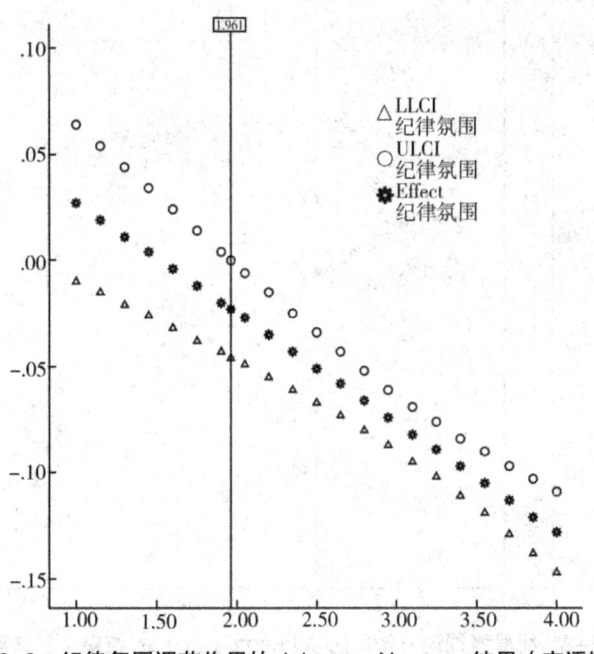

图 4-3-3　纪律氛围调节作用的 Johnson-Neyman 结果（言语欺凌）

表 4-3-26　纪律氛围调节作用的 Johnson-Neyman 结果（肢体欺凌）

纪律氛围	效应值	标准误	t	p	95% CI LL	95% CI UL
1.000	0.040	0.018	2.188	.029	0.004	0.076
1.136	0.034	0.017	1.960	.050	<.001	0.068
1.150	0.033	0.017	1.935	.053	<.001	0.067
1.300	0.027	0.016	1.646	.100	−0.005	0.058
1.450	0.020	0.015	1.311	.190	−0.010	0.049
1.600	0.013	0.014	0.922	.357	−0.014	0.040
1.750	0.006	0.013	0.465	.642	−0.019	0.031
1.900	−0.001	0.012	−0.075	.940	−0.024	0.022
2.050	−0.008	0.011	−0.717	.474	−0.029	0.013
2.200	−0.015	0.010	−1.482	.138	−0.034	0.005
2.282	−0.018	0.009	−1.960	.050	−0.037	<.001
2.350	−0.021	0.009	−2.394	.017	−0.039	−0.004
2.500	−0.028	0.008	−3.467	.001	−0.044	−0.012
2.650	−0.035	0.007	−4.698	<.001	−0.050	−0.020
2.800	−0.042	0.007	−6.039	<.001	−0.056	−0.028
2.950	−0.049	0.007	−7.383	<.001	−0.062	−0.036
3.100	−0.056	0.006	−8.574	<.001	−0.068	−0.043
3.250	−0.063	0.007	−9.469	<.001	−0.076	−0.050
3.400	−0.069	0.007	−10.009	<.001	−0.083	−0.056
3.550	−0.076	0.007	−10.232	<.001	−0.091	−0.062
3.700	−0.083	0.008	−10.229	<.001	−0.099	−0.067
3.850	−0.090	0.009	−10.090	<.001	−0.107	−0.073
4.000	−0.097	0.010	−9.882	<.001	−0.116	−0.078

定义 Johnson-Neyman 显著性区域的调节值

值					% below	% above
1.136					1.181	98.819
2.282					5.480	94.520

注：CI = confidence interval，表示置信区间；LL = lower limit，表示下置信区间；UL = upper limit，表示上置信区间。

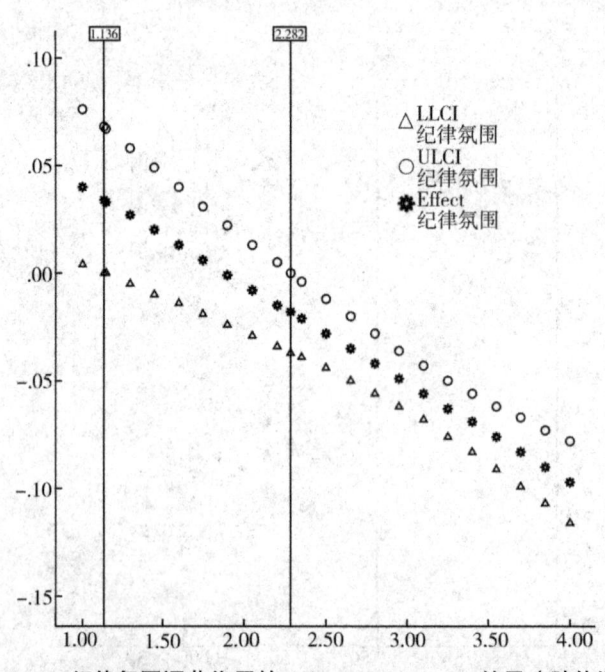

图 4-3-4　纪律氛围调节作用的 Johnson-Neyman 结果（肢体欺凌）

2. 教师支持和纪律氛围的双重调节作用

为了检验假设 4，采用 SPSS PROCESS 程序执行 Model 3 来检验教师支持通过调节纪律氛围对遭受总的欺凌与感知同伴合作之间关系的调节作用，并将学生性别、学校类型、家庭经济社会文化地位、是否旷课、是否迟到、是否留级放入控制变量，执行 5000 次 Bootstrap 的操作，结果显示：教师支持通过调节纪律氛围对遭受校园欺凌与感知同伴合作之间关系的调节作用成立（指数值为 -0.013，$SE = 0.003$，$t = -4.520$，$p < 0.001$，95% 的置信区间为 [-0.019, -0.007]，不包括 0），表明教师支持和纪律氛围对遭受总的欺凌与感知同伴合作之间关系的双重调节效果显著。纪律氛围对遭受总的欺凌对感知同伴合作影响的调节作用随教师支持的变化而变化，当教师支持的程度增加时，纪律氛围对遭受总的欺凌对感知同伴合作影响的调节作用减弱，教师支持每增加 1 个单位，纪律氛围对遭受校园欺凌对感知同伴合作影响的调节作用降低 0.013 个单位（表 4-3-27）。

同样地，采用 SPSS PROCESS 程序执行 Model 3 来检验班级检验教师支持通过调节纪律氛围对遭受关系欺凌、言语欺凌和肢体欺凌与感知同伴合作之间关系的调节作用，并将学生性别、学校类型、家庭经济社会文化地位、是否旷课、是否迟到、是否留级放入控制变量，执行 5000 次 Bootstrap 的操作，结果显示，教师支持通过调节纪律氛围对遭受关系欺凌、言语欺凌和肢体欺凌与感知同伴合作之间关系的调节作用均成立（表 4-3-28~表 4-3-30）。

表 4-3-27 教师支持通过调节纪律氛围对遭受总的欺凌与感知同伴合作的调节作用结果

因变量	自变量	系数	标准误	t	p	95% CI LL	95% CI UL
感知同伴合作	常量	2.839	0.298	9.522	<.001	2.255	3.424
	纪律氛围	-0.240	0.095	-2.529	.011	-0.425	-0.054
	遭受总的欺凌	-0.079	0.028	-2.855	.004	-0.133	-0.025
	交互 1（遭受总的欺凌 * 纪律氛围）	0.022	0.009	2.331	.020	0.004	0.041
	教师支持	-0.275	0.092	-2.992	.003	-0.454	-0.095
	交互 2（遭受总的欺凌 * 教师支持）	0.036	0.009	4.119	<.001	0.019	0.054
	交互 3（纪律氛围 * 教师支持）	0.170	0.028	5.999	<.001	0.115	0.226
	交互 4（遭受总的欺凌 * 纪律氛围 * 教师支持）	-0.013	0.003	-4.520	<.001	-0.019	-0.007
	性别	0.107	0.013	8.264	<.001	0.081	0.132
	教育类型	-0.038	0.017	-2.199	.028	-0.072	-0.004
	家庭社会经济文化地位	0.050	0.006	8.216	<.001	0.038	0.062
	是否旷课	-0.107	0.025	-4.270	<.001	-0.156	-0.058
	是否迟到	-0.031	0.014	-2.209	.027	-0.059	-0.004
	是否留级	0.046	0.027	1.688	.091	-0.007	0.098

表 4-3-28 教师支持通过调节纪律氛围对遭受关系欺凌与感知同伴合作的调节作用结果

因变量	自变量	系数	标准误	t	p	95% CI LL	95% CI UL
感知同伴合作	常量	2.775	0.282	9.847	<.001	2.222	3.327
	纪律氛围	-0.200	0.089	-2.250	.024	-0.374	-0.026
	遭受关系欺凌	-0.203	0.078	-2.604	.009	-0.355	-0.050
	交互1（遭受关系欺凌*纪律氛围）	0.049	0.026	1.852	.064	-0.003	0.100
	教师支持	-0.246	0.086	-2.855	.004	-0.415	-0.077
	交互2（遭受关系欺凌*教师支持）	0.094	0.025	3.836	<.001	0.046	0.143
	交互3（纪律氛围*教师支持）	0.153	0.027	5.761	<.001	0.101	0.205
	交互4（遭受关系欺凌*纪律氛围*教师支持）	-0.032	0.008	-3.937	<.001	-0.047	-0.016
	性别	0.097	0.013	7.610	<.001	0.072	0.122
	教育类型	-0.034	0.017	-1.938	.053	-0.067	<.001
	家庭社会经济文化地位	0.052	0.006	8.533	<.001	0.040	0.064
	是否旷课	-0.109	0.025	-4.371	<.001	-0.158	-0.060
	是否迟到	-0.036	0.014	-2.543	.011	-0.064	-0.008
	是否留级	0.044	0.027	1.625	.104	-0.009	0.096

表 4-3-29 教师支持通过调节纪律氛围对遭受言语欺凌与感知同伴合作的调节作用结果

因变量	自变量	系数	标准误	t	p	95% CI LL	95% CI UL
感知同伴合作	常量	2.740	0.288	9.508	<.001	2.175	3.304
	纪律氛围	-0.192	0.091	-2.109	.035	-0.371	-0.014
	遭受言语欺凌	-0.195	0.080	-2.437	.015	-0.352	-0.038
	交互1（遭受言语欺凌*纪律氛围）	0.046	0.027	1.710	.087	-0.007	0.100
	教师支持	-0.216	0.088	-2.442	.015	-0.389	-0.043
	交互2（遭受言语欺凌*教师支持）	0.084	0.025	3.305	.001	0.034	0.134
	交互3（纪律氛围*教师支持）	0.144	0.027	5.291	<.001	0.091	0.198
	交互4（遭受言语欺凌*纪律氛围*教师支持）	-0.028	0.008	-3.411	.001	-0.045	-0.012
	性别	0.106	0.013	8.228	<.001	0.081	0.131
	教育类型	-0.039	0.017	-2.260	.024	-0.073	-0.005
	家庭社会经济文化地位	0.051	0.006	8.398	<.001	0.039	0.063
	是否旷课	-0.110	0.025	-4.424	.000	-0.159	-0.061
	是否迟到	-0.034	0.014	-2.428	.015	-0.062	-0.007
	是否留级	0.041	0.027	1.542	.123	-0.011	0.094

表 4-3-30 教师支持通过调节纪律氛围对遭受肢体欺凌与感知同伴合作的调节作用结果

因变量	自变量	系数	标准误	t	p	95% CI LL	95% CI UL
感知同伴合作	常量	2.778	0.282	9.864	<.001	2.226	3.330
	纪律氛围	-0.261	0.089	-2.945	.003	-0.435	-0.087
	遭受肢体欺凌	-0.213	0.075	-2.842	.004	-0.359	-0.066
	交互1（遭受肢体欺凌*纪律氛围）	0.073	0.025	2.884	.004	0.023	0.122
	教师支持	-0.233	0.086	-2.698	.007	-0.402	-0.064

续表

因变量	自变量	系数	标准误	t	p	95% CI LL	95% CI UL
	交互2（遭受肢体欺凌*教师支持）	0.090	0.024	3.770	<.001	0.043	0.136
	交互3（纪律氛围*教师支持）	0.161	0.027	6.065	<.001	0.109	0.213
	交互4（遭受肢体欺凌*纪律氛围*教师支持）	−0.034	0.008	−4.368	<.001	−0.049	−0.019
	性别	0.095	0.013	7.382	<.001	0.070	0.121
	教育类型	−0.033	0.017	−1.916	.055	−0.067	0.001
	家庭社会经济文化地位	0.051	0.006	8.325	<.001	0.039	0.063
	是否旷课	−0.121	0.025	−4.848	<.001	−0.170	−0.072
	是否迟到	−0.035	0.014	−2.425	.015	−0.062	−0.007
	是否留级	0.045	0.027	1.677	.094	−0.008	0.098

注：CI = confidence interval，表示置信区间；LL = lower limit，表示下置信区间；UL = upper limit，表示上置信区间，Bootstrap SE 代表在执行 Bootstrap 后的标准误。

同样地，通过 Johnson-Neyman 技术分析结果表明，教师支持的调节作用不是在所有的得分区域内均显著，而是呈现如下结果：当教师支持得分高于 2.256 分时，教师支持才能通过调节纪律氛围的影响进而在遭受总的欺凌对感知同伴合作的负向影响中起调节效果，即当教师支持得分高于 2.256 分时，教师支持才能通过调节纪律氛围的影响改善（或减弱）遭受总的欺凌对感知同伴合作的负向影响，而低于此分数时调节效果不显著（表 4-3-31 及图 4-3-5）。同样地，通过 Johnson-Neyman 技术分析结果表明，当教师支持得分高于 2.204 分时，教师支持才能通过调节纪律氛围的影响进而在遭受关系欺凌对感知同伴合作的负向影响中起调节效果，低于此分数时调节效果不显著（表 4-3-32 及图 4-3-6）；当教师支持得分高于 2.359 分时，教师支持才能通过调节纪律氛围的影响进而在遭受言语欺凌对感知同伴合作的负向影响中起调节效果，低于此分数时调节效果不显著（表 4-3-33 及图 4-3-7）；而通过 Johnson-Neyman 技术分析结果发现，当教师支持得分高于 2.658 分时，教师支持才能通过调节纪律氛围的影响进而在遭受肢体欺凌对感知同伴合作的负向影响中起负向调节效果，但当教师支持得分低于 1.166 分时，教师支持会通过调节纪律氛围的影响进而在遭受肢体欺凌对感知同伴合作的负向影响中起正向调节效果，当教师支持得分低于 1.166 分时，较差的教师支持反而会通过调节纪律氛围的影响加重遭受肢体欺凌对感知同伴合作的负向影响，教师支持得分在两者之间时，调节效果不显著（表 4-3-34 及图 4-3-8）。

表 4-3-31　教师支持与纪律氛围双重调节作用的 Johnson-Neyman 结果（总的欺凌）

教师支持	效应值	标准误	t	p	95% CI LL	95% CI UL
1.000	0.009	0.007	1.315	.189	−0.004	0.022
1.150	0.007	0.006	1.086	.278	−0.006	0.019
1.300	0.005	0.006	0.826	.409	−0.007	0.017
1.450	0.003	0.006	0.530	.596	−0.008	0.014
1.600	0.001	0.005	0.192	.847	−0.009	0.011

续表

教师支持	效应值	标准误	t	p	95% CI LL	95% CI UL
1.750	−0.001	0.005	−0.194	.846	−0.011	0.009
1.900	−0.003	0.005	−0.638	.523	−0.012	0.006
2.050	−0.005	0.004	−1.146	.252	−0.013	0.003
2.200	−0.007	0.004	−1.726	.084	−0.015	0.001
2.256	−0.008	0.004	−1.960	.050	−0.015	<.001
2.350	−0.009	0.004	−2.378	.017	−0.016	−0.002
2.500	−0.011	0.003	−3.100	.002	−0.018	−0.004
2.650	−0.013	0.003	−3.873	<.001	−0.019	−0.006
2.800	−0.015	0.003	−4.665	<.001	−0.021	−0.009
2.950	−0.017	0.003	−5.428	<.001	−0.023	−0.011
3.100	−0.019	0.003	−6.110	<.001	−0.025	−0.013
3.250	−0.021	0.003	−6.666	<.001	−0.027	−0.015
3.400	−0.023	0.003	−7.074	<.001	−0.029	−0.016
3.550	−0.025	0.003	−7.336	<.001	−0.031	−0.018
3.700	−0.027	0.004	−7.475	<.001	−0.034	−0.020
3.850	−0.029	0.004	−7.520	<.001	−0.036	−0.021
4.000	−0.031	0.004	−7.499	<.001	−0.039	−0.023

定义 Johnson-Neyman 显著性区域的调节值

值					% below	% above
2.256					9.716	90.284

注：CI = confidence interval，表示置信区间；LL = lower limit，表示下置信区间；UL = upper limit，表示上置信区间。

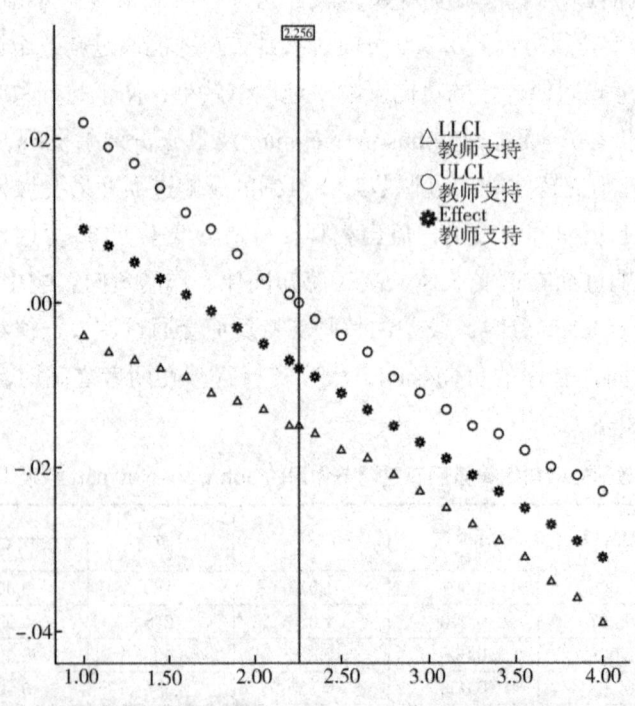

图 4-3-5　教师支持调节作用的 Johnson-Neyman 分析结果（总的欺凌）

表 4-3-32 教师支持与纪律氛围双重调节作用的 Johnson-Neyman 结果（关系欺凌）

教师支持	效应值	标准误	t	p	95% CI LL	95% CI UL
1.000	0.017	0.019	0.905	.366	−0.020	0.054
1.150	0.012	0.018	0.691	.489	−0.022	0.047
1.300	0.007	0.017	0.449	.653	−0.025	0.040
1.450	0.003	0.016	0.174	.862	−0.028	0.033
1.600	−0.002	0.015	−0.140	.888	−0.031	0.026
1.750	−0.007	0.014	−0.502	.616	−0.033	0.020
1.900	−0.012	0.013	−0.917	.359	−0.036	0.013
2.050	−0.016	0.012	−1.395	.163	−0.039	0.007
2.200	−0.021	0.011	−1.943	.052	−0.042	<.001
2.204	−0.021	0.011	−1.960	.050	−0.042	<.001
2.350	−0.026	0.010	−2.565	.010	−0.045	−0.006
2.500	−0.031	0.009	−3.258	.001	−0.049	−0.012
2.650	−0.035	0.009	−4.009	<.001	−0.053	−0.018
2.800	−0.040	0.008	−4.784	<.001	−0.056	−0.024
2.950	−0.045	0.008	−5.533	<.001	−0.061	−0.029
3.100	−0.050	0.008	−6.197	<.001	−0.065	−0.034
3.250	−0.054	0.008	−6.723	<.001	−0.070	−0.038
3.400	−0.059	0.008	−7.086	<.001	−0.075	−0.043
3.550	−0.064	0.009	−7.292	<.001	−0.081	−0.047
3.700	−0.069	0.009	−7.367	<.001	−0.087	−0.050
3.850	−0.073	0.010	−7.348	<.001	−0.093	−0.054
4.000	−0.078	0.011	−7.266	<.001	−0.099	−0.057
定义 Johnson-Neyman 显著性区域的调节值						
值					% below	% above
2.204					7.313	92.687

注：CI = confidence interval，表示置信区间；LL = lower limit，表示下置信区间；UL = upper limit，表示上置信区间。

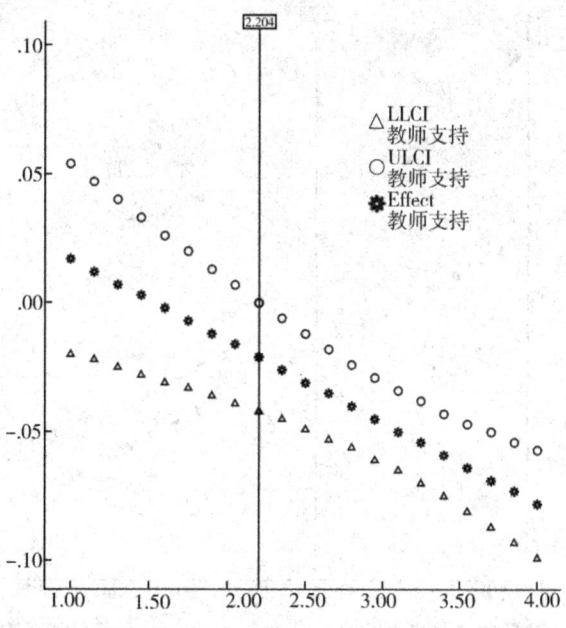

图 4-3-6 教师支持调节作用的 Johnson-Neyman 分析结果（关系欺凌）

表 4-3-33 教师支持与纪律氛围双重调节作用的 Johnson-Neyman 结果（言语欺凌）

教师支持	效应值	标准误	t	p	95% CI LL	95% CI UL
1.000	0.018	0.019	0.930	.353	-0.020	0.056
1.150	0.014	0.018	0.754	.451	-0.022	0.050
1.300	0.010	0.017	0.555	.579	-0.024	0.043
1.450	0.005	0.016	0.328	.743	-0.026	0.037
1.600	0.001	0.015	0.068	.946	-0.028	0.031
1.750	-0.003	0.014	-0.230	.818	-0.031	0.024
1.900	-0.007	0.013	-0.572	.567	-0.033	0.018
2.050	-0.012	0.012	-0.966	.334	-0.036	0.012
2.200	-0.016	0.011	-1.417	.157	-0.038	0.006
2.350	-0.020	0.010	-1.929	.054	-0.041	<.001
2.359	-0.020	0.010	-1.960	.050	-0.041	<.001
2.500	-0.024	0.010	-2.499	.012	-0.044	-0.005
2.650	-0.029	0.009	-3.116	.002	-0.047	-0.011
2.800	-0.033	0.009	-3.754	<.001	-0.050	-0.016
2.950	-0.037	0.009	-4.374	<.001	-0.054	-0.021
3.100	-0.041	0.008	-4.928	<.001	-0.058	-0.025
3.250	-0.046	0.009	-5.377	<.001	-0.062	-0.029
3.400	-0.050	0.009	-5.698	<.001	-0.067	-0.033
3.550	-0.054	0.009	-5.895	<.001	-0.072	-0.036
3.700	-0.058	0.010	-5.986	<.001	-0.078	-0.039
3.850	-0.063	0.010	-5.999	<.001	-0.083	-0.042
4.000	-0.067	0.011	-5.958	<.001	-0.089	-0.045
定义 Johnson-Neyman 显著性区域的调节值						
值					% below	% above
2.359					9.715	90.285

注：CI = confidence interval，表示置信区间；LL = lower limit，表示下置信区间；UL = upper limit，表示上置信区间。

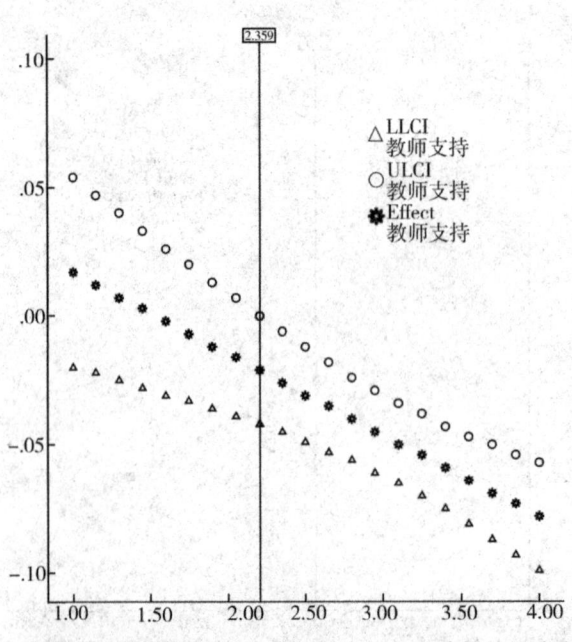

图 4-3-7 教师支持调节作用的 Johnson-Neyman 分析结果（言语欺凌）

表 4-3-34 教师支持与纪律氛围双重调节作用的 Johnson-Neyman 结果（肢体欺凌）

教师支持	效应值	标准误	t	p	95% CI LL	95% CI UL
1.000	0.039	0.018	2.148	.032	0.003	0.074
1.150	0.034	0.017	1.979	.048	<.001	0.067
1.166	0.033	0.017	1.960	.050	<.001	0.067
1.300	0.029	0.016	1.786	.074	−0.003	0.060
1.450	0.024	0.015	1.565	.118	−0.006	0.053
1.600	0.019	0.014	1.310	.190	−0.009	0.046
1.750	0.013	0.013	1.016	.310	−0.012	0.039
1.900	0.008	0.012	0.675	.500	−0.016	0.032
2.050	0.003	0.011	0.280	.779	−0.019	0.026
2.200	−0.002	0.011	−0.176	.860	−0.023	0.019
2.350	−0.007	0.010	−0.697	.486	−0.027	0.013
2.500	−0.012	0.009	−1.283	.200	−0.031	0.006
2.650	−0.017	0.009	−1.924	.054	−0.035	<.001
2.658	−0.017	0.009	−1.960	.050	−0.035	<.001
2.800	−0.022	0.009	−2.598	.009	−0.039	−0.005
2.950	−0.027	0.008	−3.271	.001	−0.044	−0.011
3.100	−0.032	0.008	−3.902	<.001	−0.049	−0.016
3.250	−0.038	0.008	−4.453	<.001	−0.054	−0.021
3.400	−0.043	0.009	−4.898	<.001	−0.060	−0.026
3.550	−0.048	0.009	−5.234	<.001	−0.066	−0.030
3.700	−0.053	0.010	−5.470	<.001	−0.072	−0.034
3.850	−0.058	0.010	−5.623	<.001	−0.078	−0.038
4.000	−0.063	0.011	−5.714	<.001	−0.085	−0.041

定义 Johnson-Neyman 显著性区域的调节值

值	% below	% above
1.166	0.860	99.140
2.658	14.045	85.955

注：CI = confidence interval，表示置信区间；LL = lower limit，表示下置信区间；UL = upper limit，表示上置信区间。

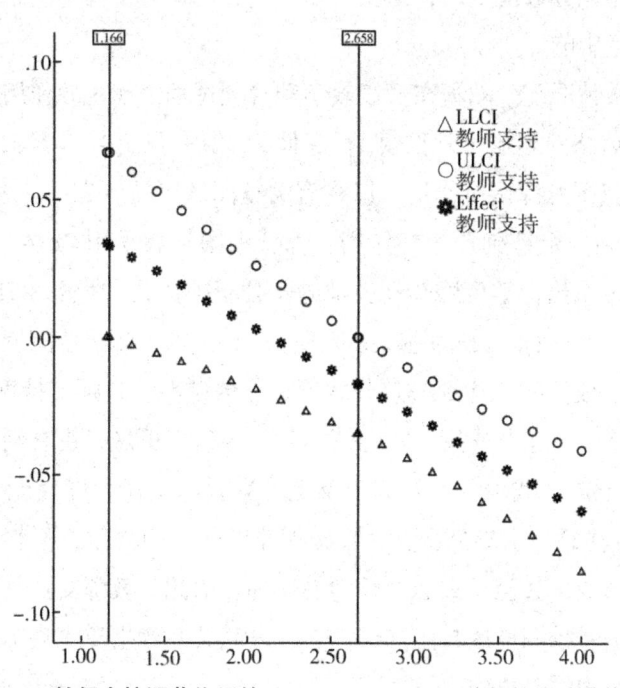

图 4-3-8 教师支持调节作用的 Johnson-Neyman 分析结果（肢体欺凌）

纪律氛围是指学生感知到的学校和班级整体纪律的好坏，包括学生上课是否认真听讲、是否有部分学生干涉其他学生的听讲、课堂秩序是否混乱、教师是否积极地管理课堂秩序、教师花多长时间在管理课堂秩序中而不是在教学任务中等方面。教师支持是学生感知到的教师在课堂上对学生的认知支持和情感支持，包括关注每个学生的学习状态、帮助学生学习、当学生不理解教学内容时，不断讲解直到学生理解为止、当学生需要时对其提供帮助等方面（纪律氛围和教师支持内容来源于 PISA 测试中的学生问卷）。统计分析结果表明，纪律氛围和学生遭受校园欺凌在对其感知同伴合作的影响中具有显著的交互作用，纪律氛围的调节作用显著；教师支持在纪律氛围和学生遭受校园欺凌影响感知同伴合作的过程中发挥调节作用中，即教师支持和纪律氛围的双重调节作用成立。

首先，以往有研究表明，支持和关怀的学校环境与较低的欺凌发生率和较高的学生寻求帮助的意愿相关（Låftman et al., 2016; Ma, 2002; Olweus, 1993b）。学生在感知到更大公平度、更多归属感（Antoniadou & Markos, 2016）、纪律严明、有条理和合作的环境，以及较少的教师惩罚的学校中，较少卷入冒险和暴力行为（Gottfredson et al., 2005）。根据前述结果，遭受校园欺凌会对学生感知同伴合作产生显著负向影响，当学校和班级纪律氛围较好时（达到一定分数值，分数越高，纪律氛围越好），学生较少卷入暴力行为，同伴之间融洽度相对较高，进而对同伴之间的合作感知程度也较高。因此只有当纪律氛围的分数值达到一定标准，遭受校园欺凌才会对学生感知同伴合作产生显著负向预测作用，较好的纪律氛围才能缓解遭受校园欺凌对学生感知同伴合作的负向影响；而当班级纪律氛围较差时（低于一定分数），反而加重了遭受校园欺凌对学生感知同伴合作的负向影响；当班级纪律氛围处于中间分数范围时，遭受校园欺凌不能显著预测学生感知同伴合作，即对感知同伴合作不产生影响。

另外，在大多数情况下，教师在班级教学和管理过程中起主导作用，班级的纪律氛围也会受到教师管理风格的影响（尹雅丽，马早明，2021；张毓洁，宁波，2022），因此教师支持会对班级纪律氛围发挥调节作用。以往有关校园欺凌的研究中，教师平等对待学生、积极支持学生会起到一定抵御和弥补作用。部分中国学者采用 PISA 2015 中国大陆四省市的数据分析结果也得出，学生感知到教师的不公正（黄亮，高威，2017；黄亮，赵德成，2020），以及同伴融洽度较低（陈纯槿，郅庭瑾，2017）等会影响校园欺凌行为的发生。因此，当教师支持程度较高时（达到一定分数值；分数越高，教师支持度越好），教师支持才能对班级纪律氛围发挥调节作用，才能使课堂纪律氛围更好，更有利于师生之间以及生生之间良好关系的形成，减少暴力行为；反之，当教师支持程度较低时（低于一定分数值），便不能将学生注意力引导到课堂，导致课堂纪律氛围较差，不利于师生之间以及生生之间良好关系的形成，甚至导致暴力行为的增加。因此，教师支持可以通过调节班级课堂纪律氛围对学生遭受校园欺凌与感知同伴合作之间关系产生双重调节作用，显示了教师支持在良好同伴关系中的重要作用。

第四节 校园欺凌对感知同伴合作影响的中介调节机制内容小结

本书基于 PISA 2018 中国四省市数据探讨遭受校园欺凌（包括总的欺凌和 3 种类型欺凌）对学生感知同伴合作的影响效应以及中介调节机制，通过数据分析，结果显示：

（1）在控制了学生的性别、教育类型、家庭经济社会文化地位、是否旷课、是否迟到、是否留级等因素基础上，遭受校园欺凌（包括总的欺凌和 3 种类型欺凌）对学生感知同伴合作有显著的负向预测作用。

（2）在控制了学生的性别、教育类型、家庭经济社会文化地位、是否旷课、是否迟到、是否留级等因素基础上，学校归属感在遭受校园欺凌（包括总的欺凌和 3 种类型欺凌）及感知同伴合作之间起部分中介作用。

（3）在控制了学生的性别、教育类型、家庭经济社会文化地位、是否旷课、是否迟到、是否留级等因素基础上，教师支持对学生遭受总的欺凌、关系欺凌和言语欺凌与感知同伴合作之间的间接效应前半段路径负向调节作用均显著，但教师支持对学生遭受肢体欺凌与感知同伴合作之间的间接效应前半段路径负向调节作用不显著；而父母支持对学生遭受总的欺凌、关系欺凌和肢体欺凌与感知同伴合作之间的间接效应前半段路径负向调节作用均显著，但父母支持对学生遭受言语欺凌与感知同伴合作之间的间接效应前半段路径负向调节作用不显著。

（4）在控制了学生的性别、教育类型、家庭经济社会文化地位、是否旷课、是否迟到、是否留级等因素基础上，纪律氛围对学生遭受总的欺凌、关系欺凌、言语欺凌和肢体欺凌与感知同伴合作之间负向影响的调节作用均显著，但通过 Johnson-Neyman 技术分析发现，纪律氛围的调节作用不是单纯的正向或负向，也不是在所有的得分区域内均显著，而是呈现如下结果：当纪律氛围低于一定分数时（遭受总的欺凌为 1.166 分，关系欺凌为 1.186 分，言语欺凌无此分数，肢体欺凌为 1.136 分），纪律氛围在遭受校园欺凌对感知同伴合作的负向影响中起负向调节作用，较差的纪律氛围会进一步加剧遭受校园欺凌对感知同伴合作的负向影响；反之，当纪律氛围高于一定分数时（遭受总的欺凌为 2.020 分，关系欺凌为 2.054 分，言语欺凌为 1.961 分，肢体欺凌为 2.282 分），纪律氛围才能在遭受校园欺凌对感知同伴合作的负向影响中起正向调节作用，较好的纪律氛围会改善（或减弱）遭受总的欺凌对感知同伴合作的负向影响；纪律氛围得分在一定的分数区间时，调节效果不显著，显示了学校纪律氛围在调节学生之间关系中的重要性。

进一步结果显示，教师支持通过调节纪律氛围在学生遭受总的欺凌、关系欺凌、言语欺凌和肢体欺凌对感知同伴合作之间影响的调节作用中均显著，即教师支持和纪律氛围在学生遭受校园欺凌对感知同伴合作之间影响的双重调节作用显著。同样地，通过Johnson-Neyman技术分析发现，教师支持的调节作用也不是在所有的得分区域内均显著，而是呈现如下结果：当教师支持得分高于一定分数时（在遭受总的欺凌中为2.256分，关系欺凌为2.204分，言语欺凌为2.359分，肢体欺凌为2.658分），教师支持才能通过调节纪律氛围的影响进而在遭受校园欺凌对感知同伴合作的负向影响中起正向调节效果，即当教师支持得分高于这些分数时，教师支持才能通过调节纪律氛围的影响改善（或减弱）遭受校园欺凌对感知同伴合作的负向影响，而低于此分数时调节效果不显著（遭受肢体欺凌除外，当教师支持得分低于1.166分时，较差的教师支持反而会通过调节纪律氛围的影响加重遭受肢体欺凌对感知同伴合作的负向影响）。总之，教师支持和纪律氛围在一定分数范围内对学生遭受校园欺凌对感知同伴合作之间影响的双重调节作用显著。

第五章

总结与展望

第一节　研究总结及建议

本书基于PISA 2018的数据库对中国四省市（北京、上海、江苏、浙江）中学生遭受校园欺凌的影响因素、后果和中介调节机制进行了较为全面、系统的研究，共分为以下三个子研究：

研究主题一运用多水平分析模型，结合学校层级的变量和个人层级的变量共同探索影响校园欺凌的众多因素。结果显示：

（1）除年级和教育类型外，学生个人层级的变量中性别、是否留级、是否旷课、是否迟到对学生遭受总的欺凌程度以及遭受3种类型的欺凌程度产生显著正向解释力，而教师支持和父母支持均对学生遭受总的欺凌程度以及遭受3种类型的欺凌程度产生显著负向解释力，家庭社会经济文化地位只对学生遭受总的欺凌和肢体欺凌产生显著负向解释力，对遭受关系欺凌和言语欺凌没有显著影响。这些结果表明：男生比女生遭受更大程度的校园欺凌，有过留级经历、测试近两周内有旷课、迟到行为的学生比那些未留级、旷课、迟到的学生遭受校园欺凌程度更严重，而学生的家庭经济社会文化地位越低，遭受总的欺凌和肢体欺凌的程度更高，学生感知到的教师支持和父母支持程度越低，遭受校园欺凌的程度也越严重。

因此，在研究欺凌现象或制定干预措施时，应对男生群体、有过留级、迟到、旷课行为的学生以及家庭社会经济文化地位较低的学生给予更多关注，比如制定校园欺凌防治方案时应着重关注男生群体，尤其是男生群体中的肢体欺凌，如推搡、殴打、辱骂等，出现类似情况应及时制止；在学校教学方面，教师可以在教学或班级管理上，多运用女生的特质，借以减少校园或班级的各种冲突，例如：表扬女生展现出关于尊重与包容的校园故事，借以形成校园生活的典范；也可以运用女生尊重与包容的特质，选用班级助手，制定针对校园欺凌的班级防范措施。

同时，家庭和学校都是对抗校园欺凌的关键力量，家校合作才能在学生生活学习中更好地建立反欺凌的屏障。家长要在平时学习生活中给予孩子更多的情感与心理支持，尤其是学业表现较低的学生更应该受到家长的鼓励与支持，而不是批评与指责，才能使他们更有信心与勇气克服学习中的困难；教师也应该多关注学习能力较差或家庭背景较差的学生，教师要面对许多不同背景的学生，应该从各种不同的角度思考欺凌行为的成因。欺凌事件的成因往往是复杂的，可能是起因于欺凌者的家庭教育、社会环境等，或是受欺凌者的言行举止导致同学的误解，甚至是校园风气等，如果教师只看到欺凌事件的表面，没有根据学生差异来调整处理方式，可能会造成反效果。因此，教师应该有更广的视野，要看到事件的关键，深入探讨欺凌的成因并运用多元的处理方式来帮助学生学习正确的态度和行为。

当校园霸凌事件发生时，担任第一线教育人员的教师扮演着重要的角色。因此，教师必须加强对于校园欺凌事件的辨识能力，必须清楚了解校园欺凌的定义、类型、征兆。特别是关系欺凌与言语欺凌这两种类型，因为关系欺凌与言语欺凌并不会对身体造成明显的伤害，且受欺凌者多半选择沉默，不敢反抗，更基于自尊心等原因不愿对外求助，否则可能会遭受到更严重的欺凌，因此十分不容易辨识。但这两种欺凌却是最常发生的校园欺凌类型，严重影响学生的心理健康，也会影响学生学习建立人际关系网络的能力，教师必须多留意学生之间的交友圈、互动方式，可以多观察学生在分组活动、体育课、课间时的表现，甚至深入了解学生学校以外的生活，是否有出现某特定同学被排挤、孤立的情况，一旦发现学生之间已经出现校园欺凌行为的征兆，教师应于第一时间提供适当的处理，必要时请学校协助处理；教师要不断地增进辅导欺凌的技能，建议可以向专业的辅导人员请教，主动参加校园欺凌事件个案研讨会，参考其他教师的有效处理方式，灵活运用在自己的班上，减少欺凌事件所造成的伤害。学校也可以定期整理、汇编校园欺凌事件案例与有效处置校园欺凌事件的方式，于教师会议上跟教师分享、交流，让教师能学习到有效的方式来处理校园欺凌事件。

（2）学校环境层级变量中只有学校纪律氛围和学生之间的竞争氛围会对学生遭受总的欺凌程度以及3种类型欺凌的程度有显著影响，学校纪律氛围对学生遭受欺凌的程度产生显著负向解释力，而学生之间的竞争氛围对学生遭受欺凌的程度产生显著正向解释力。表明纪律氛围较差的学校中的学生比纪律氛围较好的学校中的学生遭受更大程度的校园欺凌；学生之间竞争氛围较高的学校中的学生比学生之间竞争氛围较低的学校中的学生遭受更大程度的校园欺凌。而其余变量，学校位置、学校类型、学校规模、班级规模、生师比、男生比例、特殊学生比例、未取得毕业证书的学生比例、妨碍学习的学生行为和教师行为，以及学生之间的合作氛围等学校背景特征因素均未对学生经常遭受总的欺凌以及3种类型欺凌产生显著影响。

因此，良好的学校氛围可以减少校园欺凌的发生，包括上课过程中课堂的良好纪律氛围，学生之间良好的合作氛围与正向良性的竞争氛围，避免学生之间的恶性竞争，从而在学校环境中形成良好的同伴关系，减少欺凌行为的发生。

中学生大部分时间都在学校中度过，学校是教育的重要场所，在学生的人格与行为塑造中扮演举足轻重的角色。学校应加强学生的品德教育，培养学生的正义感、道德感，勇敢向师长揭发校内的欺凌行为，当校园风气正向且友善，也能够减少校园恶势力的侵犯；学校的心理咨询与辅导机制应积极发挥其功能，应将每一个学生在校内或校外所发生的欺凌与受欺凌事件视为重大校园危机事件，让学校的各级辅导机制积极发挥其功能，除了隔离、安置与辅导，更要持续地观察与追踪个案的发展与身心状况，务必让所有个案，不管是加害者还是受害者，都能够在各方面健康成长；加强学生人际交往方面的教育，学校除了是学生学习文化知识的场所，也是学习与他人相处之道的重要场所，学生必须学会相互尊重，了解在与同学相处中，某些言行是被禁止的，例如将对方的身体特征作为取笑对方的题材，对他人的尊重意识是在求学阶段必须建立的；加强学生生命教育，教育学生尊重生命，爱惜生命，能减少因欺凌导致的遗憾事件，当欺凌者施暴于受欺凌者，旁观者不但不协助，反而助纣为虐，受欺凌者可能会因为习得性无助而拒绝求助师长或同学，产生了轻生的念头，甚至选择结束生命，因此必须让学生了解欺凌行为的后果，当学生们了解欺凌行为的严重后果，能有效减少校园欺凌事件的发生；学校应将反校园欺凌的理念与方式融入学校教育中，加强对学生的法治教育，让学生了解校园欺凌行为可能触犯法律，只有加强校园欺凌行为的法治化，才能从根本上减少学生受到的伤害。

研究主题二运用倾向得分匹配（PSM）的方法，在对第一个研究中得出的影响校园欺凌因素进行倾向值匹配的基础上，更加科学和全面地评估遭受校园欺凌以及3种不同类型的欺凌对于学生各方面表现的影响效应，包括学生对学校的感受、对未来的期待以及非认知表现。结果显示：

（1）在进行倾向得分匹配前与匹配后（包括四种匹配方式：近邻匹配、半径匹配、核匹配和马氏距离匹配，下同），是否遭受总的欺凌和3种类型欺凌对以下学生表现的影响结果一致：首先，遭受总的欺凌和3种类型欺凌的学生（后面统称遭受校园欺凌）对学校的积极感受（包括生活满意度、学校归属感、感知学生合作）显著低于未遭受校园欺凌学生，而对学校的消极感受（感知学生竞争）显著高于未遭受校园欺凌学生；其次，遭受校园欺凌的学生对未来的期待（包括智力可塑性、生命意义）显著低于未遭受校园欺凌学生；最后，遭受校园欺凌的学生的消极非认知表现（害怕失败）显著高于未遭受校园欺凌学生，而积极非认知表现（积极情绪体验和自我效能感）显著低于未遭受校园欺凌学生。

总之，在控制了影响学生遭受校园欺凌的选择性偏误后，遭受校园欺凌依然会显著影响学生多方面表现，遭受校园欺凌的经历破坏了学生对学校的积极感受，加重了他们对学校的消极感受，降低了他们对未来的美好期待以及积极的非认知表现，也使他们更加患得患失，害怕失败。

（2）在进行倾向得分匹配前与匹配后，是否遭受总的欺凌和3种类型欺凌对以下学生表现的影响结果不一致：在进行倾向得分匹配前，遭受校园欺凌学生的学习目标、教育期望和对竞争的态度均显著低于未遭受校园欺凌的学生，但在进行倾向得分匹配后，在四种匹配方式下（近邻匹配、半径匹配、核匹配和马氏距离匹配），遭受校园欺凌学生与未遭受欺凌学生的以上表现无显著差异。

以上结果表明，在进行倾向得分匹配前获得的结果由于受到各种混杂因素的影响，可能不能代表真实的结论。在进行倾向得分匹配后，虽然遭受校园欺凌对学生很多方面表现产生了消极影响，但是他们在学习目标、教育期望和竞争态度方面与未受欺凌者并无显著差异。说明遭受校园欺凌的学生虽然在很多方面表现不如未受欺凌学生，但他们仍然怀有取得较高学习目标的愿望，对未来取得较高成就的美好期待，以及认为自己能够比他人表现更好的好胜心与自信心，这些都为后续通过心理咨询和辅导等方式解决欺凌受害学生面对的心理困境提供了必要的基础。心理辅导人员可以在此基础上通过心理咨询充分发掘遭受校园欺凌学生的心理能量，激发他们的心理潜能，重新燃起他们心中的希望与信念，增强其自我效能感，使他们相信自己可以通过自身的努力实现自己的学业目标，改变不利现状，完成高等教育，拥有美好的未来。

（3）不同类型的校园欺凌（总的欺凌、关系欺凌、言语欺凌、肢体欺凌）对于学生如下方面表现的影响效应存在差异，主要有对学校价值的看待、对欺凌的态度和掌握任务的动机变量。

首先，对于学生对学校的感受影响方面，遭受总的欺凌与关系欺凌对学生对学校价值的看待的影响在匹配前与匹配后保持一致，进行倾向得分匹配前与匹配后，在四种匹配方式下，遭受总的欺凌与关系欺凌的处理组学生对学校价值的看待均显著高于未遭受总的欺凌与关系欺凌的对照组学生；而言语欺凌和肢体欺凌对其对学校价值的看待的影响在匹配前与匹配后结果不一致，在进行倾向得分匹配前，遭受言语欺凌和肢体欺凌的处理组学生对学校价值的看待显著低于对照组学生（未遭受言语欺凌和肢体欺凌），但在进行倾向得分匹配后，在四种匹配方式下，处理组与对照组对学校价值的看待无显著差异。

同样地，有关不同类型的校园欺凌在学生对欺凌的态度影响方面，只有言语欺凌类型对学生对欺凌的态度影响在匹配前与匹配后保持一致，进行倾向得分匹配前与匹配后，在四种匹配方式下，遭受言语欺凌学生对欺凌的态度均显著高于未遭受言语欺凌的学生；其他3种类型欺凌对学生对欺凌的态度影响在匹配前与匹配后结果不一致，对于总的欺凌、关系欺凌及肢体欺凌，在进行倾向得分匹配前，遭受总的欺凌及关系、肢体欺凌的学生与未遭受总的欺凌及关系、肢体欺凌的学生在对欺凌的态度上无显著差异，但在进行倾向得分匹配后，在四种匹配方式下，处理组学生对欺凌的态度显著却显著高于对照组学生。

其次，对于学生的非认知表现影响方面，遭受总的欺凌与肢体欺凌对学生掌握任务的动机的影响在匹配前与匹配后保持一致，进行倾向得分匹配前与匹配后，在四种匹配方式下，除遭受总的欺凌在马氏距离匹配方法下不显著（或边缘显著）外，遭受总的欺凌与肢体欺凌的处理组学生掌握任务的动机均显著低于未遭受总的欺凌与肢体欺凌的对照组学生。

关系欺凌和言语欺凌对其掌握任务的动机的影响在匹配前与匹配后结果不一致，对于关系欺凌，在进行倾向得分匹配前，遭受关系欺凌的处理组学生的掌握任务的动机与对照组学生无显著差异，但在进行倾向得分匹配后，处理组学生的掌握任务的动机显著高于对照组学生（核匹配和马氏距离匹配方法下差异不显著，但处理组学生的掌握任务的动机高于对照组学生）；对于遭受言语欺凌，在匹配前，处理组学生掌握任务的动机显著低于对照组学生（未遭受言语欺凌），但在进行倾向得分匹配后，在四种匹配方式下，处理组学生与对照组学生掌握任务的动机无显著性差异。

从以上结果可以看出，不同类型校园欺凌对学生表现的影响存在一定差异性，启发我们在关注校园欺凌现象时应更加细致，也应结合不同的欺凌类型制定不同的应对措施，才能做到有的放矢，建立更好的保护机制。但同时以上结果也有共通性，即都是在进行倾向得分匹配以后显示，遭受校园欺凌的学生在积极方面的表现并未低于未受欺凌的学生，甚至高于未受欺凌的学生。这些结果可能意味着以前的研究对于遭受校园欺凌伤害后学生表现的认识过于悲观了，就像我们上述所探讨的，遭受校园欺凌学生虽然可能在外在表现方面不如未受欺凌学生，但他们在内心深处对学校的感受、美好未来的信念以及负性事件的态度等方面均与未受欺凌者并无显著差异，甚至为了改善自己现有的困境，他们比未受欺凌的学生具有更强的信念。因此，在解决遭受欺凌学生面对的心理困境时，应更多从这些积极方面激发他们克服困难的决心。

研究主题三探讨了遭受校园欺凌（包括总的欺凌和3种类型欺凌）对学生感知同伴合作的影响效应以及中介调节机制，通过数据分析，结果显示：

（1）在控制了学生的性别、教育类型、家庭社会经济文化地位、是否旷课、是否迟到、是否留级因素基础上，遭受校园欺凌（包括总的欺凌和3种类型欺凌）对学生感知同伴合作有显著的负向预测作用，即遭受校园欺凌程度越严重，学生对感知同伴合作的程度越低。

（2）在控制了学生的性别、教育类型、家庭社会经济文化地位、是否旷课、是否迟到、是否留级因素基础上，学校归属感在遭受校园欺凌（包括总的欺凌和3种类型欺凌）及感知同伴合作之间起部分中介作用。

（3）在控制了学生的性别、教育类型、家庭社会经济文化地位、是否旷课、是否迟到、是否留级等因素基础上，教师支持对学生遭受总的欺凌、关系欺凌和言语欺凌与感知同伴合作之间的间接效应前半段路径负向调节作用均显著，但教师支持对学生遭受肢体欺凌与感知同伴合作之间的间接效应前半段路径负向调节作用不显著，表明遭受总的欺凌、关系欺凌和言语欺凌对学校归属感的影响随教师支持程度的变化而变化，当教师支持程度增加时，遭受校园欺凌对学校归属感的负向影响减弱；而父母支持对学生遭受总的欺凌、关系欺凌和肢体欺凌与感知同伴合作之间的间接效应前半段路径负向调节作用均显著，但父母支持对学生遭受言语欺凌与感知同伴合作之间的间接效应前半段路径负向调节作用不显著，表明遭受总的欺凌、关系欺凌和肢体欺凌对学校归属感的影响随教师支持程度的变化而变化，当学生个体的父母支持程度增加时，遭受校园欺凌对学校归属感的负向影响减弱。

（4）在控制了学生的性别、教育类型、家庭社会经济文化地位、是否旷课、是否迟到、是否留级等因素基础上，纪律氛围对学生遭受总的欺凌、关系欺凌、言语欺凌和肢体欺凌与感知同伴合作之间影响的负向调节作用均显著，但通过Johnson-Neyman技术分析发现，纪律氛围的调节作用不是单纯的正向或负向，也不是在所有的得分区域内均显著，而是呈现如下结果：当纪律氛围低于一定分数时（在遭受总的欺凌中为1.166分，关系欺凌为1.186分，言语欺凌无此分数，肢体欺凌为1.136分），纪律氛围在遭受校园欺凌对感知同伴合作的负向影响中起负向调节作用，较差的纪律氛围会进一步加剧遭受校园欺凌对感知同伴合作的负向影响；反之，当纪律氛围高于一定分数时（遭受总的欺凌为2.020分，关系欺凌为2.054分，言语欺凌为1.961分，肢体欺凌为2.282分），纪律氛围才能在遭受校园欺凌对感知同伴合作的负向影响中起正向调节作用，较好的纪律氛围会改善（或减弱）遭受校园欺凌对感知同伴合作的负向影响；纪律氛围得分在一定的分数区间时，调节效果不显著，显示了学校纪律氛围在调节学生之间关系中的重要性；而且教师支持通过调节纪律氛围在学生遭受总的欺凌、关系欺凌、言语欺凌和肢体欺凌对感知同伴合作之间影响的调节作用中也显示类似结果，通过Johnson-Neyman技术分析发现，教师支持的调节作用也不是在所有的得分区域内均显著，而是呈现如下结果：当教师支持得分高于一定分数时（在遭受总的欺凌中为2.256分，关系欺凌为2.204分，言语欺凌为2.359，肢体欺凌为2.658分），教师支持才能通过调节纪律氛围的影响进而在遭受校园欺凌对感知同伴合作的负向影响中起正向调节效果，即当教师支持得分高于这些分数时，教师支持才能通过调节纪律氛围的影响改善（或减弱）遭受校园欺凌对感知同伴合作的负向影响，而低于此分数时调节效果不显著（遭受肢体欺凌除外，当教师支持得分低于1.166分时，较差的教师支持反而会通过调节纪律氛围的影响加重遭受肢体欺凌对感知同伴合作的负向影响）。总之，教师支持和纪律氛围在一定分数范围内对学生遭受校园欺凌对感知同伴合作之间影响的双重调节作用显著，这个结果再一次强调了学校和教师在学生遭受校园欺凌对各方面表现影响的重要作用。

目前我国的教育制度依然比较强调升学率，教育内容还是集中于学生的认知发展，对非认知表现方面的重视不足，比如培养学生与他人合作解决问题的能力等，这种重智育轻德育的现状抑制了学生多元发展的可能。因此，许多不符合主流期待的学生，在成长过程中难免叛逆。面对情况各异的学生，教师应该有更大的包容力，而非仅关注到学生课业的表现，应该多挖掘学生不同的专长潜能，并且鼓励其坚持自己的理想和兴趣，减少学生误入歧途，选择用偏差行为来报复社会。校园欺凌行为亦是偏差行为，且有违法之虞，学校既要让学生能够学习到正确的言行举止，也要教导学生如何避免被害，学习保护自己的方法，辨识校园欺凌行为，以及明确寻求帮助的途径。

最后，校园欺凌事件不应被视为少数人的问题，而应视为社会问题之一，事件发生的原因往往是复杂的、多元的，无法仅归咎于当事人，故社会全体应共同努力营造友善的校园氛围，减少校园欺凌事件的发生。教育相关部门应整合各所学校、邻近社区、警政机关、社会福利机构、心理卫生单位，整合社区资源，平均分配资源，并且制作资源手册，让各校在处理校园欺凌事件时，能够借此迅速掌握可以运用的社会资源与专业协助，提供最恰当的处理方式给学生。也应鼓励教师和学校多运用社会资源以防制校园欺凌。为了达到有效降低校园欺凌事件的目的，必须通过各种专业团队共同努力，包括学校的校长、主任、辅导教师、学生、家长、少年警察、社会福利机构成员或其他专家等，一起对事件进行调查、评估，制定辅导计划、追踪辅导成效，并且寻求社会资源协助。

第二节　研究限制与展望

本书研究中使用的数据库为 2018 年 PISA 中国大陆的学生数据与学校数据，该数据的调查范围仅包含我国 4 个发达的省份与城市（北京市、上海市、江苏省、浙江省），因此对于分析结果的推论，具有一定的局限性。在后续研究中，一是可以在此基础上加入 PISA 2018 中国更多地区的数据，如台湾、香港、澳门地区，还可以加入其他国家数据进行跨文化的对比分析；二是可以考虑采用其他数据库内容或者进行自制问卷调查等方式收集校园欺凌及其相关数据，对此主题进行更多深入研究分析。

对于研究主题一：校园欺凌的影响因素分析，因为选择的变量均是从 PISA 测试中获取的，限制于数据库的范围，不能穷尽影响学生遭受校园欺凌的所有因素，后续应通过其他方式纳入更多影响学生遭受校园欺凌的因素进行分析研究。在未来的研究中，可以通过探讨跨水平交互作用更清楚地反映学校环境层级变量对学生遭受校园欺凌所产生的净影响。此外，有的因素与校园欺凌的成因相关并不明显，需要更严谨的实地调查（冯帮，李璇，2017），以拓宽相关研究主题的范围，具有理论方面的意义。

对于研究主题二：校园欺凌的后果分析，我们使用了倾向得分匹配（PSM）的方法实现反事实模拟状态下的处理效应估计，更加科学地评估学生遭受校园欺凌对于学生各方面表现的影响，包括学生对学校的感受、对未来的期待以及非认知表现。除了非认知表现有以往部分研究支撑与参考，其他两方面表现均包括不止一个变量，在将某一个变量划分为某一表现时可能会有一定主观性，从而可能出现某一个表现中的某个变量差异显著，但另一变量差异不显著的情况，使最终结果可能存在一定偏差。后续研究中可考虑将结果一致的变量进行重新划分，重新确定几个变量所能代表的表现类型，使结果更加科学。另外，有关统计方法的使用，PSM 的方法利用倾向值来进行样本匹配，可以在有效控制影响处理效应的众多混淆变量基础上，保证匹配起来的个体的倾向值相等或者近似，从而形成随机化的处理组和对照组样本，进而直接估计处理变量之于结果变量的平均处理效用，探索遭受校园欺凌的"净效应"。运用此方法分析学生遭受校园欺凌对于学生各方面表现的影响效应具有一定创新性，但 PSM 也有一些缺点，由于一些主客观原因在本书中尚未完全解决：一方面是 PSM 只能控制调查研究中可测变量的影响，但如果仍然存在我们尚未调查与涉及的不可测变量，结果可能仍然会带来隐性偏差（陈强，2014），而我们的研究使用的是次级数据，可能存在一些本应控制的共变量缺失，因为已有数据库中没有这些共变量的观测值，从而可能造成选择性偏差；另一方面，和其他因果推论的方法一样，倾向值匹配法并不是解决因果推论的"万全之策"，它可以协助我们了解"因"对于"果"的效用如何，但却无法使我们了解这背后的因果机制（causal mechanism），研究者必须通过其他方法，无论是定性的方法还是定量的方法，才能深入了解这条因果链背后丰富的故事。由于观测性数据及其研究设计本来就不是实验室数据和实验设计，所以倾向值匹配法只是工具，可靠的因果推论还是需要合理的研究设计才能得出。如何通过合理的研究设计去搜集数据，才是进行因果推论研究最需攻克的难点。因此，近年来，结合实验研究设计来搜集观测性数据，成为社会科学领域研究的主流，这也是未来可以聚焦的方向。

对于研究主题三：校园欺凌的中介调节机制的研究，本书通过 SPSS 中的 PROCEE 程序分析证实。首先，学生感知到的学校归属感在其遭受校园欺凌对感知同伴合作的负向影响中起中介作用，但是关于这三方面变量的关联，有无可能存在其他的运作机制？有无其他变量形成多重中介或者远程中介的路径？这是本书的限制之一，可以作为未来研究的方向。其次，研究显示教师支持对学生遭受总的欺凌、关系欺凌和言语欺凌与感知同伴合作之间的间接效应前半段路径的调节作用显著，但对肢体欺凌调节作用不显著；而父母支持对学生遭受总的欺凌、关系欺凌和肢体欺凌与感知同伴合作之间的间接效应前半段路径的调节作用显著，但对言语欺凌的调节作用不显著。是什么原因使得教师支持和父母支持对不同类型的校园欺凌与感知同伴合作之间关系的影响产生差异？此问题可能无法通过既有的 PISA 数据来得到解释。针对这些问题，未来的研究可以通过后续问卷调查或个别访谈等进行深入挖掘探讨。最后，通过 Johnson-Neyman 技术分析发现，教师支持和纪律氛围在一定分数范围内对学生遭受校园欺凌对感知同伴合作之间影响的双重调节作用显著，同样地，不同类型的校园欺凌之间具有差异的原因有哪些？为什么纪律氛围调节言语欺凌对感知同伴合作的 Johnson-Neyman 显著性区域只有一个分割点，而教师支持通过调节纪律氛围调节肢体欺凌对感知同伴合作的 Johnson-Neyman 显著性区域却有两个分割点？本书尚不能给出较好的解释，这些问题只能通过未来研究进行更加深入地探讨。此外，本书中的纪律氛围采用的变量内涵是指学生个人感知的班级纪律氛围的程度，但同一个班级的学生面临的客观纪律氛围环境是一致的，同一班级的纪律氛围会对班级中的每个学生都产生影响，因此未来的研究中，可以考虑将纪律氛围上升为班级环境变量，采用多水平分析模型进一步阐述纪律氛围在学生遭受校园欺凌对感知同伴合作影响中的跨层级调节效果。

综上，基于 PISA 2018 中国四省市 15 岁中学生遭受校园欺凌的数据资料和其他方面调查资料，以及其所在学校的学校资料，本书对学生遭受校园欺凌的影响因素、后果以及遭受校园欺凌对学生各方面表现产生影响的中介调节机制进行了较为系统的研究。受制于研究的数据资料等主客观原因，本书的研究尚有一些不足之处，但与以往关于校园欺凌的研究多为论述总结相比，本书采用了科学的统计方法对学生遭受校园欺凌的现状进行了较为完整的分析，所有的分析结果均建立在大量调查资料及合理的统计分析之上。因此，本书对校园欺凌的影响因素、后果和中间机制都进行了系统探讨，为研究者未来进行此方面的研究提供了较为丰富的资料，对预防和干预校园欺凌、提升学生的整体生活质量与学校满意度具有重要的参考价值。

参考文献

[1] 包海军. 生命教育视域下校园欺凌的化解路径[J]. 教育实践与研究, 2020, 9: 29-32.

[2] 陈本昌, 崔日明. "人类命运共同体"视角下新冠肺炎疫情对世界经济的影响及应对分析[J]. 区域与全球发展, 2020, 4（6）: 5-22, 155.

[3] 陈纯槿, 郅庭瑾. 校园欺凌的影响因素及其长效防治机制构建——基于2015青少年校园欺凌行为测量数据的分析[J]. 教育发展研究, 2017, 37（20）: 31-41.

[4] 陈强. 高级计量经济学及Stata应用[M]. 北京: 高等教育出版社, 2014.

[5] 方健华. 学生旷课行为的心理分析及矫治策略[J]. 教育科学研究, 2007, 23（6）: 4.

[6] 冯帮, 李璇. 我国近十年校园欺凌问题研究述评[J]. 上海教育科研, 2017, 4: 6.

[7] 高丽茹. 我国中学生校园欺凌现状和影响因素——对内地, 香港和澳门的比较研究[J]. 中国青年研究, 2020, 10: 65-72.

[8] 顾亨通. 初中生同伴关系对受欺凌的影响及干预[D]. 西安: 陕西师范大学, 2018.

[9] 郭俊俏, 赵必华. 教师支持对4~9年级学生遭受校园欺凌的影响: 学校归属感的中介作用[J]. 中国特殊教育, 2019, 1: 72-76.

[10] 胡安宁. 倾向值匹配与因果推论: 方法论述评[J]. 社会学研究, 2012, 1: 221-246.

[11] 胡春光. 校园欺凌行为: 意涵、成因及其防治策略[J]. 教育研究与实验, 2017, 1: 73-79.

[12] 胡咏梅, 李佳哲. 谁在受欺凌？——中学生校园欺凌影响因素研究[J]. 首都师范大学学报: 社会科学版, 2018, 6: 171-185.

[13] 黄亮. 我国15岁在校学生遭受校园欺凌的情况及影响因素——基于PISA 2015我国四省市数据的分析[J]. 教育科学研究, 2017, 11: 36-42.

[14] 黄亮, 高威. 校风对中国学生学习的影响有多大？——基于PISA 2015中国四省市师生行为数据分析[J]. 中小学管理, 2017, 10: 16-18.

[15] 黄亮, 宋萍萍. 教师不公正和同伴欺凌对学生生活满意度的影响——学校归属感的弥补和抵御作用[J]. 教育科学研究, 2019, 12: 46-52.

[16] 黄亮, 赵德成. 家庭社会经济文化地位与学生遭受校园欺凌关系的实证研究——家长支持和教师支持的中介作用[J]. 教育科学, 2018a, 34（1）: 7-13.

[17] 黄亮, 赵德成. 中学校园欺凌: 现状、后果及其应对策略——基于中国四省市与OECD国家数据的研究[J]. 现代教育管理, 2018b, 12: 102-106.

[18] 黄亮, 赵德成. 校园欺凌对学生教育表现的影响效应评估——来自PISA 2015我国四

省市的证据[J].教育与经济,2020,36(1):31-41,53.

[19] 焦凡平.探析生命教育视角下小学生校园欺凌的成因及对策[J].新课程,2022,8:27.

[20] 雷雳,王燕,郭伯良,等.班级行为范式对个体行为与受欺负关系影响的多层分析[J].心理学报,2004,36(5):563-567.

[21] 李灵.生命教育视角下中学生校园欺凌的成因及对策探析[J].内蒙古教育,2017,24:116-117.

[22] 李孟儒,肖迪,彭涛.共情和自我效能在欺凌态度与旁观者行为反应之间的中介效应分析[J].哈尔滨医科大学学报,2021,55(1):101-105.

[23] 李胤宁,杜变变.生命教育视域下校园欺凌的成因及应对措施研究[J].新课程,2021,25:12.

[24] 林进材.校园欺凌行为的类型与形成及因应策略之探析[J].湖南师范大学教育科学学报,2017,16(1):1-6.

[25] 林敏.中小学生领悟社会支持、一般自我效能感、心理弹性与校园欺凌旁观者行为的关系研究[D].南宁:广西民族大学,2020.

[26] 刘小群,杨孟思,彭畅,等.校园欺凌中不同角色中学生的焦虑抑郁情绪[J].中国心理卫生杂志,2021,35(6):475-481.

[27] 刘晓雪.生命教育视角下的校园欺凌成因及应对策略[J].课程教育研究,2017,39:231-232.

[28] 刘在花.学校氛围对中学生学习投入的影响:学校幸福感的中介作用[J].中国特殊教育,2017,4:85-90.

[29] 刘在花.学校氛围对流动儿童学习投入的影响——学校幸福感的中介作用[J].中国特殊教育,2018,1:52-57.

[30] 乔沛熙,刘晓宇.校园欺凌现状及其对生活满意度和考试焦虑的影响——基于2015中国PISA数据的分析[J].科教导刊上旬刊,2017,31:191-192.

[31] 阮得香.基于因子分析与逻辑回归的校园欺凌影响因素的研究[D].杭州:杭州师范大学,2019.

[32] 宋杨萍.X中学学生校园欺凌行为研究[D].武汉:华中师范大学,2019.

[33] 苏毓淞.倾向值匹配法的概述与应用:从统计关联到因果推论[M].重庆:重庆大学出版社,2017.

[34] 孙冉.中学生合作问题解决能力的影响因素及其机制研究——来自PISA2015中国四省市的证据[J].上海教育科研,2020,7:60-65.

[35] 田友谊,邓兰.生命教育视域下校园欺凌的成因及对策探析[J].江苏教育研究,2020,Z4:3-7.

[36] 王焕.学校文化对校园欺凌的影响研究[D].成都:四川师范大学,2018.

[37] 王慧敏.初中生情绪智力、同伴关系、校园欺凌的关系及干预研究[D].呼和浩特:

内蒙古师范大学, 2019.

[38] 王健, 李春玫, 谢飞, 等. 江西省高中生校园欺凌影响因素分析[J]. 中国学校卫生, 2018, 39（12）: 1814-1817.

[39] 王庆林, 武晨阳, 宫火良, 等. 初中生校园欺凌旁观者行为及其与共情和自我效能的关系[J]. 中国心理卫生杂志, 2021, 35（12）: 1013-1018.

[40] 王斯佳. 感知的学业竞争, 社交竞争, 道德脱离和中小学生校园欺凌的关系研究[D]. 青岛: 青岛大学, 2020.

[41] 王怡涵. 我国中学生遭遇校园欺凌的情况及影响因素——基于四省市PISA 2018数据的分析[J]. 教育观察, 2021, 10（31）: 22-25.

[42] 魏昶, 喻承甫, 赵存会, 等. 学校归属感在学校氛围和留守儿童学业成绩间的中介作用[J]. 中国学校卫生, 2016, 37（7）: 1103-1105.

[43] 肖彩燕. 同伴关系、自尊对初一学生校园欺凌的影响及干预研究[D]. 广州: 广州大学, 2019.

[44] 谢洋, 陈彬莉. 校园欺凌中不同欺凌角色与抑郁的关系研究[J]. 社会工作与管理, 2021, 21（3）: 5-14.

[45] 尹雅丽, 马早明. 生产性师生关系的构建——基于杜威学校纪律教育哲学视角[J]. 中小学德育, 2021, 12: 50-54.

[46] 张杰. 浅谈日本的校园欺凌问题[J]. 中国电力教育, 2008, 23: 233-234.

[47] 张萌. 挪威奥维斯校园欺凌预防计划对我国的启示[J]. 现代中小学教育, 2017, 33（4）: 85-88.

[48] 张倩. 我国校园欺凌防治的绩效分析与未来展望——基于PISA 2015和PISA 2018的数据[J]. 教育发展研究, 2020, 40（22）: 49-58.

[49] 张荣荣. 初中生同伴关系、道德脱离和校园欺凌中旁观者行为的关系[D]. 乌鲁木齐: 新疆师范大学, 2019.

[50] 张珊珊, 张野, 申婷. 校园欺凌对中学生核心自我评价的影响机制研究——基于性别的多群组比较分析[J]. 教育科学研究, 2021, 3: 44-49.

[51] 张裕灵. 中学生同伴关系、学校归属感与校园欺凌的关系研究[D], 重庆: 西南大学, 2020.

[52] 张毓洁, 宁波. 课堂纪律氛围改进的路径选择[J]. 教学与管理, 2022, 3: 60-63.

[53] 张紫微, 楼超华, 钟向阳, 等. 校园欺凌中不同角色与抑郁的相关性[J]. 中国学校卫生, 2019, 40（2）: 228-231.

[54] 赵申苒, 郭腾飞, 王明辉. 受艾影响儿童教师支持与一般自我效能感的关系: 学校归属感的中介作用[J]. 中国临床心理学杂志, 2018, 26（1）: 151-154.

[55] 赵章留, 寇彧. 儿童四种典型亲社会行为发展的特点[J]. 心理发展与教育, 2006, 1: 117-121.

［56］朱桂琴，陈娜，宣海宁．农村寄宿制初中生同伴关系与校园欺凌实证研究——以河南省 4 乡 5 校为例［J］．教育研究与实验，2019，2：68-76．

［57］朱萦．儿童期心理虐待、情绪调节自我效能感、心理韧性与初中生校园欺凌的现状及关系研究［D］，南宁：广西民族大学，2020．

［58］ABADIE A, IMBENS G W. On the Failure of the Bootstrap for Matching Estimators［J］. Econometrica, 2008, 76(6): 1537-1557.

［59］ALLISON S, ROEGER L, REINFELD-KIRKMAN N. Does School Bullying Affect Adult Health? Population Survey of Health-Related Quality of Life and Past Victimization［J］. Australian New Zealand Journal of Psychiatry, 2009, 43(12): 1163-1170.

［60］ANTILA H, AROLA R, HAKKO H, et al. Bullying Involvement in Relation to Personality Disorders: A Prospective Follow-up of 508 Inpatient Adolescents［J］. European Child Adolescent Psychiatry, 2017, 26(7): 779-789.

［61］ANTONIADOU N, MARKOS A. Development, Construct Validation and Measurement Invariance of the Greek Cyber-Bullying/Victimization Experiences Questionnaire CB-VEQ-G［J］. Computers in Human Behavior, 2016, 65: 380-390.

［62］APEL R J, SWEETEN G. Propensity Score Matching in Criminology and Criminal Justice: In Handbook of Quantitative Criminology［M］. New York: Springer, 2010.

［63］AWIRIA O, OLWEUS D, BYRNE B. Bullying at School-What We Know and What We Can Do［J］. British Journal of Educational Studies, 1994, 42(4): 403.

［64］BALDRY A. 'What About Bullying?' An Experimental Field Study to Understand Students' Attitudes Towards Bullying and Victimisation in Italian Middle Schools［J］. The British Journal of Educational Psychology, 2004, 74(4): 583-598.

［65］BALDRY A C, FARRINGTON D P. Brief Report: Types of Bullying Among Italian School Children［J］. Journal of Adolescence, 1999, 22(3): 423-426.

［66］BARBOZA G E, SCHIAMBERG L B, OEHMKE J, et al. Individual Characteristics and the Multiple Contexts of Adolescent Bullying: An Ecological Perspective［J］. Journal of Youth Adolescence, 2009, 38(1): 101-121.

［67］BARRETT K L, JENNINGS W G, LYNCH M J. The Relation Between Youth Fear and Avoidance of Crime in School and Academic Experiences［J］. Journal of School Violence, 2012, 11(1): 1-20.

［68］BARZILAY S, KLOMEK A B, APTER A, et al. Bullying Victimization and Suicide Ideation and Behavior Among Adolescents in Europe: A 10-country Study［J］. Journal of Adolescent Health, 2017, 61(2): 179-186.

［69］BASKIN T W, WAMPOLD B E, QUINTANA S M, et al. Belongingness as a Protective Factor Against Loneliness and Potential Depression in a Multicultural Middle School［J］.

Counseling Psychologist, 2010, 38(5): 626-651.

[70] BAUMEISTER R F, LEARY M R. The Need to Belong: Desire for Interpersonal Attachments as a Fundamental Human Motivation[J]. Psychological Bulletin, 1995, 117(3): 497-529.

[71] BOND L, CARLIN J B, THOMAS L, et al. Does Bullying Cause Emotional Problems? A Prospective Study of Young Teenagers[J]. BMJ, 2001, 323(7311): 480-484.

[72] BOWERS L, SMITH P, BINNEY V. Cohesion and Power in the Families of Involved in Bully/Victim Problems at School [J]. Journal of Family Therapy, 2003, 14(4): 371-387.

[73] BRENDGEN M, POULIN F. Continued Bullying Victimization From Childhood to Young Adulthood: A Longitudinal Study of Mediating and Protective Factors [J]. Journal of Abnormal Child Psychology, 2018, 46(1): 27-39.

[74] BROOKHART M A, SCHNEEWEISS S, ROTHMAN K J, et al. Variable Selection for Propensity Score Models[J]. American Journal of Epidemiology, 2006, 163(12): 1149-1156.

[75] BROWN S, TAYLOR K. Bullying, Education and Earnings: Evidence From the National Child Development Study[J]. Economics of Education Review, 2008, 27(4): 387-401.

[76] BRYK A S, RAUDENBUSH S W. Hierarchical Linear Models: Applications and Data Analysis Methods[M]. London: Sage Publications, Inc, 1992.

[77] CARNEY A, MERRELL K. Bullying in Schools: Perspectives on Understanding and Preventing an International Problem[J]. School Psychology International, 2001, 22(3): 364-382.

[78] CASTELLVÍ P, MIRANDA-MENDIZÁBAL A, PARÉS-BADELL O, et al. Exposure to Violence, a Risk for Suicide in Youths and Young Adults: A Meta-Analysis of Longitudinal Studies[J]. Acta Psychiatrica Scandinavica, 2017, 135(3): 195-211.

[79] COCHRAN W G. The Effectiveness of Adjustment by Subclassification in Removing Bias in Observational Studies[J]. Biometrics, 1968, 24(2): 295-313.

[80] COCHRAN W G, CHAMBERS S P. The Planning of Observational Studies of Human Populations[J]. Journal of the Royal Statistical Society, 1965, 128(2): 234-266.

[81] COLEMAN J. Social Capital in the Creation of Human Capital[J]. American Journal of Sociology, 1988, 94: 95-120.

[82] CONNOLLY E J, BEAVER K M. Considering the Genetic and Environmental Overlap Between Bullying Victimization, Delinquency, and Symptoms of Depression/Anxiety[J]. Interpers Violence, 2016, 31(7): 1230-1256.

[83] COOMBER K, TOUMBOUROU J W, MILLER P, et al. Rural Adolescent Alcohol, Tobacco, and Illicit Drug Use: A Comparison of Students in Victoria, Australia, and Washington

State, United States[J]. The Journal of Rural Health, 2011, 27(4): 409-415.

[84] COPELAND W, WOLKE D, ANGOLD A, et al. Adult Psychiatric Outcomes of Bullying and Being Bullied by Peers in Childhood snd Adolescence[J]. JAMA Psychiatry, 2013, 70(4): 419-426.

[85] COPELAND W E, WOLKE D, LEREYA S T, et al. Childhood Bullying Involvement Predicts Low-Grade Systemic Inflammation Into Adulthood[J]. Proceedings of the National Academy of Sciences, 2014, 111(21): 7570-7575.

[86] CORNELL D, GREGORY A, HUANG F, et al. Perceived Prevalence of Teasing and Bullying Predicts High School Dropout Rates[J]. Journal of Educational Psychology, 2013, 105(1): 138.

[87] CORNELL D, HUANG F. Authoritative School Climate and High School Student Risk Behavior: A Cross-Sectional Multi-Level Analysis of Student Self-Reports[J]. Journal of Youth and Adolescence, 2016, 45(11): 2246-2259.

[88] CROSNOE R, JOHNSON M, KIRKPATRICK E, et al. Intergenerational Bonding in School: The Behavioral and Contextual Correlates of Student-Teacher Relationship[J]. Sociology of Education, 2004, 77(1): 60-81.

[89] CROTHERS L M, SCHREIBER J B, SCHMITT A J, et al. A Preliminary Study of Bully and Victim Behavior in Old-for-Grade Students: Another Potential Hidden Cost of Grade Retention or Delayed School Entry[J]. Journal of Applied School Psychology, 2010, 26(4): 327-338.

[90] DE CREMER D. Respect and Cooperation in Social Dilemmas: The Importance of Feeling Included[J]. Personality and Social Psychology Bulletin, 2002, 28(10): 1335-1341.

[91] DELARA E W. Consequences of Childhood Bullying on Mental Health and Relationships for Young Adults[J]. Journal of Child and Family Studies, 2019, 28(9): 2379-2389.

[92] DELPRATO M, AKYEAMPONG K, DUNNE M. The Impact of Bullying on Students' Learning in Latin America: A Matching Approach for 15 Countries[J]. International Journal of Educational Development, 2017, 52: 37-57.

[93] DONG-A ILBO. 80% Middle School Pupils Use Slang, 52% Use Habitually. Retrieved From http://news.donga.com/3/all/19970326/7242621/1, 1997.

[94] EASTMAN M, FOSHEE V, ENNETT S, et al. Profiles of Internalizing and Externalizing Symptoms Associated With Bullying Victimization[J]. Journal of Adolescence, 2018, 65: 101-110.

[95] EISENBERG M E, NEUMARK-SZTAINER D, STORY M. Associations of Weight-Based Teasing and Emotional Well-Being Among Adolescents[J]. Archives of Pediatrics Adolescent Medicine, 2003, 157(8): 733-738.

[96] ELGAR F J, MCKINNON B, WALSH S D, et al. Structural Determinants of Youth Bullying and Fighting in 79 Countries[J]. Journal of Adolescent Health, 2015, 57(6): 643-650.

[97] ERIKSEN T, NIELSEN H, SIMONSEN M. Bullying in Elementary School[J]. Journal of Human Resources, 2014, 49(4): 839-871.

[98] EVANS C B, SMOKOWSKI P R, ROSE R A, et al. Cumulative Bullying Experiences, Adolescent Behavioral and Mental Health, and Academic Achievement: An Integrative Model of Perpetration, Victimization, and Bystander Behavior[J]. Journal of Child and Family Studies, 2019, 28(9): 2415-2428.

[99] FARIS R, FELMLEE D. Casualties of Social Combat School Networks of Peer Victimization and Their Consequences[J]. American Sociological Review, 2014, 79(2): 228-257.

[100] FARMER T W, PETRIN R, BROOKS D S, et al. Bullying Involvement and the School Adjustment of Rural Students With and Without Disabilities[J]. Journal of Emotional and Behavioral Disorders, 2012, 20(1): 19-37.

[101] FEKKES M, PIJPERS F I, VERLOOVE-VANHORICK S P. Bullying Behavior and Associations With Psychosomatic Complaints and Depression in Victims[J]. The Journal of Pediatrics, 2004, 144(1): 17-22.

[102] FINNEGAN R A, HODGES E V E, PERRY D G. Victimization by Peers: Associations With Children's Reports of Mother-Child Interaction[J]. Journal of Personality Social Psychology, 1998, 75(4): 1076-1086.

[103] FISHER H L, MOFFITT T E, HOUTS R M, et al. Bullying Victimisation and Risk of Self Harm in Early Adolescence: Longitudinal Cohort Study[J]. BMJ: British Medical Journal, 2012, 344: e2683.

[104] FONSECA S, MOLEIRO C, SALES C. A Situação Do Bullying Nas Escolas Portuguesas [Bullying in Portuguese Schools]. Interacções, 2009, 5(13): 125-146.

[105] FU Q, LAND K C, LAMB V L. Bullying Victimization, Socioeconomic Status and Behavioral Characteristics of 12th Graders in the United States, 1989 to 2009: Repetitive Trends and Persistent Risk Differentials[J]. Child Indicators Research, 2013, 6(1): 1-21.

[106] GASTIC B. School Truancy and the Disciplinary Problems of Bullying Victims[J]. Educational Review, 2008, 60(4): 391-404.

[107] GINI G, POZZOLI T. Bullied Children and Psychosomatic Problems: A Meta-Analysis[J]. Pediatrics, 2013, 132: 720-729.

[108] GITTELL J H, FAIRFIELD K M, BIERBAUM B, et al. Impact of Relational Coordination on Quality of Care, Postoperative Pain and Functioning, and Length of Stay: A Nine-Hospital Study of Surgical Patients[J]. Medical Care, 2000, 38(8): 807-819.

[109] GLEW G M, FAN M Y, KATON W, et al. Bullying, Psychosocial Adjustment, and Aca-

demic Performance in Elementary School[J]. Archives of Pediatrics Adolescent Medicine, 2005, 159(11): 1026-1031.

[110] GOEBERT D, ELSE I, MATSU C, et al. The Impact of Cyberbullying on Substance Use and Mental Health in A Multiethnic Sample[J]. Maternal and Child Health Journal, 2011, 15(8): 1282-1286.

[111] GOLDWEBER A, WAASDORP T E, BRADSHAW C P. Examining the Link Between Forms of Bullying Behaviors and Perceptions of Safety and Belonging Among Secondary School Students[J]. Journal of School Psychology, 2013, 51(4): 469-485.

[112] GOODENOW C, GRADY K E. The Relationship of School Belonging and Friends' Values to Academic Motivation Among Urban Adolescent Students[J]. Journal of Experimental Education, 1993, 62(1): 60-71.

[113] GOTTFREDSON G, GOTTFREDSON D, PAYNE A. School Climate Predictors of School Disorder: Results From a National Study of Delinquency Prevention in Schools[J]. Journal of Research in Crime and Delinquency, 2005, 42(4): 412-444.

[114] GREENWOOD G E, HICKMAN C W. Research and Practice in Parent Involvement: Implications for Teacher Education[J]. The Elementary School Journal, 1991, 91(3): 279-288.

[115] GREGORY A, CORNELL D, FAN X, et al. Authoritative School Discipline: High School Practices Associated With Lower Bullying and Victimization[J]. Journal of Educational Psychology, 2010, 102(2): 483-496.

[116] HAIR J F, BLACK W C, BABIN B J, et al. Multivariate Data Analysis (6th Edition)[M]. New Jersey: Pearson Prentice Hall, 2006.

[117] HAN Y, KANG H R, JI W C, et al. The Moderating Role of Parental Interest in the Relationship Between Latent Profiles of Bullying Victimization and a Sense of School Belonging: A Cross-National Comparison[J]. Children and Youth Services Review, 2020, 122(3), 105827.

[118] HAWKER D, BOULTON M. Twenty Years' Research on Peer Victimization and Psychosocial Maladjustment: A Meta-Analytic Review of Cross-Sectional Studies[J]. The Journal of Child Psychology and Psychiatry and Allied Disciplines, 2000, 41(4): 441-455.

[119] HAWKES N. Bullying in Childhood May Be Linked to Heart Disease Risk, Study Says[J]. BMJ, 2015, 350: h2738.

[120] HAYES A F. Introduction to Mediation, Moderation, Conditional Process Analysis: A Regression-Based Approach[M]. New York: Guilford Publications, 2013.

[121] HAYES A F, MATTHES J. Computational Procedures for Probing Interactions in OLS and Logistic Regression: SPSS and SAS Implementations[J]. Behavior Research Meth-

ods, 2009, 41(3): 924-936.

[122] HAZEL C. Interactions Between Bullying and High-Stakes Testing at the Elementary School Level[J]. Journal of School Violence, 2010, 9(4): 339-356.

[123] HEILBRON N, PRINSTEIN M J. Adolescent Peer Victimization, Peer Status, Suicidal Ideation, and Nonsuicidal Self-Injury: Examining Concurrent and Longitudinal Associations[J]. Merrill-Palmer Quarterly, 2010, 56(3): 388-419.

[124] HINDUJA S, PATCHIN J. Bullying, Cyberbullying, and Suicide[J]. Arch Suicide Research, 2010, 14(3): 206-621.

[125] HOFFMAN C Y, PHILLIPS M D, DAIGLE L E, et al. 2017. Adult Consequences of Bully Victimization: Are Children or Adolescents More Vulnerable to the Victimization Experience?[J]. Youth Violence and Juvenile Justice, 15(4): 441-464.

[126] HÖFLER M. Causal Inference Based on Counterfactuals[J]. BMC Medical Research Methodology, 2005, 5(1): 1-12.

[127] HOLT M K, VIVOLO-KANTOR A M, POLANIN J R, et al. Bullying and Suicidal Ideation and Behaviors: A Meta-Analysis[J]. Pediatrics, 2015, 135(2): 496-509.

[128] HOX J J. Multilevel Modeling: When And Why, In: I. Balderjahn, R. Mathar M. Schader Eds, Classification, Data Analysis, and Data Highways[M]. Berlin, Germany: Springer-Verlag, 1998.

[129] HOX J J, DE LEEUW E D. Multilevel Models for Meta-Analysis. In Multilevel Modeling[M]. London: Psychology Press, 2003.

[130] HOX J J, MOERBEEK M, SCHOOT R. Multilevel Analysis: Techniques and Applications (3rd Edition)[M]. New York: Routledge, 2017.

[131] HUGHE J, KWOK O. Influence of Student-Teacher and Parent-Teacher Relationships on Lower Achieving Readers' Engagement and Achievement in the Primary Grades[J]. Journal of Educational Psychology, 2007, 99(1): 39-51.

[132] HUTZELL K L, PAYNE A A. The Impact of Bullying Victimization on School Avoidance[J]. Youth Violence and Juvenile Justice, 2012, 10(4): 370-385.

[133] IDSOE T, DYREGROV A, IDSOE E C. Bullying and PTSD Symptoms[J]. Journal of Abnormal Child Psychology, 2012, 40(6): 901-911.

[134] IMBENS G W. The Role of the Propensity Score in Estimating Dose-Response Functions[J]. NBER Technical Working Papers, 1999, 87(3): 706-710.

[135] JANSEN D E, VEENSTRA, ORMEL J, ET al. Early Risk Factors for Being a Bully, Victim, or Bully/Victim in Late Elementary and Early Secondary Education. The Longitudinal TRAILS Study[J]. BMC Public Health, 2011, 11(1): 1-7.

[136] JANSEN P W, VERLINDEN V J A, DOMMISSE-VAN BERKEL A, et al. Prevalence

of Bullying and Victimization Among Children in Early Elementary School: Do Family and School Neighbourhood Socioeconomic Status Matter?[J]. BMC Public Health, 2012, 12(1): 1-10.

[137] JANTZER V, HAFFNER J, PARZER P, et al. Does Parental Monitoring Moderate the Relationship Between Bullying and Adolescent Nonsuicidal Self-Injury and Suicidal Behavior? A Community-Based Self-Report Study of Adolescents in Germany[J]. BMC Public Health, 2015, 15(1): 1-8.

[138] JENNINGS P, GREENBERG M. The Prosocial Classroom: Teacher Social and Emotional Competence in Relation to Student and Classroom Outcomes[J]. Review of Educational Research, 2009, 79(1): 491-525.

[139] JIN Y CH, LI J Y, AN J X, et al. The Differential Victimization Associated With Depression and Anxiety in Cross-Cultural Perspective: A Meta-Analysis[J]. Trauma, Violence, Abuse, 2019, 20(4): 560-573.

[140] JOHNSON D W, MARUYAMA G, JOHNSON R, et al. Effects of Cooperative, Competitive, and Individualistic Goal Structures on Achievement: A Meta-Analysis[J]. Psychological Bulletin, 1981, 89(1): 47-62.

[141] JUVONEN J, NISHINA A, GRAHAM S. Peer Harassment, Psychological Adjustment, and School Functioning in Early Adolescence[J]. Journal of Educational Psychology, 2000, 92(2): 349-359.

[142] JUVONEN J, WANG Y, ESPINOZA G. Bullying Experiences and Compromised Academic Performance Across Middle School Grades[J]. The Journal of Early Adolescence, 2011, 31(3): 152-173.

[143] KAMINSKI J W, FANG X. Victimization by Peers and Adolescent Suicide in Three US Samples[J]. The Journal of Pediatrics, 2009, 155(5): 683-688.

[144] KEARNEY C A. School Absenteeism and School Refusal Behavior in Youth: A Contemporary Review[J]. Clinical Psychology Review, 2008, 28(3): 451-471.

[145] KIERNAN K E, MENSAH F K. Poverty, Family Resources and Children's Early Educational Attainment: The Mediating Role of Parenting[J]. British Educational Research Journal of Abnormal Child Psychology, 2011, 37(2): 317-336.

[146] KLOMEK A B, MARROCCO F, KLEINMAN M, et al. Bullying, Depression, and Suicidality in Adolescents[J]. Journal of the American Academy of Child Adolescent Psychiatry, 2007, 46(1): 40-49.

[147] KLOMEK A B, SNIR A, APTER A, et al. Association Between Victimization by Bullying and Direct Self Injurious Behavior Among Adolescence in Europe: A Ten-Country Study[J]. European Child Adolescent Psychiatry, 2016, 25(11): 1183-1193.

[148] KLOMEK A B, SOURANDER A, KUMPULAINEN K, et al. Childhood Bullying as a Risk for Later Depression and Suicidal Ideation Among Finnish Males[J]. Journal of Affective Disorders, 2008, 109(1-2): 47-55.

[149] KOCHANSKA G, MURRAY K T, HARLAN E. Effortful Control in Early Childhood: Continuity and Change, Antecedents, and Implications for Social Development[J]. Developmental Psychology, 2000, 36(2): 220-232.

[150] KOCHEL K, LADD G, RUDOLPH K. Longitudinal Associations Among Youth Depressive Symptoms, Peer Victimization, and Low Peer Acceptance: An Interpersonal Process Perspective[J]. Child Development, 2012, 83(2): 637-650.

[151] KONISHI C, HYMEL S, ZUMBO B D, et al. Do School Bullying and Student-Teacher Relationships Matter for Academic Achievement? A Multilevel Analysis[J]. Canadian Journal of School Psychology, 2010, 25(1): 19-39.

[152] KOTH C W, BRADSHAW C P, LEAF P J. A Multilevel Study of Predictors of Student Perceptions of School Climate: The Effect of Classroom-level Factors[J]. Journal of Educational Psychology, 2008, 100(1): 96-104.

[153] KOWALSKI R M, GIUMETTI G W, SCHROEDER A N, et al. Bullying in The Digital Age: A Critical Review and Meta-Analysis of Cyberbullying Research Among Youth[J]. Psychological Bulletin, 2014, 140(4): 1073-1137.

[154] KRAPOHL E, RIMFELD K, SHAKESHAFT N G, et al. The High Heritability of Educational Achievement Reflects Many Genetically Influenced Traits, Not Just Intelligence[J]. Proceedings of the National Academy of Sciences, 2014, 111(42): 15273-15278.

[155] KREFT I G G. Are Multilevel Techniques Necessary? An Overview, Including Simulation Studies[J]. Unpublished manuscript, California State University, Los Angeles, 1996.

[156] KREFT I G G, DE LEEUW J, AIKEN L S. The Effect of Different Forms of Centering in Hierarchical Linear Models[J]. Multivariate Behavioral Research, 1995, 30: 1-21.

[157] KRETSCHMER T, VEENSTR R, BRANJE S, et al. How Competent Are Adolescent Bullying Perpetrators and Victims in Mastering Normative Developmental Tasks in Early Adulthood?[J]. Journal of Abnormal Child Psychology, 2018, 46(1): 41-56.

[158] KUPERMINC G, LEADBEATER B, BLATT S. School Social Climate and Individual Differences in Vulnerability to Psychopathology Among Middle School Students[J]. Journal of School Psychology, 2001, 39(2): 141-159.

[159] LÅFTMAN S, OSTBERG V, MODIN B. School Climate and Exposure to Bullying: A Multilevel Study[J]. School Effectiveness and School Improvement, 2016, 28(1): 153-164.

[160] LEE K S, VAILLANCOURT T. Longitudinal Associations Among Bullying by Peers,

Disordered Eating Behavior, and Symptoms of Depression During Adolescence[J]. JAMA Psychiatry, 2018, 75(6): 605-612.

[161] LEREYA S T, COPELAND W E, COSTELLO E J, et al. Adult Mental Health Consequences of Peer Bullying and Maltreatment in Childhood: Two Cohorts in Two Countries[J]. The Lancet Psychiatry, 2015, 2(6): 524-531.

[162] LI C H, LIU Z Y. Collaborative Problem-Solving Behavior of 15-Year-Old Taiwanese Students in Science Education[J]. Journal of Mathematics Science and Technology Education, 2017, 13(10): 6677-6695.

[163] LIANG H, FLISHER A J, LOMBARD C J. Bullying, Violence, and Risk Behavior in South African School Students[J]. Child Abuse Neglect, 2007, 31(2): 161-171.

[164] LIVINGSTON J, DERRICK J, WANG W, et al. Proximal Associations Among Bullying, Mood, and Substance Use: A Daily Report Study[J]. Journal of Child and Family Studies, 2019, 28(9): 2558-2571.

[165] LUK J W, WANG J, SIMONS-MORTON B G. Bullying Victimization and Substance Use Among US Adolescents: Mediation by Depression[J]. Prevention Science, 2010, 11(4): 355-359.

[166] LUND R, NIELSEN K K, HANSEN D H, et al. Exposure to Bullying at School and Depression in Adulthood: A Study of Danish Men Born in 1953[J]. The European Journal of Public Health, 2009, 19(1): 111-116.

[167] MA L, PHELPS E, LERNER J V, et al. Academic Competence for Adolescents Who Bully and Who Are Bullied: Findings From the 4-H Study of Positive Youth Development[J]. The Journal of Early Adolescence, 2009, 29(6): 862-897.

[168] MA X. Bullying in Middle School: Individual and School Characteristics of Victims and Offenders[J]. School Effectiveness and School Improvement, 2002, 13(1): 63-89.

[169] MAYNARD B R, VAUGHN M G, SALAS-WRIGHT C P, et al. Bullying Victimization Among School-Aged Immigrant Youth in the United States[J]. Journal of Adolescent Health, 2016, 58(3): 337-344.

[170] MEHTA S B, CORNELL D, FAN X, et al. Bullying Climate and School Engagement in Ninth-Grade Students[J]. Journal of School Health, 2013, 831: 45-52.

[171] MITCHELL K J, YBARRA M, FINKELHOR D. The Relative Importance of Online Victimization in Understanding Depression, Delinquency, and Substance Use[J]. Child Maltreatment, 2007, 12(4): 314-324.

[172] MOORE S E, NORMAN R E, SLY P D, et al. Adolescent Peer Aggression and Its Association With Mental Health and Substance Use in an Australian Cohort[J]. Journal of Adolescence, 2014, 37(1): 11-21.

[173] MOORE S E, NORMAN R E, SUETANI S, et al. Consequences of Bullying Victimization in Childhood and Adolescence: A Systematic Review and Meta-Analysis[J]. World Journal of Psychiatry, 2017, 7(1): 60-76.

[174] MULLIS I V S, MARTIN M O, FOY P, et al. PIRLS 2016 Internatio-nal Results in Reading. Retrieved From http://timssandpirls.bc.edu/pirls2016/international-results/, 2016.

[175] MYNARD H, JOSEPH S, ALEXANDER J. Peer-Victimisation and Posttraumatic Stress in Adolescents[J]. Personality and Individual Differences, 2000, 29(5): 815-821.

[176] NAKAMOTO J, SCHWARTZ D. Is Peer Victimization Associated With Academic Achievement? A Meta-Analytic Review[J]. Social Development, 2010, 19(2): 221-242.

[177] NANSEL T R, OVERPECK M, PILLA R S, et al. Bullying Behaviors Among US Youth: Prevalence and Association With Psychosocial Adjustment[J]. Jama, 2001, 285(16): 2094-2100.

[178] NATVIG G K, ALBREKTSEN G, QVARNSTRØM U. Psychosomatic Symptoms Among Victims of School Bullying[J]. Journal of Health Psychology, 2001, 6(4): 365-377.

[179] NETO A. Bullying: Comportamento Agressivo Entre Estudantes [Bullying: Aggressive Behavior Among Students] [J]. Jornal De Pediatria, 2005, 81(5): 164-172.

[180] NOCK M K. Self-injury[J]. Annual Review of Clinical Psychology, 2010, 6(1): 339-363.

[181] OECD. PISA 2015 Results Volume III: Students' Well-Being[M]. Paris: PISA, OECD Publishing, 2017.

[182] OECD. PISA 2018 Results Volume III: What School Life Means for Students' Lives[M]. Paris: PISA, OECD Publishing, 2019.

[183] OLWEUS D. Bully/Victim Problems Among Schoolchildren: Long-Term Consequences and an Effective Intervention Program[J]. Prospects, 1993a, 26(2): 331-359.

[184] OLWEUS D. Bullying at school: What We Know and What We Can Do[M]. Oxford, UK: Blackwell Publishers, 1993b.

[185] OLWEUS D. Bullying at School: Basic Facts and Effects of a School Based Intervention Program[J]. Journal of Child Psychology and Psychiatry, and Allied Disciplines, 1994, 35(7): 1171-1190.

[186] OLWEUS D. Victimization among school children: Targets of violence and aggression[M]. Holland: Elsevier Science, 1999.

[187] ÖSTERMAN K, BJÖRKQVIST K, LAGERSPETZ K M, et al. Cross-Cultural Evidence of Female Indirect Aggression[J]. Aggressive Behavior, 1998, 24(1): 1-8.

[188] PAEZ G R. School Safety Agents' Identification of Adolescent Bullying[J]. Children and Youth Services Review, 2020, 113: 104942.

[189] PEETS K, KIKAS E. Aggressive Strategies and Victimization During Adolescence: Grade

and Gender Differences, and Cross-Informant Agreement[J]. Aggressive Behavior, 2006, 32(1): 68-79.

[190] PETTER B S. Specifying Formative Constructs in Information Systems Research[J]. MIS Quarterly, 2007, 31: 623-656.

[191] PONZO M. Does Bullying Reduce Educational Achievement? An Evaluation Using Matching Estimators[J]. Journal of Policy Modeling, 2013, 35(6): 1057-1078.

[192] POYHONEN V, JUVONEN J, SALMIVALLI C. What Does it Take to Stand Up for the Victim of Bullying? The Interplay Between Personal and Social Factors[J]. Merrill-Palmer Quarterly, 2010, 56(2): 143-163.

[193] PREWITT P W. Dealing With Ijime Bullying Among Japanese Students: Current Approaches to the Problem[J]. School Psychology International, 1988, 9(3): 189-195.

[194] PRINSTEIN M J, AIKINS J W. Cognitive Moderators of the Longitudinal Association Between Peer Rejection and Adolescent Depressive Symptoms[J]. Journal of Abnormal Child Psychology, 2004, 32(2): 147-158.

[195] QUINN S T, STEWART M C. Examining the Long-Term Consequences of Bullying on Adult Substance Use[J]. American Journal of Criminal Justice, 2018, 43(1): 85-101.

[196] REIJNTJES A, KAMPHUIS J H, PRINZIE P, et al. Prospective Linkages Between Peer Victimization and Externalizing Problems in Children: A Meta-Analysis[J]. Aggressive Behavior, 2011, 37(3): 215-222.

[197] REIJNTJES A, KAMPHUIS J H, PRINZIE P, et al. Peer Victimization and Internalizing Problems in Children: A Meta-Analysis of Longitudinal Studies[J]. Child Abuse Neglect, 2010, 34(4): 244-252.

[198] RESNICK M D, BEARMAN P S, BLUM R W, et al. Protecting Adolescents From Harm: Findings From the National Longitudinal Study on Adolescent Health[J]. JAMA, 1997, 278(10): 823-832.

[199] RIGBY K, JOHNSON B. Expressed Readiness of Australian School Children to Act as Bystanders in Support of Children Who Are Being Bullied[J]. Educational Psychology, 2006, 26(3):425-440.

[200] RIGBY K, SLEE P. 1991. Bullying Among Australian School Children: Reported Behavior and Attitudes Toward Victims[J]. The Journal of Social Psychology, 131(5): 615-627.

[201] RIVARA F, LE MENESTREL S. Preventing Bullying Through Science, Policy, and Practice[M]. Washington, DC: The National Academies Press, 2016.

[202] ROSENBAUM P R, RUBIN D B. The Central Role of the Propensity Score in Observational Studies for Causal Effects[J]. Biometrika, 1983, 70(1): 41-55.

[203] ROSENBAUM P R, RUBIN D B. Constructing a Control Group Using Multivariate

Matched Sampling Methods That Incorporate the Propensity Score[J]. American Statistician, 1985, 39(1): 33-38.

[204] ROSETH C J, JOHNSON D W, JOHNSON R T. Promoting Early Adolescents' Achievement and Peer Relationships: The Effects of Cooperative, Competitive, and Individualistic Goal Structures[J]. Psychological Bulletin, 2008, 134(2): 223-246.

[205] RUBIN D B. Estimating Causal Effects of Treatments in Randomized and Nonrandomized Studies[J]. Journal of Educational Psychology, 1974, 66(5): 688-701.

[206] RUDOLPH K D, LANSFORD, J E, AGOSTON A M, et al. Peer Victimization and Social Alienation: Predicting Deviant Peer Affiliation in Middle School[J]. Child Development, 2014, 85(1): 124-139.

[207] SALMIVALLI C, VOETEN R. Connections Between Attitudes, Group Norms, and Behavior in Bullying Situations[J]. International Journal of Behavioral Development, 2004, 28: 246-258.

[208] SAMPSON R, GROVES W. Community Structure and Crime: Testing Social-Disorganization Theory[J]. American Journal of Sociology, 1989, 94(4): 774-802.

[209] SBROGLIO RIZZOTTO J, ANICETO FRANCA M T. Does Bullying Affect the School Performance of Brazilian Students? An Analysis Using PISA 2015[J]. Child Indicators Research, 2021, 14(3): 1027-1053.

[210] SCHOELER T, DUNCAN L, CECIL C M, et al. Quasi-Experimental Evidence on Short- and Long-Term Consequences of Bullying Victimization: A Meta-Analysis[J]. Psychological Bulletin, 2018, 144: 1229.

[211] SCHOOLLAND K. Ijime: The Bullying of Japanese Youth[J]. International Education, 1986, 15(2): 5-28.

[212] SCHWARTZ D, FARVER J M, CHANG L, et al. Victimization in South Korean Children's Peer Groups[J]. Journal of Abnormal Child Psychology, 2002, 30(2): 113-125.

[213] SCHWARTZ D, HOPMEYER A, NAKAMOTO J, et al. Victimization in the Peer Group and Children's Academic Functioning[J]. Journal of Educational Psychology, 2005, 97(3): 425-435.

[214] SHAKOOR S, MCGUIRE P, CARDNO A G, et al. A shared Genetic Propensity Underlies Experiences of Bullying Victimization in Late Childhood and Self-Rated Paranoid Thinking in Adolescence[J]. Schizophrenia Bulletin, 2015, 41(3): 754-763.

[215] SIGURDSON J F, UNDHEIM A M, WALLANDER J L, et al. The Long-Term Effects of Being Bullied or a Bully in Adolescence on Externalizing and Internalizing Mental Health Problems in Adulthood[J]. Child and Adolescent Psychiatry and Mental Health, 2015, 9(1): 1-13.

[216] SMITH P, MORITA Y, JUNGER-TAS J, et al. The Nature of School Bullying: A Cross National Perspective[M]. New York: Routledge, 1999.

[217] SMITH P K. The Silent Nightmare: Bullying and Victimization in School Peer Groups[J]. The Psychologist, 1994, 4: 23-48.

[218] SMITH P K, MADSEN K C, MOODY J C. What Causes the Age Decline in Reports of Being Bullied at School? Towards a Developmental Analysis of Risks of Being Bullied[J]. Educational Research, 1999, 41(3): 267-285.

[219] SOURANDER A, JENSEN P, RÖNNING J A, et al. Childhood Bullies and Victims and Their Risk of Criminality in Late Adolescence: The Finnish From a Boy to a Man Study[J]. Archives of Pediatrics Adolescent Medicine, 2007, 161(6): 546-552.

[220] STRAUB D, BOUDREAU M-C, GEFEN D. Validation Guidelines for IS Positivist Research[J]. Communications of the Association for Information System, 2004, 13: 380-427.

[221] STRØM I F, THORESEN S, WENTZEL-LARSEN T, et al. Violence, Bullying and Academic Achievement: A Study of 15-Year-Old Adolescents and Their School Environment[J]. Child Abuse and Neglect, 2013, 37(4): 243-251.

[222] SULLIVAN T N, FARRELL A D, KLIEWER W. Peer Victimization in Early Adolescence: Association Between Physical and Relational Victimization and Drug Use, Aggression, and Delinquent Behaviors Among Urban Middle School Students[J]. Development and Psychopathology, 2006, 18(1): 119-137.

[223] TAKIZAWA R, MAUGHAN B, ARSENEAULT L. Adult Health Outcomes of Childhood Bullying Victimization: Evidence From a Five-Decade Longitudinal British Birth Cohort[J]. American Journal of Psychiatry, 2014, 171(7): 777-784.

[224] THARP-TAYLOR S, HAVILAND A, D'AMICO E J. Victimization From Mental and Physical Bullying and Substance Use in Early Adolescence[J]. Addictive Behaviors, 2009, 34(6-7): 561-567.

[225] TOM S R, SCHWARTZ D, LEI C, et al. Correlates of Victimization in Hong Kong Children's Peer Groups[J]. Journal of Applied Developmental Psychology, 2010, 31(1): 27-37.

[226] TSAOUSIS I. The Relationship of Self-Esteem to Bullying Perpetration and Peer Victimization Among Schoolchildren and Adolescents: A Meta-Analytic Review[J]. Aggression and Violent Behavior, 2016, 31: 186-199.

[227] TTOFI M M, FARRINGTON D P, LÖSEL F, et al. Do the Victims of School Bullies Tend to Become Depressed Later in Life? A Systematic Review and Meta-Analysis of Longitudinal Studies[J]. Journal of Aggression, Conflict and Peace Research, 2011a, 3(2): 63-73.

[228] TTOFI M M, FARRINGTON D P, LÖSEL F, et al. The Predictive Efficiency of School Bullying Versus Later Offending: A Systematic / Meta-Analytic Review of Longitudinal Studies[J]. Criminal Behaviour and Mental Health, 2011b, 21(2): 80-89.

[229] TULLOCH M. Gender Differences in Bullying Experiences and Attitudes to Social Relationships in High School Students[J]. Australian Journal of Education, 1995, 39(3): 279-293.

[230] TURNER I, REYNOLDS K J, LEE E, et al. Well-being, School Climate, and the Social Identity Process: A Latent Growth Model Study of Bullying Perpetration and Peer Victimization[J]. School Psychology Quarterly, 2014, 29(3): 320-335.

[231] UN GENERAL ASSEMBLY. Convention on the Rights of the Child. Retrieved From https://www.refworld.org/docid/3ae6b38f0.html, 1989.

[232] UNESCO. UNESCO Strategy on Education for Health and Well-Being: Contributing to the Sustainable Development Goals. Retrieved From https://unesdoc.unesco.org/ark:/48223/pf0000246453, 2016.

[233] VALDEBENITO S, TTOFI M, EISNER M. Prevalence Rates of Drug Use Among School Bullies and Victims: A Systematic Review and Meta-Analysis of Cross-Sectional Studies[J]. Aggression and Violent Behavior, 2015, 23: 137-146.

[234] VAN DAM D S, VAN DER VEN E, VELTHORST E, et al. Childhood Bullying and the Association With Psychosis in Non-Clinical and Clinical Samples: A Review and Meta-Analysis[J]. Psychological Medicine, 2012, 42(12): 2463-2474.

[235] VAN GEEL M, GOEMANS A, VEDDER P H. The Relation Between Peer Victimization and Sleeping Problems: A Meta-Analysis[J]. Sleep Medicine Reveiws, 2016, 27: 89-95.

[236] VAN GEEL M, VEDDER P, TANILON J. Relationship Between Peer Victimization, Cyberbullying, and Suicide in Children and Adolescents: A Meta-Analysis[J]. JAMA Pediatrics, 2014, 168(5): 435-442.

[237] VIENO A, GINI G, SANTINELLO M. Different Forms of Bullying and Their Association to Smoking and Drinking Behavior in Italian Adolescents[J]. Journal of School Health, 2011, 81(7): 393-399.

[238] VOLK A A, CIOPPA V D, EARLE M. Social Competition and Bullying: An Adaptive Socioecological Perspective[M]. Berlin: Springer International Publishing, 2015.

[239] WOLKE D, COPELAND W E, ANGOLD A, et al. Impact of Bullying in Childhood on Adult Health, Wealth, Crime, and Social Outcomes[J]. Psychological Science, 2013, 24(10): 1958-1970.

[240] WOLKE D, LEREYA T. Long-Term Effects of Bullying[J]. Archives of Disease in Childhood, 2015, 100(9): 879-885.

[241] WONG J S, SCHONLAU M. Does Bully Victimization Predict Future Delinquency? A Propensity Score Matching Approach[J]. Criminal Justice and Behavior, 2013, 40(11): 1184-1208.

[242] WOODS S, WOLKE D. Direct and Relational Bullying Among Primary School Children and Academic Achievement[J]. Journal of School Psychology, 2004, 42(2): 135-155.

[243] ZHANG W X, WU J F, CHENG X. The Review of Child Bullying Research in Foreign Countries[J]. Journal of Developments in Psychology, 1999, 7, 37-42.

[244] ZOHAR D. A Group-Level Model of Safety Climate: Testing the Effect of Group Climate on Microaccidents in Manufacturing Jobs[J]. Journal of Applied Psychology, 2000, 85(4): 587-596.

附录一　倾向得分匹配方法简介

倾向值 $e(X_i)$ 是某一个样本 i 接受到处理的概率，如果这个处理是个二元变量，则倾向值是一个接受或不接受处理的指标变量（indicator variable），可以将倾向值 $e(X_i)$ 以如下公式的方式表达：

$$e(X_i) = \Pr(Z_i = 1 | X_i)$$

即当控制接受处理前所有可以观察到的共变量 X 的条件下，单元 i 接受处理（$Z_i = 1$）的概率。它最明显的特征就是当 X_i 包括不止一个共变量时，即维度很多时，倾向值 $e(X_i)$ 可以降维，把多维的共变量简化成一维的概率值。Rosenbaum 和 Rubin（1983）指出倾向值是一种极为粗略的平衡数值（the coarsest balancing score），因为倾向值仅仅是一个简单的一维概率值，不过它却可以平衡实验组和对照组间可观察到共变量 X_i 的差异。

在随机实验中，实验组与对照组在理论上是完全相似的，唯一的差异在于只有实验组接触过处理，因此直接比较两组在结果变量上的差异，就是处理效用。但在非随机的实验中，或者社会科学常使用的观察性研究中，由于两组间存在的差异可能不仅在于是否接触过处理，所以通过直接比较两组在结果变量上的差异，并不能得到真正的处理效用。因此，我们必须借助平衡方法（balancing measure）来平衡两组间的差距，比较平衡过的组间所得的处理效用。倾向值是某一个样本接受到处理的概率，让我们可以调整数据中样本的关系，获得接近实验室设计的处理效用。

匹配就是将分别处于实验组和对照组，但具有相同或近似倾向值的样本，匹配成为配对（matched pairs）。虽然倾向值可以大幅降维，将多维的共变量简化成一维的数值，但如果严格地使用一对一比对相同倾向值的匹配方法我们最终的样本数可能会大幅减少，甚至找不到匹配；当实验组样本数多于对照组样本时，或者当对照组样本多于实验组样本时，此时一对一匹配，就会发生有些单元找不到匹配的情况。此外，虽然使用一维的倾向值比使用多维的共变量在匹配时更为容易，但这并不意味着我们就可以找到拥有相同倾向值的配对。应对以上可能发生的两个难题，学者们发展出不同的匹配方法。

1. 精确匹配法

精确匹配法（exact matching）是最基本的匹配法，其基本原理就是在实验组和对照组之间，寻找相同的倾向值进行匹配精确匹配法寻找的是相同的倾向值，所以它无法解决没有相同倾向值的情况；如果对照组的样本找不到匹配，我们可以选择丢弃该样本，或者将它的权重给定为 0，同理，如果实验组的样本找不到匹配，我们也可以选择丢弃该样本。但是，多数情况下，对某样本施予处理，就涉及额外的成本，无论如何，当涉及丢弃样本时，除了要考虑样本获得不易，还必须面临由此产生的另一个后果，即估算出的处理效用低效率的问题。

2. 近邻匹配法

近邻匹配法（nearest-neighbor matching）是最常用的一种匹配方法，解决了精确匹配法找不到相同倾向值的问题。其基本原理是在实验组和对照组间，寻找"相似的"倾向值进行匹配，即选择对照组中找到的与处理组个体倾向得分差异最小的个体，作为自己的比较对象。这个方法最原始的版本是将实验组和对照组的样本依照倾向值大小排序，如果对照组样本可以替换重复使用，则实验组样本匹配倾向值最近似它的对照组样本；如果对照组样本不能替换重复使用，则须确保每个实验组样本依序匹配对照组的样本，每一个对照组样本只能匹配一个实验组样本。后一种方法容易造成匹配度不高的情况（如附图1-1）（苏毓淞，2017）。

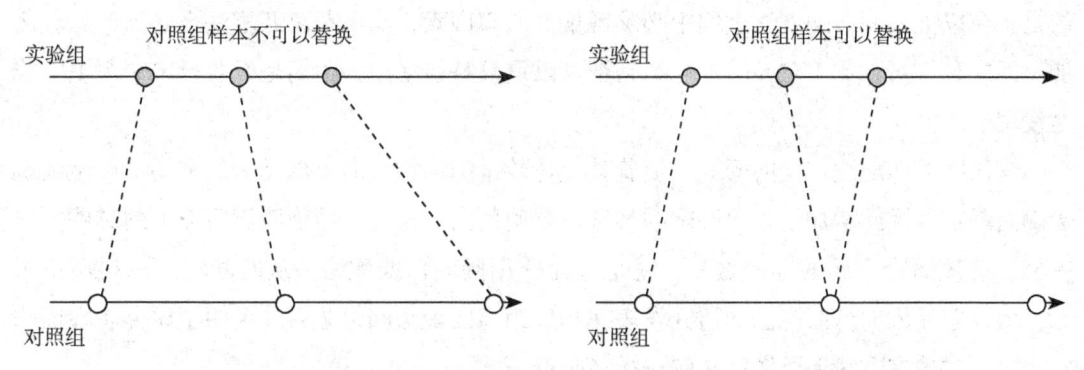

附图1-1　图示最邻近匹配法对照组样本可替换和不可替换的情况

注：实心点是实验组样本；空心点是对照组样本，箭头方向表示倾向值的大小由左至右升序排序，虚线连接的是样本匹配的对象。当样本可替换时，实验组和对照组样本匹配度（倾向值近似度）高于样本不可替换的情况。

因此，此方法的优点是，按处理个体找对照个体，所有处理个体都会配对成功，处理组的信息得到充分使用；其缺点是由于不舍弃任何一个处理组，配对组的倾向得分差距很大时也进行配对，导致配对质量不高。

3. 半径匹配法

为了避免上述匹配不佳的情况发生，卡尺匹配法（caliper matching）限制了实验组和对照组倾向值的最大可容忍差距，超过这个差距的匹配，应选择放弃。半径匹配法（radius matching）即属于卡尺匹配法的一种，事先设定一个半径 r，找到所有设定半径范围内的单位圆中的控制样本，半径取值为正。任何对照组样本与某一实验组样本的倾向值的绝对差值小于设定的半径大小 r，那么这些对照组样本都会被选择来匹配实验组样本；大于 r 的则选择丢弃，至于被选中的对照组样本，则给予相同的权重 $\omega_{i,j}=1$。关于半径大小的设定，目前市面上的软件应用这个方法时，其预设值普遍为 $r=0.01$。随着半径的减小，匹配要求会越来越高。

这种方法相对近邻匹配有所改良，优点是没有达到半径范围内的样本会被舍弃；缺点是半径水平的确定较主观，在实际中需要结合原始样本总量来均衡处理。

4. 核匹配法

核匹配法（kemel matching）是一种非参数方法，构造一个虚拟对象来匹配对照组，构造原则是对现有的控制变量做权重平均，权重的取值与处理组、控制组倾向值差距呈反向相关关系。这种方法的优点是减少了估计方差，缺点是增加了估计偏误。

5. 马氏距离匹配法

马氏距离匹配法（mahalanobis distance matching）的基本概念类似最近邻匹配法，不同的是，其基本算法为：首先使用共变量计算实验组样本 j 与所有对照组样本 j 的距离；之后，从中挑选马氏距离 md 最小的对照组样本进行匹配，然后进行下一个实验组样本匹配对照组样本的工作，直到所有实验组样本都有相匹配的对照组样本为止。特别需要注意的是，在以上四种匹配方法过程中必须考量的所有因素，马氏距离匹配法也必须考量，诸如：匹配是 1 对 1 或 1 对 n 的？样本是否可以重复替换使用？距离是否要设定一个上限或是使用卡尺？

马氏距离匹配法最大的问题是随着共变量数量的增加，两个单元间的平均马氏距离也会随之增加，因此增加了找寻匹配的难度，与使用共变量进行精确匹配所面临的难题如出一辙，解决这个问题的办法之一，就是转而使用倾向值匹配法。从匹配法的发展历史来看，大量应用倾向值匹配法的研究发表在马氏距离匹配法问世之后，说明了研究者在面临这个难题时，在方法上所做的相应选择和应对。

比较来说，马氏距离匹配法可以最小化匹配两样本间各个共变量的差距，而倾向值匹配法最小化的则是匹配两样本间倾向值的差异，也就是共变量对处理分配的影响。换句话说，马氏距离匹配法可以更好地平衡实验组和对照组间共变量的差异，而倾向值则可以更好地平衡共变量对处理分配机制的影响。

6. 分层匹配法

分层匹配法（stratifiction matching）又称子分类匹配法（subclassification matching）、区间匹配法（interval matching），首先使用分位数法将估计得到的倾向值分层或分类（Rosenbaum & Rubin, 1984）；Cochran（1968）建议最佳的五分位点或六分位点，如附图 1-2 所示（苏毓淞，2017），据此将数据分成几个区间，然后在各自所属的区间分别进行匹配。即根据估计的倾向得分将全部样本分块，使得每块的平均倾向得分在处理组和控制组中相等。举例来说，假定数据被切分成五个区间，我们将在这五个区间内进行五个独立的匹配，每个区间内的样本给予相同的权重 $\omega_{i,j} = 1$，最后将每个区间估计得到的处理效用加权平均后得到总的处理效用。

五分位数建议分位点

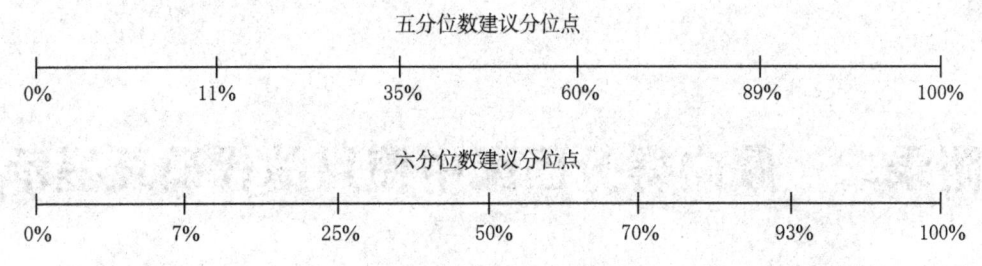

```
|-----|-----|-----|-----|-----|
0%   11%   35%   60%   89%  100%
```

六分位数建议分位点

```
|----|-----|-----|-----|-----|
0%   7%   25%   50%   70%  93%  100%
```

附图 1-2　Cochran(1968)建议的五分位数和六分位数的最佳分位点

此方法的优点是考虑到了样本的分层和聚类问题，就是假定每一层内的个体样本具有相关性，而各层之间的样本不具有相关性，Cochrane 和 Charmbers（1965）指出五个区就可以消除 95% 的与协变量相关的偏差；缺点是如果在每个区内找不到对照个体，那么这类个体的信息会丢弃不用，导致总体配对数量下降。

综上可以看出，每种匹配方法都各有优劣，我们应参照自己的研究主题，有选择性地合理运用相关匹配方法。

附录二 倾向得分匹配中使用的代码及提示

outcome（）括号中为结果变量；

pscore（）给生成的倾向得分匹配值命名；

neighbor（）括号中指定的匹配比例，1∶1匹配为 neighbor（1），若 1∶3 匹配，则为 neighbor（3）；

ate 汇报 ate，atu，att，不填该项则默认只汇报 att；

common 强制排除处理组中倾向值大于对照组最大倾向值或低于对照组最小倾向值；

caliper（）处理组与匹配对照所允许的最大半径距离为 0.01；

tis 强制当试验组观测有不止一个最优匹配时同时记录。

1. 总的欺凌

logit bulORnot gender Grade edutype repeat skipclass late_or_not ESCS discipli tcsuppor parsuppo //// logit 指定使用 logit 回归模型进行拟合，估计倾向值，默认的是 probit 模型；bulORnot 是处理变量

predict ps, pr // 使用 predict 命令产生倾向值 ps

*********** 进行倾向得分匹配 *********

psmatch2 bulORnot, outcome（satisfaction valuesch learngoal belng stucompe stucoop bullyattitude eduexpect reverseIQ lifemean competeattitude motiwork fearfail positivefeel self_efficacy）pscore（ps）neighbor（5）ate common caliper（0.01）ties// 进行 1 对多最近邻匹配

psmatch2 bulORnot, outcome（satisfaction valuesch learngoal belng stucompe stucoop bullyattitude eduexpect reverseIQ lifemean competeattitude motiwork fearfail positivefeel self_efficacy）pscore（ps）radius ate common caliper（0.01）ties // 进行半径匹配

psmatch2 bulORnot, outcome（satisfaction valuesch learngoal belng stucompe stucoop bullyattitude eduexpect reverseIQ lifemean competeattitude motiwork fearfail positivefeel self_efficacy）pscore（ps）kernel k（biweight）ate common caliper（0.01）ties // 进行核匹配

psmatch2 bulORnot, outcome（satisfaction valuesch learngoal belng stucompe stucoop bullyattitude eduexpect reverseIQ lifemean competeattitude motiwork fearfail positivefeel self_efficacy）mahalanobis（ps）ate caliper（0.01）// 进行马氏距离匹配

bootstrap "psmatch2 bulORnot, outcome（satisfaction）pscore（ps）neighbor（5）ate common caliper（0.01）ties" "r（att）r（atu）r（ate）" // 利用重复抽样的方式重新计算标准误

********** 检验共变量间的平衡 **********

pstest gender Grade edutype repeat skipclass late_or_not ESCS discipli tcsuppor parsuppo ps, treated（bulORnot）both // 加入检查倾向值（ps）的平衡情况将有助于获得更好的匹配结果

psgraph // 使用 psgraph 程序图示检验实验组和对照组倾向值重合的情况

twoway（kdensity ps if bulORnot==1）（kdensity ps if bulORnot==0）// 绘制匹配前核密度图

twoway（kdensity _pscore if bulORnot==1）（kdensity _pscore if bulORnot==0）// 绘制匹配后核密度图

2. 关系欺凌

logit relORnot gender Grade edutype repeat skipclass late_or_not ESCS discipli tcsuppor parsuppo /// 使用 logit 回归模型估计倾向值，relORnot 是处理变量

predict ps, pr // 使用 predict 命令产生倾向值 ps

********** 进行倾向得分匹配 *********

psmatch2 relORnot, outcome（satisfaction valuesch learngoal belng stucompe stucoop bullyattitude eduexpect reverseIQ lifemean competeattitude motiwork fearfail positivefeel self_efficacy）pscore（ps）neighbor（5）ate common caliper（0.01）ties// 进行 1 对多最近邻匹配

psmatch2 relORnot, outcome（satisfaction valuesch learngoal belng stucompe stucoop bullyattitude eduexpect reverseIQ lifemean competeattitude motiwork fearfail positivefeel self_efficacy）pscore（ps）radius ate common caliper（0.01）ties // 进行半径匹配

psmatch2 relORnot, outcome（satisfaction valuesch learngoal belng stucompe stucoop bullyattitude eduexpect reverseIQ lifemean competeattitude motiwork fearfail positivefeel self_efficacy）pscore（ps）kernel k（biweight）ate common caliper（0.01）ties // 进行核匹配

psmatch2 relORnot, outcome（satisfaction valuesch learngoal belng stucompe stucoop bullyattitude eduexpect reverseIQ lifemean competeattitude motiwork fearfail positivefeel self_efficacy）mahalanobis（ps）ate caliper（0.01）// 进行马氏距离匹配

bootstrap "psmatch2 relORnot, outcome（satisfaction）pscore（ps）neighbor（5）ate common caliper（0.01）ties" "r（att）r（atu）r（ate）" // 利用重复抽样的方式重新计算标准误

********** 检验共变量间的平衡 **********

pstest gender Grade edutype repeat skipclass late_or_not ESCS discipli tcsuppor parsuppo ps, treated（relORnot）both // 加入检查倾向值（ps）的平衡情况将有助于获得更好的匹配结果

psgraph // 使用 psgraph 程序图示检验实验组和对照组倾向值重合的情况

twoway（kdensity ps if relORnot==1）（kdensity ps if relORnot==0）// 绘制匹配前核

密度图

twoway（kdensity _pscore if relORnot ==1）（kdensity _pscore if relORnot ==0）// 绘制匹配后核密度图

3. 言语欺凌

logit verORnot gender Grade edutype repeat skipclass late_or_not ESCS discipli tcsuppor parsuppo //// 使用 logit 回归模型估计倾向值，verORnot 是处理变量

predict ps, pr // 使用 predict 命令产生倾向值 ps

*********** 进行倾向得分匹配 *********

psmatch2 verORnot, outcome（satisfaction valuesch learngoal belng stucompe stucoop bullyattitude eduexpect reverseIQ lifemean competeattitude motiwork fearfail positivefeel self_efficacy）pscore（ps）neighbor（5）ate common caliper（0.01）ties// 进行 1 对多最近邻匹配

psmatch2 verORnot, outcome（satisfaction valuesch learngoal belng stucompe stucoop bullyattitude eduexpect reverseIQ lifemean competeattitude motiwork fearfail positivefeel self_efficacy）pscore（ps）radius ate common caliper（0.01）ties // 进行半径匹配

psmatch2 verORnot, outcome（satisfaction valuesch learngoal belng stucompe stucoop bullyattitude eduexpect reverseIQ lifemean competeattitude motiwork fearfail positivefeel self_efficacy）pscore（ps）kernel k（biweight）ate common caliper（0.01）ties // 进行核匹配

psmatch2 verORnot, outcome（satisfaction valuesch learngoal belng stucompe stucoop bullyattitude eduexpect reverseIQ lifemean competeattitude motiwork fearfail positivefeel self_efficacy）mahalanobis（ps）ate caliper（0.01）// 进行马氏距离匹配

bootstrap "psmatch2 verORnot, outcome（satisfaction）pscore（ps）neighbor（5）ate common caliper（0.01）ties" "r（att）r（atu）r（ate）" // 利用重复抽样的方式重新计算标准误

********** 检验共变量间的平衡 **********

pstest gender Grade edutype repeat skipclass late_or_not ESCS discipli tcsuppor parsuppo ps, treated（verORnot）both // 加入检查倾向值（ps）的平衡情况将有助于获得更好的匹配结果

psgraph // 使用 psgraph 程序图示检验实验组和对照组倾向值重合的情况

twoway（kdensity ps if verORnot ==1）（kdensity ps if verORnot ==0）// 绘制匹配前核密度图

twoway（kdensity _pscore if verORnot ==1）（kdensity _pscore if verORnot ==0）// 绘制匹配后核密度图

4. 肢体欺凌

logit phyORnot gender Grade edutype repeat skipclass late_or_not ESCS discipli tcsuppor parsuppo //// 使用 logit 回归模型估计倾向值，phyORnot 是处理变量

predict ps, pr // 使用 predict 命令产生倾向值 ps

********** 进行倾向得分匹配 *********

psmatch2 phyORnot, outcome（satisfaction valuesch learngoal belng stucompe stucoop bullyattitude eduexpect reverseIQ lifemean competeattitude motiwork fearfail positivefeel self_efficacy）pscore（ps）neighbor（5）ate common caliper（0.01）ties// 进行 1 对多最近邻匹配

psmatch2 phyORnot, outcome（satisfaction valuesch learngoal belng stucompe stucoop bullyattitude eduexpect reverseIQ lifemean competeattitude motiwork fearfail positivefeel self_efficacy）pscore（ps）radius ate common caliper（0.01）ties // 进行半径匹配

psmatch2 phyORnot, outcome（satisfaction valuesch learngoal belng stucompe stucoop bullyattitude eduexpect reverseIQ lifemean competeattitude motiwork fearfail positivefeel self_efficacy）pscore（ps）kernel k（biweight）ate common caliper（0.01）ties // 进行核匹配

psmatch2 phyORnot, outcome（satisfaction valuesch learngoal belng stucompe stucoop bullyattitude eduexpect reverseIQ lifemean competeattitude motiwork fearfail positivefeel self_efficacy）mahalanobis（ps）ate caliper（0.01）// 进行马氏距离匹配

bootstrap "psmatch2 phyORnot, outcome（satisfaction）pscore（ps）neighbor（5）ate common caliper（0.01）ties" "r（att）r（atu）r（ate）" // 利用重复抽样的方式重新计算标准误

********** 检验共变量间的平衡 **********

pstest gender Grade edutype repeat skipclass late_or_not ESCS discipli tcsuppor parsuppo ps, treated（phyORnot）both // 加入检查倾向值（ps）的平衡情况将有助于获得更好的匹配结果

psgraph // 使用 psgraph 程序图示检验实验组和对照组倾向值重合的情况

twoway（kdensity ps if phyORnot==1）（kdensity ps if phyORnot==0）// 绘制匹配前核密度图

twoway（kdensity _pscore if phyORnot==1）（kdensity _pscore if phyORnot==0）// 绘制匹配后核密度图